公法与法治文丛

总主编：谭宗泽　周祖成

重庆市社会科学规划项目（2011YBFX099）

交巡合一执法体制研究

陆伟明 等 著

知识产权出版社

全国百佳图书出版单位

图书在版编目（CIP）数据

交巡合一执法体制研究/陆伟明等著. —北京：知识产权出版社，2015.4
（公法与法治文丛）
ISBN 978 – 7 – 5130 – 3102 – 8

Ⅰ.①交… Ⅱ.①陆… Ⅲ.①警察—行政执法—研究—中国 Ⅳ.①D922.144

中国版本图书馆 CIP 数据核字（2015）第 013058 号

内容提要

本书在研究我国警察制度及国外警察制度的基础上，通过实证调查、案例分析等方法阐述了交巡警执法体制的实施情况，并结合存在的主要问题展开讨论。同时，针对交巡警固定警务平台与流动平台车、交巡警执法主体等重要问题进行了深入的分析，厘清了一些争议性问题。最后，在实证分析和理论总结的基础上探讨了如何完善交巡合一执法体制，以及交巡警执法体制是否可以在国内其他地方进行推广。

责任编辑：甄晓玲   责任校对：韩秀天
装帧设计：邵建文   责任出版：刘译文

交巡合一执法体制研究

陆伟明　等著

出版发行：	知识产权出版社 有限责任公司	网　　址：	http://www.ipph.cn
社　　址：	北京市海淀区马甸南村 1 号	邮　　编：	100088
责编电话：	010 – 82000860 转 8393	责编邮箱：	flywinda@163.com
发行电话：	010 – 82000860 转 8101/8102	发行传真：	010 – 82000893/82005070/82000270
印　　刷：	保定市中画美凯印刷有限公司	经　　销：	各大网上书店、新华书店及相关专业书店
开　　本：	787mm × 1092mm　1/16	印　　张：	15
版　　次：	2015 年 4 月第 1 版	印　　次：	2015 年 4 月第 1 次印刷
字　　数：	269 千字	定　　价：	42.00 元

ISBN 978-7-5130-3102-8

总　序

公法和私法划分的观念可以溯至古罗马时期，时有伟大法学家乌尔比安为之代言："公法涉及罗马帝国的政体，私法则涉及个人利益。"鉴于罗马法对欧洲法学的巨大影响，这种分类遂流行于大陆法系的法学理论。19 世纪伊始，权力向国家的逐渐集中带来了公法的日趋繁盛，公法与私法判然有别亦为必然。然则，19 世纪末叶私法独立于国家与社会的观念却趋于消隐，私法公法化似不期而至。虽屡遭批判，公私法的划分并未沦为大陆法系的历史遗迹，反而因对英美法系的成功植入而具有了普适性。公法学家不再是德法等欧陆国家的专利，我们同样见证了美国法学旗帜从肯特、斯托里、卡多佐、霍姆斯向沃伦、马歇尔、伦奎斯特等宪法阐释者的传递。必须承认，各国思想起点不同，历史发展不同，公法理论亦有所差别。然而正如著名公法学家莫里斯·奥里乌（Maurice Hauriou）所言，政治权力与法律之间关系的难题应当是一切公法理论的轴心。据此，公法理论的对象既是政治的，也是法学的，国家不仅仅是支配和管理的体系，也是法律制度的集合。因此，国家与法律之间的关系、国家如何顺服法律之治即为全部焦点所在。

中国法治进程道路艰险，历经曲折，不啻为一次新的长征。过往无须赘述，前景尚待明察。目前，全面推进依法治国、加快建设法治中国的基调业已定下，这就要求我们必须坚持依法治国、依法执政、依法行政共同推进，坚持法治国家、法治政府、法治社会一体建设。作为一项宪法原则的法治原则，具有至为丰富的含义。但如果搁置宏大叙事，转向一种极简主义的立场，就意味着所有人、所有权力，不管是公共的，还是私人的，都应受到公开而事先颁布的法律的约束，并得分享其利益。鉴于长期与人治思维搏斗的特殊语境，如何限制当权者的恣意权力仍然是我国法治事业的第一要务。但同时也要看到，法治的目标在社会，在人的生活与生存状态。就此而言，法治并非目的，只是达成理想社会状态的手段，我们不能从一个无视法律的社会状态走入一个刻板地遵从法律的社会状态。以法为名而无视人的生活与生存，甚至践踏人的人格尊严，绝对不是法治所应有的状态。法治不是简单的法律之治，不是简单的严格执法，法治是一种价值追求和权利得到普遍尊重的社会存在状态，不同的利益诉求都能在法律上找到合理的平衡并有效协调各种冲突，法治是实现人类美好生活的重要路径选择。我们之所以崇尚法律，不是因为它是法律，而是因其符合我们的生活需求，使我们能协调共存和协同发展。法律以社会为基础，通过法律的社会作用建设法治中国，实现国家富强和人民幸福，这才是我们的目的。在法治建设的过程中，固然需要借鉴有益的理论与经验，但并无普遍适用的模式与方法，从中国实际出发，根据中国问题创造性地寻求自己的发展道路，才是正道。中国如何走向法治，如何不致误入歧途乃至背道而驰，如何把法治与人的幸福生活有机协调，使法律以其规范功能在平衡不同利益冲突过程中展现社会的发展空间和道路选择，提升人类文明，是法治建设不能不注意的问题。正因如此，基于中国特色的法治理论对于刻下中国之法治实践意义非凡，也是本文丛希冀有功于此的目标指向。

与法治事业的发展同步，我们也强烈地感受到近年来学界的成长与潜能。优秀丛书精彩纷呈，应接不暇；青年才俊纷纷涌现，活力无限，他们既是动力之源，也是未来的生力军。在建设法治中国的大背景下，作为法学研究者的担当和对创新的追求，我们策划了这套文丛，期望为优秀作品助产，为杰出学者铺路，为学术大厦添砖。

西南政法大学向来重视学术研究和学术传承，既深入经典，又关注现实，一直在学术道路上辛勤耕耘。行政法学院作为学校一个重要的法学院，在组建时就被要求承担起公法和理论法学的教学与研究重任，故学院集中了全校相关方面的研究力量，这为学院的发展奠定了良好的基础。在老一辈学者的艰辛努力、带动和培养下，学院师承相继，薪火相传，造就了一大批优秀的中青年学者，他们辛勤育人，笔耕不倦，为学术繁荣和学院发展做出了重要贡献。学院作为教学和学术研究的组织者，志在通过提供条件和服务，让每位老师都能全身心投入教学和科研。在这一过程中，我们提倡和鼓励有组织的科学研究，通过团队组织集体攻关，研究一些重大的学术问题，并在相互研讨启发中寻求学术突破。为展现大家的研究成果，也为使研究更加系统和有针对性，我们组织出版这套文丛，衷心希望得到各位同仁的关注和指教。

谭宗泽　周祖成
2014 年 9 月于重庆

自　序

交巡合一的警察执法体制，目前已经在国内多个城市实施，这种执法体制的实施效果如何，为什么要建立这样的执法体制，这种执法体制与我国整体的警察制度有怎样的关系，与我国警察制度的历史变迁具有怎样的关联性，在实践过程中还存在哪些不足，如何加以完善，今后这种新的警察执法体制是否可能在全国得以推广？这些问题是本书研究的基本动因。正是基于这样的问题脉络，本书设计了现在的基本体例。

笔者认为，要对交巡合一执法体制进行研究，首先需要对我国的警察制度做一下梳理，因为交巡合一执法体制是内生于我国的警察制度之中的，它只是我国诸多警察体制改革的一个方面而已。而对于警察制度的梳理，如果仅仅针对目前的制度，是完全不够的。因为现有的制度绝不是孤立产生的，它总是具有一定的历史传承性，是在历史发展进程中不断适应现实的需要、不断改革调整的结果。因此，本书从中国共产党领导的工农政权时期开始，较为完整地梳理分析了我国警察制度的发展变迁，并对英国和美国的警察制度进行了初步的比较研究。这种研究固然会受到研究者翻译能力的限制，但本书毕竟不是专门性的比较研究著作，笔者只是试图通过对个别典型国家警察制度的研究，检视在方法和若干制度上对我国的警察制度改革方面是否具有一定的可借鉴性。英国是世界上第一个建立警察制度的国家，而美国据说是世界上警察制度最完善的国家。通过研究这两个国家的警察制度，笔者确实发现了一些有价值的可借鉴之处。随后本书逐渐将研究的重心集中到交警执法体制之上，交巡合一执法体制的基本点在于交警具有普通警察的一些执法职能。这必然会令人深思，究竟目前的交警执法体制存在哪些不足之处？正是因为这些不足之处，才需要采取相应的措施，赋予其一些原本没有的执法权能，以便完善其执法体制。本书并不是单纯的历史研究和比较研究，而是将研究的视角定位在实证的基础之上。重庆是国内第一个大规模地将交警与普通警察的职能进行整合，且赋予交警较为广泛的执法权的城市。交巡合一执法体制的建立和实施是否具有可行性、合理性，显然离不开这一有针对性的实证研究。因此，本书对重庆交巡警执法体制展开了广泛的讨论分析，如执法体制的实施情况、交巡警执法主体资格、交巡警职能合作、备受舆论瞩目的交巡警固定警务平台的组建及其发展变迁等。在研究的过程中竭力排除其他不相关的因素，只是单纯地对交巡警执法体制这一客观现象进行科学合理的分析。结果证明这一执法体制之所以受到当地公众的支持，因为确实有其现实的必要性和积极性。当然这一执法体制也存在一些问题，今后需进一步完善。但是笔者认为，这一警察制度的改革措施总体上还是值得肯定的，相比于传统的交警执法体制有其积极意义，未来在进一步完善的基础上可以在国内加以适当推广。

我们是一个年轻的研究团队，虽然竭尽全力，但是研究的深度还是有限的，在一些观点上可能有待商榷。好在科学研究原本就没有终点，我们会在现有的基础上进一步加强对我国警察执法制度的研究，非常欢迎有识之士对我们的研究提出宝贵意见。

陆伟明

2014 年 8 月

目　　录

第一章 绪 论

2010年2月7日，一支名为"交巡警"的全新警种在重庆诞生。首批执勤的150个警务平台和4000名昼夜循环的交巡警，配备包括枪支在内的"高精尖"装备，代替过去的交警和巡警执行交通管理、刑事执法、治安管理三大职能。❶ 重庆交巡警自成立以来处置了大量行政与刑事案件，地方社会治安得到明显改善，市民普遍反映安全感大大提高。根据重庆警方的统计，交巡警体制设立并运行以后，街面的违法犯罪降低了四成。与此同时，重庆警方还结合执法实践，对交巡警执法体制的很多具体细节进行了改革，使得这一与人们日常生活息息相关的体制运转更加灵活，更加符合社会治安管理的需要。从课题组调研的结果来看，交巡警执法体制受到了重庆社会各界的普遍认同，其他省市的一些网民也盼望着当地能学习重庆建立交巡警执法体制，以改善当地的治安环境。

同时，对于这一具有创新意义的执法体制，社会上也存在着一些争议和疑问。例如，交巡警在法律上是否有刑事执法、治安管理的权力，或者说重庆将刑事执法、治安管理与交通管理三大职能统一于交巡警的作为是否具有合法性基础？如果这种做法合法，那么交巡警事实上能否履行上述职责？交巡警有了交通秩序维护以及相关的刑事执法、治安管理的权力，他们又如何协调与原本行使这些职能的刑警、治安警察，尤其是与派出所之间的关系？交巡警固定平台这个曾经一度成为城市亮点的执法方式或机构是否应该撤销？目前的交巡警流动平台车能否全面承担起先前交巡警固定平台的职责，能否弥补原先固定平台的不足？更为重要的是，重庆的交巡警执法体制的建立及其实践，对于我国完善警察执法体制或者行政执法体制究竟具有什么样的意义？

任何一项体制的创新都是摸着石头过河，其实践的过程注定不会一帆风顺。由于交巡警执法体制存在争议，坊间曾一度传出这一执法体制可能被撤销

---

❶ "重庆市公安局交巡警总队成立"，中国网，http://news.china.com.cn/rollnews/2010-02/09/content_536640.htm。最后访问时间：2013年6月1日。

的消息。对此，2012年5月重庆市公安局对外公开宣布，重庆将进一步优化交巡警勤务模式，继续增大交巡警固定警务平台的流动性。● 至此，关于交巡警执法体制的存废问题有了明确的答案，我们有理由相信，重庆的交巡警执法体制必将在不断总结有益经验的基础上得到更好的发展。

一项制度的好坏，最有发言权的是人民群众，因为制度的实施效果最后都要落实到他们的身上。尽管交巡警执法体制存在一些争议和问题，但是当涉及这一制度的存废问题时，多数群众对保留这一执法体制表示支持。总体而言，这一体制的社会效果是积极有效的，获得了人民群众的支持。当然，这一体制存在的问题也不容忽视。本书就是从问题出发，总结交巡警执法体制主要存在的争议和不足，并从行政法理的视角来分析、研究这些问题，希望通过本书作者们的有限努力，能够为交巡警执法体制的发展与完善做出一定的理论贡献。

第一节 研究的理论和现实意义

交巡警执法体制之所以会产生，从根本上讲是现实情况的需要。根据我国公安机关的内部机构的设置和职能安排，交通秩序的维护由交警部门实施，刑事犯罪由刑警部门调查，治安违法由治安警察管辖。尽管都是公安机关的内部机构，但是上述机构和职能的划分，事实上将原本完整的公安机关的公权力在内部进行了泾渭分明的分工。交警的职能是管理交通秩序，而没有刑事犯罪和治安管理的调查管辖权。

然而，现实往往是复杂的。交警部门处理交通违法案件时，遇到的不会都是单纯的交通秩序管理问题。有时难免会涉及各种刑事犯罪或者治安违法案件，这其实是公安机关案件的重要来源之一。由于公安机关内部的这种职能划分，交警部门没有权力实施交通秩序管理以外的其他职权，必须要将案件移交公安机关内部设置的刑警部门或者治安管理部门，如此大费周章难免会影响对案件进行即时有效的处理。这种现实的问题与尴尬体现了交警在交通秩序管理活动中行使其他警种的管理权限的重要性。

交警行使其他警种的权力虽然有积极的方面，但是也会引发其他的问题。同样是犯罪案件，如果交警也可以行使相应的职权，那么刑警部门是否还需要

● "重庆交巡警固定警务平台将继续保留或加强巡逻"，中新网，http://www.chinanews.com/shipin/2012/05－15/news70194.shtml。最后访问时间：2013年6月1日。

行使？从现实情况看，交警显然无法替代刑警，交警只能管辖交通秩序管理中发现的犯罪案件，其他案件还得由刑警部门管辖。然而在交通秩序管理任务已经十分繁重的情况下，即便是在交通秩序管理过程发现了犯罪案件，交警能否承担起侦查的职能呢？术业有专攻，受自身专业限制的交警即便有管辖刑事案件的权限，也不一定能很好地完成刑事侦查的任务。同样的道理，在交警执行治安管理职能时也会存在上述的尴尬。交警行使交通秩序管理和刑事侦查、治安管理职能过程中存在的问题还很多，这就是本书研究的现实意义。

此外，学者的主要研究目的并不仅仅在于解决现实中的问题，更为重要的是这一问题在理论研究上的价值和意义。交巡警执法体制在行政法理论上涉及多个重大问题，如行政组织法的问题，公安机关的职权配置以及内部机构的设置是否合理，我国是基于什么样的理论形成了具有自身特色的公安行政执法体制？将交警改成交巡警，让其行使原本由其他警种实施的公权力，在行政法上意味着什么？是否意味着在行政机关内部进行职能合理分工的同时，需要关注行政一体化问题？行政机关内部职能的过度分工正在削弱行政执法的效率，从交巡警执法体制的成立和运行中，是否正预示着国家越来越重视行政一体化问题，是否能为今后我国行政机构改革提供一些有益的经验？如此等等就是本书研究的重要理论意义。

总体而言，本书的研究目的有二。一是针对交巡警执法体制在运行过程中出现的具体问题，找出基本原因，并且在可能的情况下提出较为客观有效的对策；二是通过交巡警执法体制的实践，寻找其在理论上尤其是行政法学理论上的基础，从而为交巡警执法体制今后的发展，乃至我国行政组织法和行政行为法的发展奠定更为坚实的基础。当然，现实意义和理论意义并不能截然分开，现实问题的对策可以为理论的发展提供推动力，而理论的发展必然有利于解决实务上的具体问题。

第二节　研究方法

概括起来，本书的研究方法主要包括比较研究法、历史研究法、实证研究法、法律文本研究法、法律解释法、因果关系分析法等。这些研究方法的内容和目的大致如下。

本书采用比较研究法，主要是对英国和美国的警察制度以及交警执法体制进行比较研究。选择英国和美国的制度进行研究，首先是因为研究者语言能力的限制。尽管通过第二手资料，也可以对法国、德国和日本等大陆法系国家的警察制度进行研究，但是由于这种研究不能保证资料的准确性，所以笔者还是放弃了。其次是限于篇幅的原因。以往很多学者在进行比较研究时，都是选择大陆法系和英美法系的多个国家。但是由于国家较多，在篇幅的限制下，每个国家的研究都不能深入，最终只能泛泛而谈，缺乏比较研究的应有深度。笔者认为与其蜻蜓点水、浅尝辄止，不如集中研究少数国家的相关理论与制度。针对典型的少数国家进行较为深入的研究，一来能比较明确地了解该国的制度及其所建立的理论基础与宪法环境；二来能更加准确地了解国外制度生成的原因、环境及其运作方式，同时更加清楚借鉴的可能性。本书之所以选择英国和美国的警察制度，是因为英国是第一个建立警察制度的国家，而美国据说是警察执法效率最高的国家。对于前者有历史可以验证，对于后者只是一种印象和猜测。不管这种猜测是否正确，但这在一定程度上说明美国的警察执法制度有其可取之处，对其进行研究是有价值的。对于这两个国家制度的研究，笔者尽可能地采用第一手资料，必要时再使用第二手资料。如此，在这两个国家的制度介绍方面，就要详尽很多。当然，比较研究的主要目的在于考察该国警察制度的基本内容和这一制度赖以存在的基本政治经济文化环境及理论基础。每个国家的具体制度都是根植于特定的政治经济文化环境之中的。只有通过这种全面、客观的考察，才能对我国警察制度和交巡警制度的发展与完善有所启发。由于英国和美国的政治体制与我国存在重大差别，具体制度的全面借鉴显然不现实，也没有可能性。但是学习他们在自己的政治经济文化环境中如何构架适合自己的交巡警制度的方法，是非常有意义的。

历史研究法也是很多研究所必需的。我国警察制度以及交巡警执法体制的建立有其特定的历史原因，不可能一蹴而就、异想天开。为此，笔者考察了我国警察制度的发展变迁。由于新中国的警察制度与作为执政党的中国共产党的历史息息相关，所以对警察制度的考察，本书追溯到了早期的一些类似或相关的制度，从那时开始考察我国警察制度以及交巡警执法体制的发展变迁。这样的研究同样是非常有意义的。不同时期的警察制度都是与当时的特殊环境有关的，正是因为客观的需要才产生了相应的警察制度。以史为鉴，对于历史的考察可以让人们明确在目前的转型时期应该建立怎样的警察制度、交巡警制度以及交巡警执法体制应该往哪个方向发展。

本书采用实证研究法，主要是对我国现行的警察制度和交巡警执法体制的运作情况进行实证研究。这一做法利于考察现行的制度或者体制的运作情况、社会效果和存在的问题，从而为本书的研究和写作提供真实存在的问题，避免学术研究的盲目性。在写作的过程中，研究人员专门制作了调查问卷，对于大量不同类型的社会公众就重庆交巡警执法体制实施的意见进行了实证调查。通过实证调查，研究者确实发现了目前交巡警执法体制的一些具体问题，根据这些问题，本书的研究者分工进行了专门性的研究。

法律文本研究法是一种非常重要的研究方法。笔者认为这一方法与下文所要谈到的法律解释方法存在不同。本书采用的法律文本研究法，主要是对与本书研究内容相关的法律、法规、规章和其他规范性文件进行必要的搜集、整理、归类，并从总体上研究不同时期、不同位阶和不同类型的法律文本的立法目的、调整范围、具体内容等。通过上述工作，研究者们试图比较全面、客观地展示我国警察制度、交警或交巡警制度的发展变迁，在不同时期的立法目的和调整内容。

法律解释法是非常重要的法律方法，也是本书作为一本法学研究著作所采用的基本方法。近年来，法律解释法受到了我国公法与私法学界的重视，很多学者从法律解释的角度去研究法律现象和问题，取得了很好的效果。法学研究要重视法律解释法，但是法律解释法从本质上来说是一种法律方法而不是法学方法。所谓的法学方法更准确的定位应该是关于法律现象的研究方法。所以，法学方法显然要比法律方法的内涵更为宽泛，从这个意义上说，对于交巡警执法体制只进行或者主要进行法律解释方法方面的研究是不够的，还必须借鉴和吸收其他社会科学的研究方法。尤其对于行政法学而言，由于成文法还不够发达，学科的发展还不够成熟，法律解释方法的适用受到了较大的限制，所以更应该重视运用其他的社会科学研究方法。但是法律解释方法依然是法学研究的重要方法之一，本书对有关法律规则中的法律概念的解释、对法律原则和立法目的的探索都运用了法律解释的方法。

因果关系分析法是近年来受到不少学者推崇的研究方法，也是笔者在研究过程中非常重视的研究方法。因果关系分析法强调对于现实问题的发掘整理，站在社会科学的视角全面、客观地审视导致现实问题发生的确切原因，并且对这些原因进行深入细致的研究。因果关系分析方法的优点在于，研究者力求站在中立的立场，客观地分析问题，不对问题进行价值评判，也不对问题的解决提出所谓的对策，只是对原因进行分析。其实在准确分析原因的同时，如何实施相应的对策也就显而易见了。

当然除了上述方法之外，本书在研究中还运用了其他方法。多种方法多管齐下，因为每种方法都有自己的优点，但是也存在界限与不足，仅用一种方法很难将某一个重大现象或问题研究得非常透彻。正是因为运用了多种研究方法，笔者才能较为合理地对这一执法体制进行开创性的研究，并取得初步的研究成果。

第三节　文献综述

警察制度以及交巡警执法制度的研究主要是警察法的研究范围，属于部门行政法的研究范畴，当然警察学等其他学科也应该对此进行研究。现有的研究成果主要是从上述两个方面展开的。从搜集的资料看，警察学对于警察制度以及交警制度的研究要更为全面和深入。笔者认为，这或许与我国的行政法学起步较晚，行政法总论尚在发展之中，且部门行政法还很不发达有密切的关联。部门行政法的研究对于行政法学者来说，有吸引人之处，但是也有让人踌躇的地方。因为部门行政法的研究要求研究者具有至少两个方面的基本素养，即行政法学乃至公法学的研究能力和公共管理的专业研究能力。部门执法过程中，行政机关及其执法人员一方面需要知道该做什么，另一方面要知道不该做什么。前者是行政管理能力的问题，后者主要是法律职业能力的问题。

从现有的研究成果看，国内对于警察机构的设置、警察权的内涵、警察权力的法律控制、交警的执法体制等方面都有一定的成果。但是总体上来说，从行政法的视角对警察权力进行深入研究的成果还不多。尤其在我国，公安机关是一个庞大的行政机构体系，其业务范围、人员编制、权力种类相比于其他行政机关是非常独特的。因此，要研究我国的警察制度，如果仅仅站在外围粗略地观察很难获得确切的研究成果。本书正是基于这样的考虑，选择公安机关中的一种业务部门，即交警部门进行研究。特别是随着重庆等地区将原本属于其他警察部门的一些公权力，如刑事执法权、治安管理权赋予交警，并将交警的名称改成交巡警，交巡警受到了国内外舆论的普遍关注，随之而来的有赞誉也有争议。所以学术界必须对此问题进行深入研究，给出自己的研究成果。

国外情况的资料主要来自英国、美国有关警察部门的网站提供的信息以及国外和国内学者的著作论文。分析来看，英国和美国的警察制度与我们国家在警察部门的设置、权限、执法程序等方面都有很大不同。但有些地方是值得我们借鉴的，如警察的巡逻功能，和重庆的交巡警一样，英国和美国的警察具有交通秩序和公路违法犯罪的查处权，不会发生交警没有强制权的尴尬问题。具体情况，本书将分章进行介绍、论述。

　　笔者认为，本书对我国警察制度和交警制度的发展演变，以及英国和美国警察制度现状的研究相对比较清晰，有利于对交巡警执法体制问题展开有针对性的研究。对交巡警执法体制的研究不仅可以讨论解决该体制在运行过程中存在的问题，与此同时，它也可以开创一种新的研究思路。对警察权的研究应该深入警察机构内部，对不同职能的警察机构的人员编制、机构设置、权力内容与界限等问题进行专门性研究，以促进我国警察制度的完善。

第二章 新中国警察制度的发展变迁

一个制度的产生与变革，绝不是偶然的，都具有一定的历史传承性。可能是在原有制度基础上的完善，也可能是基于长期的历史发展过程中总结出的经验而创设。重庆交巡警执法体制的产生也是同样的道理，它建立在我国过去的警察制度之上，是为了因应现实情况的需要而做出的制度安排。所以，考察新中国警察制度的历史情况，对于了解我国警察制度的发展脉络、分析交巡警制度的逻辑合理性和现实必要性都具有重要的意义。

第一节 新中国警察制度的渊源

新中国的警察制度是在中国共产党的领导下建立和发展起来的。新中国成立之前，中国共产党领导下的警察制度已经经过了 20 多年的探索和实践，它的历史与中国共产党领导人民通过武装斗争逐步夺取政权的过程是紧密相连的。中国共产党为了维护其统治区域的治安环境，保证各位领导人的人身安全，防止特务的广泛渗透，获取国民党统治区的各项情报，建立了类似于警察机关的机构，如最早的南昌公安局（1927 年）。之后，在中国共产党的领导下，中共特科、肃反委员会、国家政治保卫局、陕甘宁边区保卫科、延安警察队等一系列警察保卫职能部门随之成立。这些部门为当时的各项保卫工作做出的突出贡献是中国共产党用血与汗积淀而成的，不仅为新中国警察制度的建立提供了宝贵的经验，也为新中国警察制度的统一保留了丰硕的成果。新中国成立后，中国共产党以最快的速度接管了国民党警察机构，并建立起适合自己的警察机关。新中国成立前的警察机构是新中国警察制度建立的渊源所在，它为新中国警察制度的建立奠定了坚实的基础。

一、工农武装政权时期的警察制度

工农武装政权时期是指 1927 年 8 月至 1937 年 6 月。1921 年 8 月 1 日，南昌起义当天，中共任命了第一位公安局长——南昌公安局长彭干臣，揭开了旧警察在党的领导下参加革命的新篇章，开始了中国共产党建警和控制警政的尝试。❶ 自此之后，中国共产党开始建立自己领导的警察机构。这个时期的警察制度不能称为真正意义上的"现代警察制度"，其警察安保机构的目的主要不是维持社会稳定、惩治犯罪，而是出于政治目的即保障中国共产党的政治地位的稳固、镇压反革命、巩固红色政权。这个时期的警察机构的设置，虽不具有现代警察机构的形式，但却是新中国警察机构的鼻祖，为今后警察制度的建立积累了丰富的经验。

（一）工农武装政权时期的警察机构

1. 中共特科

在中国共产党成立初期，并没有设置专门的政治保卫机关。但是在 1927 年的"四·一二""七·一五"政变之后，中国共产党意识到为了政治的稳固，迫切需要专门的、强有力的政治保卫机关。于是，1927 年 12 月，中共特科在上海成立。中共特科是中国历史上第一个无产阶级政党的专职保卫机构。❷ 中共特科由周恩来亲自负责，主持工作。中共特科下设四个科室，分别为总务科（保护领导人安全），警报、情报科（了解敌情），行动科（惩治叛徒、内奸），交通科（无线电联络）。它的主要工作任务是保卫中国共产党中央机构、领导人的安全，收集国民党军队情报、了解和掌握敌情，惩办特务、叛徒、内奸等危害党内安全的人员，建立秘密交通网络和秘密电台。❸ 需要指出的是，中共特科并不是真正意义上的警察机关，它没有维护社会秩序、惩治犯罪的功能，它是共产党在大革命失败后为了稳固其政治地位而成立的情报与保卫机关。虽然它不具有警察机关的职能，但它却是中国共产党第一次大胆的尝试，为后来工农民主政权设立警察机构奠定了基础，积累了丰富的经验。

2. 肃反委员会

肃反委员会是伴随着工农民主政权的建立而产生的，它是革命根据地初创时期新生革命政权的组成部分。❹ 1927 年 10 月，随着工农武装到达革命根据地，为了保卫根据地的社会稳定，达到把武装斗争、土地革命和建立政权的目标结合起来的目的，在同年 11 月，新政权制定并颁布了《江西苏维埃临时政

---

❶ 刘振华："南昌起义与我党初建的警政"，载《人民公安》，2001 年第 16 期。
❷ 陈晋胜：《警察法学概论》，北京：高等教育出版社，2002 年版，第 21 页。
❸ 冯淑文：《警察学概论》，北京：中国人民公安大学出版社，2005 年版，第 32 页。
❹ 万川主编：《中国警政史》，北京：中华书局，2006 年版，第 448 页。

府纲领》和《苏维埃临时组织法》，其中规定在政权范围内的各省、市、县的苏维埃执行委员会下设肃反委员会——惩治反革命委员会。但是，由于政权刚刚成立，各地区的政治完备性并不统一，因此，各地肃反委员会在成立初期时的名称并不统一，机构设置也相对简单，甚至直接由几名委员组成。在完备的肃反委员会体系内部，设有工作人员若干和政治保卫队（其为机构内部的武装组织）。❶ 肃反委员会的主要任务是"肃清反动派，巩固政权"❷，同时兼具镇压反革命、土豪劣绅等的破坏打击；打击破坏治安的一切行为；禁烟禁赌；保护党政机关、领导人的安全警戒任务；捉拿打击敌特分子；审判一切违法犯罪的职能。由此可见，肃反委员会的权力范围极大，涉及警察与司法双重职能，是侦察和审判案件的统一机关，不单是维护社会治安的保卫机构。笔者认为，肃反委员会的建立表明此时的中国共产党开始逐渐意识到警察机关对于保卫民主政权的积极意义，并开始有意识地建立起一定规模的民主政权保卫机关，以达到巩固新生政权的目的。

3. 国家政治保卫局——人民公安的雏形

1931 年 11 月 7 日，中华苏维埃共和国在江西瑞金宣告成立，颁布了《中华苏维埃宪法大纲》以及《中华苏维埃共和国国家政治保卫局组织纲要》（以下简称《组织纲要》），国家政治保卫局随之成立。一般认为国家政治保卫局是中华人民共和国公安部的前身，它的设置标志着我国人民公安体系雏形的形成。《组织纲要》规定："在苏维埃境内依照中华苏维埃共和国宪法之规定，在临时中央政府人民委员会管辖之下，执行侦察、压制和消灭政治上经济上一切反革命的组织、活动、侦探及盗匪等任务。"❸ 由此条文可以看出，在革命根据地内部，国家政治保卫局不仅仅是对反革命的活动进行侦查处理，同时还担负着大量的治安行政工作，如盗匪缉拿、水陆交通检查等。国家政治保卫局内设有侦察部（负责侦查检察任务）、执行部（负责执行、审讯、看守）以及政治保卫队和红白区工作部。❹

4. 民警管理局

中华苏维埃共和国成立后，在中央政府内部另设了一套公安保卫系统，它

---

❶ 万川主编：《中国警政史》，北京：中华书局，2006 年版，第 448 页。

❷ 1930 年 3 月闽西第一次工农兵代表大会《军事问题决议案》。

❸ 中共中央书记处：《六大以来——党内秘密文件》（下册）之《中华苏维埃共和国国家政治保卫局组织纲要》，北京：人民出版社，1981 年版，第 366 页。

❹ 安政：《中国警察制度研究》，北京：中国检察出版社，2009 年版，第 66 页。

与国家政治保卫局共同作为苏维埃政权的公安保卫组织，即在内务部设民警管理局。民警管理局下设民警厅（省级）和民警所（城市），它们同时受上级机关和所在地的内务部门的领导❶，主要承担辖区内的治安行政管理工作以及配合各级政治保卫部门开展工作。在民警管理部门内设管理交通的交通科和管理户口登记工作的民事行政科，同时在市、区、乡还设有赤色委员会，协助管理社会治安工作。民警管理部门的"双重领导"体制是苏维埃中央政府对国家安全、保卫领导的首次大胆尝试，它在一定程度上使行政区内的安保工作管理更加合理化，上级机关与所在地内务部门的双重管理有效防止了民警管理部门的独断专权和权力扩大化。

（二）工农武装政权时期警察制度评析

工农武装政权时期的警察制度建设经历了由"打击敌特渗透"，到"维护治安与革命任务并重"的任务转变；机构设置也经历了从单一的中共特科，到具有两套警察安保体系的政治保卫局与民警管理局的转变。这些转变都源于中国共产党在建设初期为保障政权的顺利发展而进行的探索实践。

肃反委员会的建立适应了当时根据地建设初期革命形势的低潮期，为我党革命早期的社会治安与敌特侦查等工作的实施做出了巨大的贡献。但是，由于肃反委员会机构设置的缺陷（即具有警察与司法的双重职权），出现了把控整个诉讼过程的现象，造成了许多不公正的结果。而后，国家政治保卫局的设立是适应中共警政发展的体现，是在吸取肃反委员会经验教训的基础上，为保障苏维埃政权的巩固与发展适时进行调整的结果。它根据苏维埃政权的相关法律法规，确立了国家政治保卫局的组织机构。国家政治保卫局实现了侦查、审讯与审判、处理分开，是人民民主政权警政建设的重大进步。❷ 由于国家政治保卫局实行"垂直领导"的管理体制，导致侦查工作的神秘化，更是在审讯的过程中独断专权、刑讯逼供。但是，笔者必须指出：肃反委员会、国家政治保卫局的组织机构设置和领导体制机制的变化，确实展示出了中国共产党在政治统治和维护社会秩序方面的进步，特别是民警管理局的管理体制，为新中国警察制度的建立进行了初步摸索，形成了警察机构双重领导体制的最初萌芽。

工农武装政权时期的法制并不健全，有关警察制度的法律法规少之又少。因此，警察机构的设置和相关职能的实施欠缺法律依据，同时大量的肃反机关

---

❶ 陈晋胜：《警察法学概论》，北京：高等教育出版社，2002 年版，第 22 页。

❷ 万川主编：《中国警政史》，北京：中华书局，2006 年版，第 452 页。

工作人员法制意识淡薄，无疑为根据地的警政蒙上了一层"阴影"。

二、抗日战争时期的警察制度

抗日战争时期（1937年7月至1945年8月），根据地周边存在大量土匪、封建会门道和各种反动势力，同时根据地内部也存在广泛的特务渗透，治安情况严峻。为保障中国共产党的根据地建设，锄奸工作成了抗日民主政权各级警政机构的首要任务。这个时期的中国共产党领导下的警察制度已在萌芽的基础上初见雏形。

（一）抗日战争时期的警察机构

1. 陕甘宁边区保卫处（科）和延安市警察队

（1）陕甘宁边区保卫处（科）。"国共合作"时期，陕甘宁根据地归属于南京国民政府，国家政治保卫局也因此改称为陕甘宁边区政府保卫处，隶属于保安司令部，后组织调整，改隶属于陕甘宁边区政府。在陕甘宁边区保卫处下设陕甘宁边区保卫分处、保卫科，它们分别隶属于边区以下各分区和边区各县政府。保卫处（科）内设保卫、检察、地方指导、秘书、总务等部门，它们统一在各地党委和政府的领导下进行工作，其职能主要体现在对汉奸、特务的侦查、逮捕以及对锄奸工作的指导。❶

（2）延安市警察队——边警。为了维护陕甘宁边区政府所在地延安市的社会治安，稳定社会局势，中共中央于1937年10月在延安市成立公安局，内设治安科、社会科、司法科等业务科室，并设置了警察队、骑警巡逻队和一个派出所。❷ 随后又于1938年5月进行了组织机构调整，成立了延安警察队。延安警察队队员穿着统一的黑色制服，受延安市公安局的统一领导，被称为"陕甘宁边区警察"，主要负责延安街道的治安巡逻、维护街道的交通秩序、清查当地人员户口、管理市场、调解纠纷，同时为党政机关和重要会议提供警卫保障。❸

2. 中央、地方各级的社会部和地方各级公安局

1939年2月18日，中共中央发布了《关于成立社会部的决定》，在此文件的指导下，中央建立了社会部，这是中央的保卫组织，是当时社会历史条件

---

❶ 万川主编：《中国警政史》，北京：中华书局，2006年版，第458页。
❷ 万川主编：《中国警政史》，北京：中华书局，2006年版，第458页。
❸ 许新源主编：《公安学基础理论》，北京：中国人民公安大学出版社，2005年版，第38页。

下领导全党、全军和各抗日根据地开展保卫工作的最高机构。❶ 它内设治安、侦查、情报、干部保卫和中央警卫团等机构。中央社会部的主要工作任务就是预防汉奸、敌特的渗透，保护我党我军的机密情报，同时宣传锄奸保卫工作，培养锄奸保卫干部。中共中央建立社会部后，各地方党委也先后建立了地方各级社会部，地方社会部配合中央社会部一同为维护政权的稳定而开展锄奸保卫工作。

1940 年，中央社会部制定并下发了《公安局组织纲要》。各抗日根据地依据文件相继成立了公安（总）局、保卫处和县级公安机关。《公安局组织纲要》指出，公安局的性质是：抗日民主政权维持治安的机关……是各级政权机构的组成部分。❷ 各级公安机关的建立，使抗日民主政权的公安机构在一定程度上达到了统一，形成了完整的结构体系，有利于加强中国共产党的领导，同时有利于各抗日民主根据地的社会稳定。

（二）抗日战争时期警察制度评析

抗日战争时期的警察制度有了一定的发展。随着抗日进程的不断推进，抗日民主政权的警察安保机构也随之发生变化。在党中央的领导及南京国民政府的制度影响下，根据地设置了最高级别的安保机构，更是有了中国共产党领导下的第一支专业的警察队伍。同时在地方各级政府中设立了公安局，为维护社会治安、明确锄奸保卫工作做出了巨大贡献。

延安警察队是共产党领导下的第一支较为正规的"人民警察队伍"，其穿着统一的黑色棉布制服，具有很高的辨识度。延安警察队成立后，根据地人民感到了前所未有的安全感，违法犯罪活动日趋减少。它的出现弥补了之前警察机构设置非专业化的不足，使治安安保走到了人民中间，使根据地的社会治安明显好转。

在这里特别要指出，抗日战争时期中央特别强调党对警政的领导作用。1939 年，党中央就在《反奸细斗争的决议》中明确了党委对公安保卫机关的领导关系，同时规定各级锄奸保卫组织均实行同级党委和政府的双重领导负责制。随着这一领导管理体制的确立，公安保卫工作的双重领导体制在工作实践中逐渐被各级党政军领导以及公安保卫干部所接受，产生了极其重要的意义，

---

❶ 许新源主编：《公安学基础理论》，北京：中国人民公安大学出版社，2005 年版，第 38 页。
❷ 穆玉敏：《北京警察百年》，北京：中国人民公安大学出版社，2004 年版，第 326 页。

成为后来我国公安工作的根本原则。● 这是对国家政治保卫局时期的经验总结，是防止因实行垂直领导而脱离党的领导而造成大量冤假错案的有效手段。这种双重领导体制的确立在新中国成立后，成为中国公安机关"条块结合，以块为主"体制的实践基础。同时，抗日战争时期的警察机构在内部职能划分上已十分明确，针对不同的工作领域设置了专门的职能部门，有针对性地进行安保工作，进一步保障了抗日战争时期的社会公共秩序。

但是，抗日战争时期的警察制度存在一个明显的不足，那便是中央各级社会部与各级公安局的工作职能存在交叉，在组织管理以及工作布置上存在一定困难，从而降低了工作效率。

抗日战争时期的警察法制建设有了一定的发展，特别是颁布了与警察制度相关的专门法律——《公安局组织纲要》，警察机构有了可以遵循的组织法规，警察机构体系更加完善。同时颁布的一些法规，如《暂行邮政检查条例》《邮政检查实施条例》等，进一步明确了警察的锄奸保卫任务。

三、解放战争时期的警察制度

解放战争时期（1946 年 8 月至 1949 年 10 月），中国共产党领导的各解放区社会稳定，治安良好。抗日战争时期所确立的"区别对待、宽严结合、镇压与宽大、严肃与谨慎"● 的工作方式，在解放战争时期继续沿用。但是，随着各地区的解放、党的工作重心的转移以及社会治安维护所面临的新情况，共产党的警政制度也随之产生了一些新的对策和措施。

（一）解放战争时期的警察机构

1. 建立各级社会部和人民警察机关

在解放战争时期，随着国民党统治区的解放，中国共产党开始意识到，其工作的中心和政治工作的重点应由农村转移到城市。因此，警察工作的重点也应该转移到城市。对于刚刚解放的国民党统治区，此时特务斗争激烈、盗匪活动猖獗，急需相应的警察机关加以管理。因此，在共产党军队的配合下，被解放的国民党统治区迅速建立起各级社会部和相应的人民警察机关，目的是迅速肃清国民党特务斗争，维护好社会治安。同时，迅速接管国民党警察机关，改造旧警察，将国民党警察机关的武器弹药、电台档案、房产及公共资源等全盘

● 许新源主编：《公安学基础理论》，北京：中国人民公安大学出版社，2005 年版，第 39 页。
● 安政：《中国警察制度研究》，北京：中国检察出版社，2009 年版，第 68 页。

接收；将旧警察中表现较好者，教育改造其警务观念，继续留用，而那些在国民党统治时期，有恶劣行径者，依法进行惩处。由于刚解放的国民党统治区范围广、面积大，刚刚成立的各级人民警察机关人员相对较少，警力不足，各级警察机关在上级的指示精神下，进一步扩大警察队伍，招募培养思想过硬的新警察，以最快的速度融入社会进行治安管理等工作任务中。此时，各级人民警察的职能是搜捕敌特分子、收缴枪支、打击盗匪、清查户口、整顿交通。

2. 解放区人民警察机构的调整

为了加强人民警察机关的体系性和完整性，提高整个人民警察队伍的整体素质，使各解放区的人民警察能更好地胜任其职责，各解放区均对其组织机构进行了编制和调整。

（1）东北解放区。1945 年 9 月，中共中央设立中央东北局社会部。1946年 4 月，在苏军撤离哈尔滨后，东北抗日联军进驻哈尔滨并建立人民政权，随后成立了中心大城市最早的人民公安机关——哈尔滨市公安局。❶ 同年 6 月，东北行政委员会成立，它下设东北公安总处，这是东北人民政权的重要组成部分。此时，东北公安总处就是中央东北局社会部，这是一套机构的两个名称，主要职能是处理东北地区的警政事务，维持社会治安管理秩序。东北公安总处成立后，又成立了省、市、县以及铁路公安机关。这时，东北行政委员会的管理下的警察机关名称基本得到了统一。

（2）华北解放区。1946 年 2 月，晋冀鲁豫公安总局发布了《关于统一机构名称的决定》。依据《关于统一机构名称的决定》规定，边区各行署、专区、县的警察机构统称为公安局；县以下的区、村设公安助理员、公安主任（员）。公安机关内部的武装力量，改称公安队。行署公安局和专区公安局设情报、治安、审讯、干部四科；县级公安局设情报、审讯、治安三股。

中共华北局社会部是解放战争时期最重要的公安机关。1948 年 8 月，中共华北局颁布了《关于保卫工作的决定》，要求整顿警察机构、调整保卫队伍。随后又发布了《华北人民政府各级公安机关组织条例》，并规定，华北解放区将各级中共党委社会部定位为同级政府的公安机关，履行公安机关的相应职能；同时在解放区设置行署公安局、县公安局和村公安员三个公安行政级别的警察机构；建立起统一的边防、水上、河防、铁路公安机关；在机关、团

---

❶　许新源主编：《公安学基础理论》，北京：中国人民公安大学出版社，2005 年版，第 41 页。

体、企业、学校内部建立专门的保卫组织。● 同年 9 月，华北人民政府成立，将属晋察冀和晋冀鲁豫的中央局社会部合并为中央华北局社会部，作为华北人民政府公安部，统一管理华北地区的警察事务。

（3）西北解放区。1948 年 5 月后，陕甘青宁各省会城市相继解放，四大省会连成一片。因此，在这四大省会城市的军管会下成立公安处，之后随着各城市人民政府的成立，建立了相应的市级公安局。

（4）华东解放区。1945 年 9 月，中国华中局和山东分局合并成华东局，下设华东局社会部，主管华东解放区的治安安保工作。1948 年后，华东解放区各主要城市也建立起市委社会部、市人民政府公安局等。

（二）解放战争时期警察制度评析

解放战争时期的警察制度存在时间相对较短，但是在中国共产党的警察制度史中，占有重要的历史地位。

解放战争时期的警察制度是在吸收前两个阶段的警察制度优点的基础上而形成的，它更加符合中国共产党执政过程中所需要的社会管理模式，更加具有中国共产党的特色。笔者认为，这个时期的警察机构在各个解放区内部得到统一，虽然各解放区的机构设置不尽相同，但是均呈现出规模化和专业化的特点。特别是华北解放区，将各级社会部与公安机关整合，从而形成一套新的警察机构管理体系。这个组织体系更加完备，它终止了之前两个时期政府内部两套安保机构管理混乱、职责不清的情况，提高了警察机关的办事效率，形成了新中国警察制度的基础。与此同时，警察机关的主要任务由锄奸保卫工作转移到维护城市治安、理顺交通关系、对各种特种行业的管理上来，明确了要在中心城市重点设置保障社会治安的专业化警察机构的方针，创新性地加入了一些在当时具有特殊意义的警政措施，如留用旧警员、收容散兵游勇等。中央社会部还总结了哈尔滨市公安机关治安管理的经验，即"公安保卫、清除敌特、肃清盗匪、建立革命秩序"❷，举办了为接管大城市、建立专业警察队伍的黄泥训练班，培养了大批青年骨干干部，在一定程度上提高了警察人员的工作素质，为警察工作的重心从农村转移到城市铺平了道路，为建立全国统一的人民警察机关打下了坚实的基础。

在警察法律方面，解放战争时期的警察法律法规明显增多，不仅为解放区

---

❶ 安政：《中国警察制度研究》，北京：中国检察出版社，2009 年版，第 60、70 页。

❷ 许新源主编：《公安学基础理论》，北京：中国人民公安大学出版社，2005 年版，第 43 页。

的警察安保工作提供了充足的法律依据，而且为新中国警察制度的建立提供了丰富的、可参考的依据。

第二节 新中国警察制度的建立

随着解放战争的胜利，中华人民共和国于 1949 年 10 月 1 日成立。在经过战争长时间的洗礼过后，新中国满目疮痍，百废待兴，社会治安紊乱。因此，急需建立新中国的警察制度来维护社会秩序、保障新生政权的稳定。

一、中华人民共和国公安部成立

1949 年 7 月 6 日，中央人民政府革命委员会军事委员会做出决定，以中共中央华北局社会部为基础，建立中共中央军委公安部作为新中国中央人民政府公安部的过渡机构，由罗瑞卿和杨奇清分任正副部长，这个过渡机构被视为中华人民共和国公安部（以下简称"公安部"）的前身。过渡机构下设侦查处、保卫处、情报处、治安处，在维护各解放区的治安和稳定的同时，承担整理制定全国统一公安工作的任务。

1949 年 10 月 15 日至 11 月 1 日，全国第一次公安会议召开，会议决定成立公安部，并明确了在全国组建统一的公安机关及人民公安部队、人民警察队伍；研究了公安机关保卫党和国家政权的工作任务和指导方针。[1] 同年 11 月 5 日，公安部在北京成立，公安部是直接领导新中国警察工作开展的最高行政机关，它的成立标志着新中国公安保卫工作体制的正式确立，同时标志着新中国公安保卫工作的开展由党领导的形式转变为政府领导的形式，全国统一的人民公安机关和人民公安武装开始组建。[2]

二、人民警察制度初创时期的警察机关设置

为维护社会稳定，打击反革命分子，新中国迫切需要建立自己的警察机关。

1949 年 11 月，公安部成立后，地方各级政府也开始组建警察系统，从而形成了一套以公安部为中心的自上而下的层级领导体系，即中央公安部—大区

---

[1] 许新源主编：《公安学基础理论》，北京：中国人民公安大学出版社，2005 年版，第 43 页。

[2] 万川：《中国警政史》，北京：中华书局，2006 年版，第 485 页。

公安部（后改为公安局，1954年撤销）—省、自治区公安厅—直辖市公安局—专署公安处—县（市）公安局—区公安助理员—村公安员。❶ 笔者需要指出，在这个系统中，所谓的大区公安部是指将全国划分成6个大行政区，在各个大行政区所设的公安机关。同时，各级地方公安局按照规定均设置民警治安部门（局、处、科、股），分别负责所辖地区的治安管理。❷ 新中国成立之初，中央便成立了一些专门公安机关，如铁路局公安处、东北林工总局公安处和长江航管公安处。这些公安机关具有专业性，人员所掌握的警察权力具有特定性，是针对某一项社会秩序进行的专门维护，它保障了相关领域内社会秩序的稳定。并且，在城市的街道、农村重镇和一些专门铁路、航运路段设置公安派出所。公安派出所作为公安机关的派出机构，主要负责保障社会秩序，维护基层治安，是公安机关最基层的组织系统。

1950年，中央人民政府公安部成立后，1949年8月由中央军委公安部成立的人民公安部队经过整编，划归中央人民政府公安部管理，成为公安部的下属职能部门。它分为公安纵队（师）、省公安大队、专署公安中队，担负着武装保卫、内卫、边防、看押等重要任务。❸

三、新中国成立之初的警察法律与警察种类

新中国成立之初，为了适应当时的治安环境、镇压反革命活动，新中国设立了一系列警察法律规范，以全面系统地维护社会秩序。这些公安法规，对于建立和维护革命秩序、打击反革命残余势力、巩固人民民主政权、保障国民经济的恢复和发展起到了重要作用，也为健全和发展公安法制奠定了基础。❹

笔者对当时的相关法规进行分类，总结归纳如表2-1所示。

表2-1　新中国成立之初的相关法规分类

警察组织法规	《公安派出所工作暂行条例》《治安保卫委员会暂行组织条例》等，第一次公安工作会议上的总结报告在一定时期内也起到了组织法的作用
治安行政法规	《城市户口管理暂行条例》《城市旅栈业暂行管理规则》《公共娱乐场所暂行管理规则》《印铸刻字业暂行管理规则》《枪支管理暂行办法》《关于严禁鸦片烟毒的通令》等

---

❶ 万川：《中国警政史》，北京：中华书局，2006年版，第486页。
❷ 陈晋胜：《警察法学概论》，北京：高等教育出版社，2002年版，第23页。
❸ 万川：《中国警政史》，北京：中华书局，2006年版，第486页。
❹ 王景荣主编：《公安法制通论》，北京：群众出版社，1994年版，第9页。

续表

交通管理法规	《城市陆上交通管理暂行规则》等
出入境管理法规	《华侨出入国境暂行办法》《外国侨民出入及居留暂行规则》《进出口船舶船员旅客行李检查暂行通则》《进出境飞机、机员、旅客、行李检查暂行通则》《进出列车、车员、旅客、行李检查暂行条例》等
消防管理法规	《政务院关于严防森林火灾的指示》等
警察刑事法规	《政务院、最高法院关于镇压反革命活动的指示》《管制反革命分子暂行办法》等

通过表2-1可以看出，由于新中国的法制建设刚刚开始，新的宪法还没有确立，因此，新中国并没有一部真正意义上的警察专门法律，警察法律均以各种规则、暂行办法的形式出现，起到暂时性规制社会刑事、治安等各个方面问题的作用。从警察法规的类型划分来看，当时的警察法规体系已初具模型，涉及社会生活的各个方面，如治安行政、交通管理、刑事法规、出入境管理等。同时可以看出，当时颁布的各种警察法律适时地反映出了当时社会的治安形势，规制了可能影响当时社会稳定的各种不稳定因素（如枪支问题、鸦片烟毒问题），展现出了当时公安工作的重点。这些警察法律的设立，是新中国成立之初警察专门法律设立前的过渡性法规，确保了建立之初的新中国在安全平稳中进行过渡，保障了人民生活的安居乐业。

在新中国成立之初，警察的种类已经十分广泛，有政治保卫警察、经济保卫警察、行政警察、武装警察、内卫警察、边防警察、治安警察、户籍警察、交通警察、铁路警察、消防警察、司法警察等多个种类。需要指出的是，"人民警察"这个名词的确立，是周恩来总理于1950年核准的，他将新中国的各类别警察统一命名为"中国人民警察"，简称为"民警"。[1] 新中国的警察第一次有了统一的名称，这是中国人民警察正式走上历史舞台的开端。

四、人民警察制度初创时期的工作任务

人民警察在不同的历史时期，具有不同的历史任务。在人民警察制度的初创时期，警察的主要工作任务集中在以下三个方面：一是剿匪、除霸、肃反；二是禁娼；三是禁毒。

---

[1]　冯德文：《警察学概论》，北京：中国人民公安大学出版社，2005年版，第34页。

（一）剿匪、除霸、肃反

由于新中国刚刚成立，国民党政府时期的残余武装势力同当时尚存的惯匪、反动地方武装勾结起来形成了大量的土匪，连同新解放地区的地主恶霸，以及在新中国成立后渗透到各个省份的大批特务、反革命分子，共同构成了当时造成社会秩序混乱的主要人群。为保障社会秩序的稳定，中央人民政府决定将大批的人民警察投入到剿匪、除霸、肃反的运动中去。在剿匪运动中，人民公安部队连同人民解放军一道进行武装清缴，人民警察渗透到土匪中以侦查其反革命行动，并组织策反。在除霸运动中，人民警察运用各种警察权，保障社会秩序，对各种恶霸进行坚决打击，为社会主义建设时期的土地改革提供了相对稳定的社会环境。在肃反运动中，人民警察扮演着十分重要的角色。公安部于1951年颁布了《管制反革命分子暂行办法》，使之后的人民警察工作有了法律依据。人民警察在肃反运动中严厉打击各类反革命分子，彻底消灭了扰乱社会稳定的不安定分子，使全国范围内的社会治安有了进一步的提升。肃反运动的结束，极大地巩固了新生的人民政权，为之后的社会主义经济建设打下了坚实基础。

（二）禁娼

新中国成立之初，各地妓院横行。以北京公安局为首的一场禁娼运动如火如荼地开展起来。北京市公安局民警通过周密部署，严厉打击了北京各大妓院，解救了大量受封建制度迫害的妇女，并联合民政部、妇联、卫生部等，对其从思想上进行教育，从行动上进行帮助。北京市公安局用严格执法、富有情操的工作方式，打破了这种严重侵害妇女权益、危害社会的丑恶的封建旧传统。此后，公安部号召全国公安系统学习北京市公安局的工作方式，整治各地封建妓院。

（三）禁毒

1950年，周恩来代表政务院发布了《关于严禁鸦片烟毒的通令》。在新中国成立之前，鸦片烟毒是残害人们身体和精神的最主要根源。为了打击社会上的毒品犯罪，1952年，全国召开了禁毒会议，要求以公安机关为主体，统一行动，按照通知和会议精神，在全国范围内广泛宣传鸦片烟毒的危害，并在各地设立禁毒委员会。❶人民警察与当地政府配合，严禁种植鸦片，禁止制造、

---

❶ 万川：《中国警政史》，北京：中华书局，2006年版，第493页。

贩卖、运输、出售毒品，并强制吸毒者进行戒毒。这种禁毒行动改变了当时的社会习气，保障了人民的身体健康，打击了当时的黑恶势力，为新中国的社会稳定和经济发展做出了巨大的贡献。

五、人民警察制度初创时期警察制度评析

人民警察制度的初创时期，经历了公安部的设立以及地方各级公安机关和专门公安机关的组建，它开启了新中国警察制度的新篇章。上至公安部，下至最基层的公安派出所，这些机构的设置都凝结了中国共产党几十年警察工作的经验总结。虽然这个时期，人民警察制度建设的各个方面才刚刚起步，但是从整体上来说，人民警察制度已经初具雏形。

从机构设置的层级划分可以看出，新中国的警察机构设置严密，层级划分细致，各专业分工明确，各地区机构统一，形成了极具中国特色的警察机构体系。虽然新中国的警察机构在之后的发展过程中几经修改，但是当时的机构设置为新中国成立之初的社会刑事、治安工作做出了贡献，在它们管辖的范围内社会刑事、治安状况都有明显好转。笔者需要指出，这个时期的警察种类已十分丰富，它使人民警察的职能分工更加规范化，有针对性地保障了社会秩序的稳定。特别是人民公安部队的成立，使中央人民政府拥有了一支完整的公安武装力量，它与人民解放军一同担负起保卫新中国安全的重任。此时期，新中国人民警察的任务集中在打击旧中国遗留的"诟病"之上，具有明显的时代特征，随着警察工作任务的不断深入，新中国成立前的各种"毒瘤"问题基本得到了解决，大量的反革命分子被镇压。但是，由于当时新中国的人民警察是在新中国成立之初迅速建立起来的，更有一批国民党执政时期的警察加入到新中国人民警察的队伍中，这就造成了人民警察的素质参差不齐，执法能力相对薄弱，使人民警察的形象在一定程度上大打折扣，也产生了一些负面影响。

总而言之，新中国成立之初的警察制度建设具有重大的历史意义，时代赋予了它不一样的生机。无论在成立之初存在怎样的不足，它都代表了一个时代的开端，为新中国成立后的警察制度的发展打下了良好的基础。

第三节 新中国警察制度的发展变迁

中华人民共和国成立以来的半个多世纪中，中国的政治建设跌宕起伏，有过丰硕的成果，也受到过严重的挫折，直至 1978 年改革开放，才重新步入正

轨。随着市场经济的发展、社会的进步，特别是到了全面建设小康社会和构建社会主义和谐社会的新时期，中国的警察制度也经历了从初创时期的迷茫、停滞不前到现在的飞速调整和发展时期。迄今为止，中国的警察制度总体上已比较完备，取得了前所未有的发展。

一、人民警察制度的快速发展——社会主义建设时期

（一）快速发展时期警察机构设置的改革

20 世纪 50 年代中期到 20 世纪 60 年代中期，是新中国警察制度的快速发展时期。在此时期，警察制度的各个方面已经建立发展起来，警察机构的设置更加符合当时的社会情况，警察法律法规也更加全面，为新中国在社会主义建设时期的经济发展保驾护航。

1957 年 6 月，《中华人民共和国人民警察条例》（简称《人民警察条例》）颁布，规定人民警察接受公安部和地方各级公安机关的领导，从法律上明确了人民警察机关的领导体制。另外，公安部内部增设了更多的管理机构，使公安部的职权更加完备。1953 年 2 月，交通保卫局成立；同年 4 月，文化保卫局成立；1955 年，经济保卫局分为三块，成立基建、工业、财贸三个保卫局（后又并为经济保卫局），消防局、原子能保卫局（后并入经济保卫局）、预审局、武装民警局成立；1957 年 8 月，劳改局成立。❶ 同时，这个时期的各级警察机关和人民公安部队不断地进行编制调整，扩充警力。1953 年，在大型国营企业中增设经济民警组织，扩充人民警察种类。另外，人民公安武装力量也进行了多次整编，体制机制进行了大幅调整，部队名称也进行了多次修改。1952 年，国家将公安武装力量整体纳入军队序列，称为人民解放军公安部队，1955 年改称为中国人民解放军公安军，地方公安武装力量改称为中国人民武装警察部队，到 1957 年中国人民解放军公安军又被改称为中国人民公安部队。

（二）快速发展时期的警察法律

在社会主义建设时期，中国共产党领导全国人民完成了对农业、手工业和资本主义工商业的社会主义改造。与此同时，中国共产党也在新中国的社会主义法制建设方面做了大量的工作，以保障经济社会的快速发展。1954 年 9 月，第一届全国人民代表大会第一次会议通过了《中华人民共和国宪法》（简称

---

❶ 安政：《中国警察制度研究》，北京：中国检察出版社，2009 年版，第 71 页。

《宪法》），宪法的颁布施行，标志着我国社会主义法制进入了全面的发展时期。● 之后，警察立法工作也进一步加强，相继出台了一系列警察法律规范。在这些警察法律规范中，有些是对原有警察法律规范的修改、补充，有些是废止前一个法规，另行制定一个新的法规。❷ 例如，1955 年国务院颁布的《城市交通规则》代替了《城市陆上交通管理暂行规则》，1958 年的《中华人民共和国户口登记条例》（简称《户口登记条例》）代替了原公安部颁布的《城市户口管理暂行条例》和国务院颁布的《关于建立经常户口登记制度的指示》。但是，从总体上来说，在社会主义建设时期，警察法制的快速发展源于大量新颁布的警察法律规范。在此，笔者总结如下，如表 2 - 2 所示。

表 2 - 2　社会主义建设时期新颁布的警察法律规范

警察组织法规范	《人民警察条例》（1957 年）、《公安派出所组织条例》（1954 年）等
治安行政法规范	《中华人民共和国治安管理处罚条例》（1957 年）、《户口登记条例》（1958 年）、《国务院关于劳动教养问题的决定》（1957 年）、《消防监督条例》（1957 年）、《边防检查条例》（1965 年）等
警察刑事法规范	《中华人民共和国逮捕拘留条例》（1954 年）、《全国人民代表大会常务委员会关于宽大处理和安置城市残余反革命分子的决定》（1956 年）及有关刑事侦查、司法鉴定等工作的部门规章
其他法律规范	《爆炸物品管理规则》《化学易燃物品防火管理规则》《外国人入境出境过境居留旅行管理条例》等

社会主义建设时期是新中国法制快速发展的重要时期，《宪法》颁布的头几年间，警察法律也随着这股风潮如雨后春笋般蓬勃发展起来。这个时期的警察法制呈现出全面、快速发展的状态，它是在人民警察制度初创时期的各种警察法规的基础上发展而来的。通过表 2 - 2 可以看出，这个时期的警察法律分类比之前更加细致，在特别重要的几个部门形成了较为完整的法律规范体系，如警察刑事法律规范方面，有多种效力层级的法律规范，如条例、规章、决定等，更加全面地对违法犯罪活动进行规制。并且随着《人民警察条例》《公安派出所组织条例》等的颁布，人民警察在组织法方面有了正式的、可依据的组织法规范，使人民警察从组织机构到工作职权实现了法制化。同时，各个法律部门的法律规范所规制的内容更加细致、全面，也更加适应当时的社会形势

和治安环境。这些适应时代背景而出台的相关法律，为社会主义建设时期的经济发展和社会稳定做出了突出贡献。

（三）快速发展时期人民警察的任务

1. 与刑事犯罪做斗争

20 世纪 50 年代中后期，新中国进入了经济的快速发展时期，开始全面建设社会主义社会。此时，党和人民政府的主要政治关注点也从打击镇压反革命分子、清除恶霸土匪转移到为保障经济发展而与大量影响社会治安的刑事犯罪做斗争中来。在"剿匪、除霸、肃反"运动后，社会治安一度平稳有序。但到 1957 年，以盗窃、强奸和污辱妇女为主的刑事犯罪案件数量快速增长，为此，公安部发出了《关于开展与刑事犯罪做斗争的报告》，并对打击盗窃、流氓、诈骗、抢劫等刑事犯罪的政策界限做了规定。❶ 各地公安机关根据相关指示，与地方政府机关配合，广泛发动群众，与犯罪分子周旋，侦破了大量刑事案件，为保障各地治安秩序做出了重大贡献。

2. 打击残余反革命势力

随着 1956 年社会主义改造的完成，新中国社会秩序稳定，经济飞速发展，镇压反革命的任务也取得了决定性的胜利。公安部转变了严厉镇压反革命分子的政策，颁发了《全国人民代表大会常务委员会关于宽大处理和安置城市残余反革命分子的决定》，改变了人民警察最主要的日常任务。除对少数情节恶劣的反革命分子继续实行打击外，大多数反革命分子得到了宽大处理。这个决定的颁布和人民警察工作态度的极大转变，为争取一般反革命分子改过自新提供了机会，更有力地动员了全社会各阶级、各方面的力量投入到社会主义建设中去。

3. 维护社会治安、抗击自然灾害

在社会主义建设时期，特别是 1960～1963 年，新中国经历了成立以来最为严重的一次自然灾害。由于各种资源短缺，特别是粮食短缺，在这种背景下，发生了许多群众性的偷盗、哄抢事件，大量集体财产蒙受损失；农民大量外流，城镇居民频繁闹事，社会治安问题严重。在这个时期，公安部出台了《关于当前公安工作十个具体政策问题的补充规定》，该规定明确了当时人民警察的工作内容，对劳动教养、拘留、搜查、没收罚款、逮捕权限等具体问题做出了细致规定，明确了人民警察的工作方向，并进一步指导人民警察维护社会秩序稳定。

---

❶ 万川：《中国警政史》，北京：中华书局，2006 年版，第 494 页。

（四）社会主义建设时期警察制度评析

社会主义建设时期是新中国成立以来第一个经济发展高潮，在经济基础决定上层建筑的理论基础下，新中国这个时期的警政建设也呈现出一片繁荣。无论从机构的调整改革、相关法律的颁布以及警察的工作任务方面，都较新中国警察制度初创时期有了较大的发展。

为了保障国家经济的快速发展、综合国力的增强，中央人民政府根据经济发展、国防安全的需要，对其所属职能部门做出了相应的调整，因此，公安部在这个时期也做了一次较大规模的机构调整，特别是经济保卫局（由基建、工业、财贸三局合并）、文化保卫局、原子能保卫局的设立，具有重要意义。它们代表了新中国对经济、文化、国防安全认识的加深，表明了中央人民政府重点维护这几个方面社会秩序稳定的信心与决心。这些新增机构的设置，使人民警察制度所涉及的范围更加广泛，职责的分工更加细致，保障了新中国社会秩序的安定有序。同时，这个时期的警察工作任务也发生了变化，由拔除旧社会"毒瘤"转变到维护社会治安、打击刑事犯罪上来。社会主义建设时期经历了社会经济的快速发展，同时也出现了新中国成立以来最为严重的自然灾害。自然灾害造成了当时大面积的粮食减产，甚至是绝收，给人民生活带来了巨大灾难。面对粮食的匮乏、人民的情绪暴躁，社会上出现了大量的治安案件和刑事案件，给人民警察带来了巨大的压力。但是，广大的人民警察坚定信念，在公安部的文件指导下，通过执法措施的实施坚决打击刑事犯罪，使社会治安明显好转。并且，人民警察工作方针（宽大处理反革命分子）的转变，使人民警察的执法方式也发生了转变，这在一定程度上缓和了社会矛盾，保障了社会生活的平稳有序。

二、人民警察制度发展的停滞不前——"文化大革命"时期

1966 年到 1976 年是中华人民共和国灾难的 10 年。"文化大革命"给刚刚成立的新中国的政治、经济建设和人民的社会生活带来了毁灭性的打击。与此同时，也使刚刚快速发展起来的公安事业遭受了重创。"文化大革命"期间，林彪、江青反革命集团提出要从政治上、理论上、组织上彻底砸烂公检法，于是中央从军队抽掉了 32 名干部接管了公安部、局两级领导权，形成了以谢富治为首的公安部领导小组，对全国公安机关实行军事管制。❶ 之后，各地方公

---

❶　安政：《中国警察制度研究》，北京：中国检察出版社，2009 年版，第 71 页。

安机关或被接管，或被砸烂，大量公安内部档案被销毁。广大基层公安人员被"下放"到农村、劳改农场，或是被打成"叛徒""特务"等关入监狱，或是被迫害致死。在此时期，公安系统由林彪、江青、谢富治长期把控，他们彻底否定了新中国成立以来公安工作的正确路线、方针和业绩，并颁布了"公安六条"作为当时那个非正常时期的具有临时法律效力的文件。虽然文件提出禁止斗争，对杀人、放火、抢劫、冲击监狱的人应该依法严办，但要求公安机关要适应"文化大革命"发展的大形势，尽全力保障大鸣、大放、大字报、大辩论、大串联的顺利进行，对于写反革命匿名信、贴反动标语、喊反动口号攻击毛泽东、林彪的人员，均要以反革命论处，最后又将惩治范围扩展到凡对"中央文革"不满的人均以反革命治罪。❶ 这样的法律文件，进一步摧残着当时已经处在混乱边缘的新中国社会，造成了大量的冤假错案，使人民一度处于恐慌之中；改变了当时正确的公安方针，将公安事业彻底摧毁。同时，也使新中国的整个公安系统处于瘫痪的状态，所有的公安工作、公安法制都被破坏殆尽，使人民警察制度在"文化大革命"期间的发展停滞不前，更使新中国的警察制度发展愈加曲折。

三、人民警察制度的飞跃式发展——改革开放以后

（一）飞跃式发展时期警察机构设置的改革

"文化大革命"结束之后，中华人民共和国经过几年的休养生息，经济、社会平稳发展。随着改革开放的发展，社会政治、经济进入了一个飞跃式的发展时期。社会主义市场经济的形成，使国家更加注重行政机关的整体结构部署，也更加明确加强法治建设的必要性。在警察系统内部，公安部加大改革力度，使公安保卫工作呈现出一派新气象。

1. 成立国家安全部

1983 年 6 月，公安部将其主管的反间谍工作划分出来，交由刚刚组建的国家安全部管理。国家安全部是国务院下属的职能部门，它是主管对外情报和反间谍工作的专门机关，为保障国家情报、信息安全发挥了重要作用。

2. 将劳改、劳教、监狱管理工作移交司法部

1983 年 8 月，公安部将其主管的劳改、劳教、监狱管理工作划拨给司法部管理。这是公安部进一步明确自己职能的一项措施，使公安部所管理的内容

---

❶ 万川：《中国警政史》，北京：中华书局，2006 年版，第 496 页。

明确为刑事犯罪侦查、管理社会治安行政、交通执法等方面。

3. 成立走私犯罪侦查局

改革开放后，社会经济高速发展，中华人民共和国的对外贸易量大幅增加。伴随大量对外贸易而来的不仅仅是经济利益，还有大量的走私犯罪案件，严重影响了社会的经济秩序。为保障国家对外经济的安全，国务院适时地设立了走私犯罪侦查局。1998年，国务院召开全国打击走私工作会议，会议决定成立走私犯罪侦查局，列入公安部序列，受海关和公安部的双重领导。走私犯罪侦查局具有专业性特点，就走私犯罪活动进行专项打击，为中华人民共和国的口岸贸易做出了巨大的贡献，成为中华人民共和国的第一道经济防线。

4. 设立经济犯罪侦查局、禁毒局和警务督察局

随着改革开放的不断深入，违法犯罪的方式方法、重点领域发生了新的变化。而公安部内部机构庞杂，各专业局职能划分不清晰，非常不利于新形势下侦查工作的开展，这说明公安机关原有的机构设置和运作机制已不能适应当下新的社会治安环境。因此，公安部适时做出内部调整，在"精简、统一、高效"的原则下，设立了经济犯罪侦查局、禁毒局和警务督察局。

5. 组建人民武装警察部队

人民武装警察部队是在公安部序列下的武装警察部队，它在1982年6月重建，由原解放军内卫部队与公安部的原消防、武装和边防部队合并成为新的人民武装警察部队，设警卫、黄金、水电、交通指挥、森林武警部队。人民武装警察部队归国务院和中央军委统一领导，武警总部由公安部领导，省、市、县分别设总队、支队、大（中）队，由同级的公安厅（局）领导。❶人民武装警察部队区别于人民解放军，但其军事化管理，是除人民解放军以外我国最有实力的武装力量，担负着保卫中华人民共和国国内外安全的艰巨任务。

（二）飞跃式发展时期的警察法规

改革开放以后，经济的腾飞式发展推动了中国法治化的进程。随着法治化进程的加快，中国的警察法制也有了飞跃式的发展。现在，一个以《中华人民共和国人民警察法》（以下简称《人民警察法》）为核心，由法律、行政法规、部门规章、地方性法规和规章组成，以公安刑事法规、治安保卫法规、行政管理法规、组织人事法规、警务保障法规、监督法规和国际警务合作法规为主要门类的公安法规体系已基本形成，公安工作的主要方面已经基本实现了有

---

❶ 万川：《中国警政史》，北京：中华书局，2006年版，第488页。

法可依。在此，笔者对于飞跃式发展时期的警察法规的具体类型不再赘述，具体内容详见本章第四节相关内容。

(三) 飞跃式发展时期人民警察的任务

1. 严厉打击各种严重刑事犯罪

改革开放的深入发展带来了中华人民共和国良好的政治、经济发展环境。但是，在丰厚的经济利益驱使下出现了大量的不法分子，这进一步威胁到中国的社会公共安全环境，特别是刑事犯罪问题尤为突出，时常发生重大的、团伙性质的恶性案件，既侵害了人民的人身和财产安全，也威胁着社会主义的政治经济建设。因此，在中央的统一领导下，一场轰轰烈烈的"严打"行动就此展开。从 1983 年 8 月至 1987 年 1 月，全国公安系统开展了"严厉打击刑事犯罪"的行动，并将与刑事犯罪做斗争作为人民公安最主要的工作任务。在此期间，各地公安民警全力投入到侦查犯罪、缉拿罪犯的工作中去，摧毁了大量的流氓团伙，沉重打击了破坏社会安全秩序的犯罪分子，有效遏制了大量刑事案件的发生，创造了良好的社会治安环境。同时，人民警察作为保卫社会治安的中坚力量，得到广大人民的认可，树立起良好的警察形象。

2. 对社会治安进行综合治理

所谓"综合治理"，简而言之，就是在各级党委领导下，以公安等司法机构为主体，组织全社会的力量，采取政治的、法律的、行政的、经济的、思想的、文化和教育的多种措施，打击、预防各种犯罪活动，改造罪犯，化解不安定因素，维护社会治安持续稳定。❶

"综合治理"社会治安是中国改革开放新时期的重要工作方针。1981 年，中央政法委在北京、天津、上海、广州、武汉五大城市召开治安工作会议，第一次运用"综合治理"这一词汇概括当前的治安工作方式。在之后的工作过程中，公安机关明确了综合治理方针的各个方面，中央向各级公安机关阐明：严厉打击刑事犯罪是综合治理之首要任务；加强基层公安机关组织的工作是综合治理之基础；完善公安、司法机关队伍建设是综合治理之关键。

总之，"社会治安综合治理"的提出，为整个公安系统提供了明确的工作总方针，使新时期的警察工作有了正确的方向，为改革开放后的社会安保做出了巨大贡献。

---

❶ 万川：《中国警政史》，北京：中华书局，2006 年版，第 499 页。

（四）改革开放后的警察制度评析

改革开放后，社会政治、经济环境发生了前所未有的改变，人民生活水平显著提高。社会生活环境较之前更加复杂混乱，各种治安问题、刑事犯罪层出不穷，给人民的社会生活带来更多的不安定因素。因此，公安部需要自上而下进行一次适应时代发展的机构变革。公安部将反间谍工作及劳改、劳教、监狱等管理工作分化出去，使公安部警察职能更加纯粹。同时，为了适应各种新型犯罪的发生，公安部设立了针对特殊犯罪类型的专项打击机关，如经济犯罪侦查局、走私犯罪侦查局、禁毒局分别针对不同领域的犯罪活动进行专项打击，使人民警察的职权更加专业化、细致化。并且，在此时期，公安机关更加注重与检察机关、司法机关的密切配合，切实保障了执法效果的实现，同时降低了一定的执法风险。

"文化大革命"以后，特别是改革开放以来，新中国的法制发展又重新步入正轨，社会各方更加注重中国法治化的进程。因此，警察法律也进行了大量的修改与补充。到目前为止，警察法律已经涉及整个警察制度的方方面面，对规制各方行为起到了重要的作用。

当前，我国的人民警察执法过程中仍然存在一些问题，如在行政处罚的过程中存在违反程序规定的问题，某些地方刑事审讯的过程存在暴利执法、刑讯逼供的问题，这些问题的存在造成执法效果欠佳，并导致人民警察的正义形象大打折扣。

但是，从总体来讲，改革开放以来，人民生活安定有序，社会治安良好。同时，人民警察制度无论是从组织机构上、警察法制上，还是从人员执法的情况上都有了飞跃式的发展。

第四节　中国当前警察制度概况

一、我国当前警察组织机构的设置

（一）中央公安机关——公安部

根据《宪法》《中华人民共和国国务院组织法》（简称《国务院组织法》）、《国务院办公厅关于印发公安部职能配置、内设机构和人员编制方案的通知》（简称《通知》）等一系列有关法律法规规定，公安部为国务院所属职能部门之一,受国务院领导,指导全国公安工作,研究制定公安工作的具体方针、政策、规章等,同时公安部通过国务院对全国人民代表大会及其常务委员会负责。

根据《通知》等一系列规定,公安部内设办公厅、政治部、警务督察局、治安管理局、边防管理局、出入境管理局、经济犯罪侦查局、刑事侦查局、消防局、警卫局、公共信息网络安全监察局、交通管理局、法制司、外事司、计划财务司、禁毒局、科技局、反恐怖局、信息通信局等厅、局级单位,分别承担相关警务工作。必须指出,根据有关法律法规规定,铁路、交通、民航、林业公安局以及海关的走私犯罪侦查局列入公安部业务局序列,业务工作由公安部统一领导,但是同时又受铁道、交通、民航、林业部以及海关总署的领导,体现为主管部门和公安部的双重领导,这将有利于相关部门工作的展开和业务的专业性指导。

公安部作为国务院主管全国公安工作的具体职能部门,它是全国公安工作制定、指导、领导的机关,其主要职责有 13 项之多。概括来说,可分为依据党和国家的方针、政策等研究制定全国公安工作的方针、政策、规章;根据国家当前的实际情况对公安机关进行组织和业务建设;指导重大刑事案件的侦查、重大行动部署;确保各地安保工作顺利进行,维护社会治安,保护公民合法权益;完善我国公安科学技术,提高我国公安的现代化水平;组织领导国内外公安工作的交流与促进;以及承办党中央、国务院交办的其他事项。

公安部历经 60 多年的发展,虽然在"文化大革命"中受到过冲击,但是其一直秉承维护中华人民共和国统一、稳定社会治安秩序、制定公安工作的方向的目标,为中华人民共和国的建设做出了巨大的贡献。

(二)地方公安机关

依据《宪法》《中华人民共和国地方各级人民代表大会和地方各级人民政府组织法》(简称《政府组织法》)、《人民警察法》《公安机关组织管理条例》等法律法规和规章等,设立中国地方公安机关。依据《宪法》第 30 条规定,我国的行政区划为三级,即省(自治区、直辖市)、县(自治县、县级市)、乡(民族乡、镇)。同时,我国实行三级市并存:一是直辖市,其与省、自治区平行;二是省会市和较大的市,一般称为地级市;三是不设区的市,与县平行,通常称为县级市。地方公安机关的设置遵循以上行政区划的划分,分为四个级别层次,即省、自治区、直辖市公安机关,地级市公安机关,县级公安机关以及地方公安机关的派出机构。具体来讲,即各省、自治区设公安厅,直辖市设公安局；各市（地、自治州、盟）设公安局（处）；市辖区设置公安分局；各县（市、旗）设公安局；县（市、区、旗）公安局下设公安派出所，即乡镇设立公安派出所。

各级地方公安机关的职能分工有所不同。公安厅（局）作为省级人民政府的组成部门，其领导、指挥全省的公安工作，分析研究其管辖范围内的治安情况，提出解决政策；监督其下属公安机关的执法情况，进行业务指导；对民警进行宣传、教育工作；组织协调本地区的重大案件、灾害事故等工作，提供后备支援。而地级和县级公安机关的主要职责是：依照法律法规对违法犯罪行为进行揭露、处罚，维护社会治安管理秩序、保障社会稳定，保护公民的民主权利和合法财产。依据《政府组织法》第 66 条规定："省、自治区、直辖市的人民政府的各工作部门受人民政府统一领导，并且依照法律或者行政法规的规定受国务院主管部门的业务指导或者领导。自治州、县、自治县、市、市辖区的人民政府的各工作部门受人民政府统一领导，并且依照法律或者行政法规的规定受上级人民政府主管部门的业务指导或者领导。"也就是说，省级、地级、县级三级公安机关均受本级党委、政府的领导，同时接受上级公安机关的领导即我国公安机关实行"统一领导、分级管理、条块结合、以块为主"的管理体制。

针对上述内容，还需做出以下几点说明。

1. 地（盟）公安处

根据《政府组织法》第 68 条第 1 款相关规定，省、自治区的人民政府在必要的时候，经国务院批准，可设立若干派出机关，从行政法角度解释为行政公署。在行政公署所管辖的范围内，为了维护社会治安，地方公安机关根据工作需要，可在行政公署内设派出机构。这种派出机构为省、自治区在地区、盟设立的公安处，此公安处也是省、自治区人民政府的派出机构的组成部分，它负责其辖区范围内的公安管理工作。❶ 以昌都地区公安处为例，它是主管该地区公安工作的行署组成部门，其主要工作职责与其他地方公安机关职责无特别大的差别，同样具有法律赋予它在职权范围内的行政主体资格。

2. 城市公安分局

依据《公安部关于理顺公安派出所和分局管理体制的通知》《中共中央关于进一步加强公安工作的决定》等法规、文件，在现行的政府机构设置中，

---

❶ 陈晋胜：《警察法学概论》，北京：高等教育出版社，2002 年版，第 55 页。

直辖市公安局所属公安分局和省辖市公安局所属公安分局是作为上级公安机关的派出机构而设置的，不是同级人民政府的组成部门，不受同级人民政府的领导，直接受上级公安机关领导。这是我国公安机关管理体制中的特例之一。

3. 公安派出所

依据《公安派出所组织条例》（失效），公安派出所是公安机关的基层单位，它是县（市）公安局或城市公安分局的派出机构，在法定的权限内有行政主体资格，受上级公安机关的直接领导、管理。在中国现阶段，县（市）、自治县、旗公安分局和区公安分局普遍在乡、镇、街道设立了公安派出所。公安派出所负责基层的公安工作，是与群众最为接近的公安机关。地方各级公安机关的各项业务工作，均离不开公安派出所的支持与配合。城市、城镇的派出所的主要职责是清查户口，加强城镇户口管理，通过人口管理为中心，加强本辖区内的治安管理工作，维护社会的安定和谐。而农村地区设立的派出所主要职责是：加强农村的治安防范工作，维护农村的社会治安秩序，保障农村集体经济和农民自身财产的安全，惩治各类犯罪。

（三）专门公安机关

专门公安机关是指国家为了维护特殊行业领域的治安秩序，在这些特殊行业领域所设置的公安机关，它们是同时接受公安部和其他部委领导的公安机关。目前，中国设置的专门公安机关有铁路公安机关、交通公安机关、民航公安机关、林业公安机关、海关公安机关。它们实行双重领导体制，既接受所在部门党政机关和本系统上级公安机关的领导，同时在业务上接受地方公安机关的领导。❶

1. 铁路公安机关

铁路公安机关是新中国最早设立的专门公安机关。1950 年 3 月，它由原中央军委铁道部公安局改为中央人民政府铁道部公安局；后在 1954 年列入公安部管辖，成为其下属第十局即交通保卫局的八处三室；在 1975 年交通部重新划分为交通部和铁道部后，又重新称为铁路公安局。其主要负责全国铁路系统的安全保卫工作，管理车站、列车、铁路工程等的安定有序，协调跨省、自治区等的重大案件侦破工作。其组织机构设置与普通公安局类似，层级分明。在铁路系统中，铁路局内设铁路公安局；铁路分局设铁路公安处，同时在大、中车站设公安段或是派出所；铁路技术部门如铁路工程总公司和铁道建筑总公

---

❶ 安政：《中国警察制度研究》，北京：中国检察出版社，2009 年版，第 78 页。

司分别设铁路工程公安局和铁路建筑公安局，主要负责铁路工程建设中的安全保卫工作。

2. 交通公安机关

交通运输部公安局是中国公安机关的一个组成部分，是专业公安机关之一。在这里需要指出的是，交通公安局并非我们日常所指的"公安交警"，它是由公安部和交通运输部共同领导的专门公安机关。1949 年新中国成立后，交通部成立了公安局作为公安部派驻机构，负责交通系统的安全保卫工作。1954 年，铁路和交通公安局合并为公安部下属第十局，即交通保卫局。1975 年，铁道部和交通部重新划分后，再次成立交通运输部公安局。其机构设置是在港务局、海运局、航务工程局和各省自治区、直辖市交通厅（局）设公安局（处）、派出所等。具体为在交通部内设公安局，在交通运输部公安局下设若干航运公安分局，即长江航运公安局、黑龙江航运公安局和其他航运公安局等；同时，在各港口各航线沿途设有航运公安分局、港口港区公安局、海事公安局等。交通公安机关的主要职责是整治水上运输全过程中的治安秩序，保障运输过程中的安全和畅通。

在此，值得注意的是区分交通运输部公安局和公安部交通管理局。交通运输部公安局实行的是公安部和交通运输部双重领导体制，在地方各级的公安机关均属于垂直领导，是主管水上运输交通安全、打击水上交通犯罪、维护水运秩序的机关；而公安部交通管理局是公安部的内设机构，它不受其他部门领导，其地方机关以横向管理为主即受地级公安厅（局）领导，其主要职责是维护道路交通安全秩序。公安部交通管理局及其地方机关的人民警察即俗称的"交警"。

3. 民航公安机关

新中国成立之初，中央人民政府、中央军事委员会设立民用航空局，并在民用航空局内部设置了保卫机构。1980 年，民用航空局改由国务院领导，并在 1981 年在民航系统内部设置了公安机关。民航公安机关是由民用航空局和公安部双重领导的专门公安机关，它列入公安部序列，为第十五局，执行公安部业务局权限。民航地区管理局设民航公安处，其级别为地级公安级别，执行地级公安机关权限；在省（自治区、直辖市）民航管理局设公安分处，属于县级公安机关；在公安处（分处）下设机场派出所。民航公安机关的主要职责是维护民航飞行安全，惩治民航犯罪，维护机场治安管理秩序，保障国家财产和公民人身财产安全。

4. 林业公安机关

林业公安机关是1998年国家机关机构改革后，在国家林业局中设立的公安机关，即森林公安局，是国家林业局的职能部门，同时列入公安部序列，为公安部第十六局。林业公安机关受国家林业局和公安部的双重领导，在国家林业局内部设置森林防火办公室，地方各级林业部门的公安机构设置为：在省级、地级、县级三级林业行政部门分别设置森林公安处（局）、森林公安分局、森林公安科三级机构。林业公安机关的职责是保障中国森林资源安全，维护林区的治安秩序，惩治盗取国家森林资源等犯罪行为。必须指出的是，捍卫国家森林安全是森林公安的首要职责，地方各级公安应极力配合，在没有设立林业地方公安机关的地方，普通地方公安机关应承担保卫国家森林资源安全的任务。

5. 海关公安机关

根据《中华人民共和国海关法》《国务院关于缉私警察队伍设置方案的批复》《国务院办公厅关于组建缉私警察队伍实施方案的复函》等文件的要求，海关总署走私犯罪侦查局于1999年成立，同时在各地相继建立起海关走私侦查分局、支局。海关走私犯罪侦查局是由海关总署和公安部双重领导的专门公安机关。它是海关总署内设的一个局，同时列入公安部序列，为第二十四局。走私犯罪侦查局在海关总署广大分署和各直属海关设置走私犯罪侦查分局，走私犯罪侦查分局在隶属海关设立走私犯罪侦查支局，形成三层管理体制。走私犯罪侦查局的主要职责是依法查缉发生在其管辖范围内的走私犯罪案件，对走私犯罪案件和走私犯罪嫌疑人行使侦查、拘留、执行逮捕等权力，并协同地方公安机关和工商机关调查有关走私犯罪案件，惩治危害海关缉私安全的行为。

二、我国当前的警察法律和警察种类

（一）新中国成立后的警察法律

中华人民共和国成立后，中央人民政府十分重视警察法规的制定，只有建立良好的法律规范，各级公安机关的执法行为才有法可依。警察法律法规的制定及其配套法律法规的出台，是中国法治发展所必须倚靠的重要组成部分。从新中国成立至今，警察法规的制定呈现出一条曲折的发展道路，新中国成立初期，出现了一个短暂的警察法律法规立法高潮，到了"文革"时期，"公检法"系统全部瘫痪，所有的法律法规也相应处于无效的状态，改革开放以后，中国加大力度整治社会治安，相应的法律法规也进一步发展完善。到目前为止，我国与人民警察相关的法律已经相当健全和完善，如表2－3所示。

表2－3　与人民警察相关的法律法规

警察专门法规	《人民警察法》《公安机关组织管理条例》《公安派出所组织条例》《公安机关办理刑事案件程序规定》《中华人民共和国人民警察使用警械和武器条例》（简称《人民警察使用警械和武器条例》）《公安机关人民警察辞退办法》《公安机关人民警察内务条令》《中华人民共和国警衔条例》等
配套组织法规	《中华人民共和国公务员法》（简称《公务员法》）《国务院组织法》《政府组织法》等
治安行政法规	《中华人民共和国行政处罚法》（简称《行政处罚法》）《中华人民共和国治安管理处罚法》（简称《治安管理处罚法》）《中华人民共和国行政许可法》（简称《行政许可法》）《中华人民共和国行政强制法》《中华人民共和国道路交通安全法》（简称《道路交通安全法》）《中华人民共和国道路交通安全法实施条例》（简称《道路交通安全法实施条例》）《劳动教养试行办法》（已废止）《户口登记条例》等
刑事法以及刑事诉讼法	《中华人民共和国刑法》（简称《刑法》）《中华人民共和国刑事诉讼法》（简称《刑事诉讼法》）《中华人民共和国戒严法》《中华人民共和国监狱法》等
其他法律法规	《中华人民共和国出入境管理法》《中华人民共和国游行示威法》等

由表2－3可以看出，中华人民共和国成立至今，有关警察制度及相关方面的法规已经非常健全，涉及国家政治法治生活的方方面面。与警察相关的专门立法种类繁多，有法律、法规、规章等各个层级，涉及人民警察的警衔制度、内务条令、纪律条令，也涉及公安机关的各级组织机构设置，还有统率全局的《人民警察法》。警察制度的相关法规并不仅仅是与警察制度有直接关系的法律法规，还包括与人民警察制度具有配套性的其他法律法规，如中央和地方的组织法规，有关人民警察录用的《公务员法》等。它们使人民警察制度的体系更加完善、法律架构更加清晰、组织机构更加全面。人民警察制度的相关法律少不了人民警察在执法中所要依据的各种法律法规，它涉及行政、刑事、刑诉以及其他的一些法律法规。这些法规作为人民警察执法所遵循的依据，使警察在执法的过程中"有法可依"，这是中国走向法治的前提条件。这些法律法规赋予了人民警察刑事侦查权、行政处罚权、行政许可权、行政强制权等。从我国现有的人民警察法律法规的内容来看，所涉范围已经十分全面，并且立法技术已经达到了一定水平。人民警察制度在法律层面未详细规定的方

面，也已经在各项法规中得到了细化。

（二）新中国成立后的警察种类

新中国成立后，警察的种类也几经变化。到目前为止，新中国的警种主要有治安、户籍、刑事、交通、外事、边防、消防、警卫警察，同时还有铁路、缉私、航运、民航、森林警察等专业警种。

治安警察又称巡逻警察，是各级公安机关的主要警种之一。为了保障和维护社会治安，1984年的全国公安基层基础工作会议要求把大量警力放在群众可以看得到的地方。在此方针的指导下，1988年首先在南京、抚顺设立了巡逻队，专门负责街道的巡逻勤务。后来，各地纷纷建立起治安巡逻警察队伍。治安警察的职责是依法维护社会治安，保障国家财产和保护公民合法财产不受侵犯，维持社会公共场所以及游行、示威、集会过程的秩序，调查未构成犯罪的治安案件以及对社会治安管理造成破坏的刑事案件，进行日常巡逻。

户籍警察在中国近代时期已经存在，主要任务之一便是清查户口。户籍警察是一个基础警种。新中国成立之后，中国户籍制度的存在，使户籍警察更加重要。因为身份和户籍通常与普通群众有着最密切的关系，所以对国家来说也特别重要。户籍警察是指在公安局、派出所专门管理户口的人民警察，负责所管辖区域内的户口管理工作。他们需要了解其管辖区内的人口情况，负责发现违法犯罪线索，维护辖区内的社会治安，宣传警务知识，预防违法犯罪。

交通警察是在公安机关内设机构即交通管理警察大队工作的警察。1986年，为了改革特种行业管理和交通安全管理，成立了交通警察机关。至此，交通警察出现，其主要职责就是维护交通秩序，处理交通事故，查处道路交通违法行为等。

刑事警察是国家公安机关中负责查处刑事犯罪的警察，是各公安警种中十分重要的一种。他们负责侦查危害公共安全以及侵犯公民人身财产等各方面的刑事案件，惩治违法犯罪活动，同时可以对犯罪嫌疑人采取各种强制措施。

边防、消防、警卫警察是公安机关实行现役制的警种，属于中国人民武装警察。中国人民武装警察于1983年成立，包括内卫部队、边防部队和消防部队，因此便有了边防、消防、警卫这几类警察。他们是国家武装力量的重要组成部分，以武装形式保卫国家。

外事警察是管理国籍，以及外国人在我国定居、居留、旅行，中国公民因私出境相关问题的警察。

以上警种均是中国当前警察制度中的一些主要警种，不同警种的工作性质和所享有的职权存在很大的差异，但均担负着重要的职责，只是领域不同。但是无论他们的职权如何划分，他们都为维护国家安全、社会治安秩序，保护公民的人身安全、人身自由和合法财产，预防、制止和惩治违法犯罪活动做出了巨大贡献，起到了保障整个社会的安定与和谐的重要作用，是人民心中最值得信赖的"公仆"。

第三章 英国和美国的警察执法体制

英国是最早建立职业警察制度的国家之一，其警察机关的设置、职权职责分配、对警察行为的监督等方面，可以说均是经过长期的历史演变而来，具有相当的稳定性、合理性与可借鉴性。美国的警察制度，早期受英国警察制度的影响较多，后来逐渐形成自己的特色，美国警察被誉为世界上效率最高的警察。对英国警察和美国警察的权限分工、实施运作以及监督方式等内容，从行政法学的角度，而不是单纯从警察学的角度进行考察，或许能够为我国完善目前的交巡警执法体制提供有益的借鉴。

第一节 英国的警察执法体制

英国全称大不列颠及北爱尔兰联合王国，是由英格兰、威尔士、苏格兰和北爱尔兰四大地区组成的单一制国家。由于历史、政治等原因，长期以来，四大地区的法律制度、政治文化等内容在诸多方面存在差异，在警察制度这个问题上也不例外。其中，英格兰和威尔士两个地区的警察制度大致相同，而苏格兰和北爱尔兰各自有其独立的警察体系。由于笔者初次接触警察行政法，加之写作时间与相关资料都不是很充裕，很难对整个英国的警察制度进行全面、准确的介绍。鉴于英格兰❶为英国面积最大、人口最多、经济最发达且具有悠久历史的一个地区，本节主要着墨于英格兰地区的警察制度，下文所提到的英国警察，一般是专指英格兰地区的警察。

长期以来，英国议会颁布并实施一项法律，一般情况下会设置相应的执行机构，而英国并不存在中央政府一级的专门负责治安秩序与犯罪调查、类似于公安部或者警察厅之类的机构，这是因为英国实行较为严格的"地方自治"制度，交通管理、治安维护、犯罪侦查、犯罪预防等权力，掌握在拥有高度自

---

❶ 英格兰位于苏格兰以南、威尔士以东，主要城市包括伦敦、曼彻斯特、伯明翰、利物浦、纽卡斯尔等。

治权的地方手中，这也是英国"警察属于地方"这一传统的必然结果。然而，这一结论只适用于一般的警察机关。

为了维护国家统治秩序的稳定，仅仅依靠各个地方的警察组织肯定是不够的。因此，除了上述的一般警察机关之外，在英国还有一些专门警察机关。专门警察机关大都是为执行某部法律而专门设立的，且多数为全国性的警察部门，如根据 1872 年《公园管理法》设立的皇家公园警察局❶、执行 1923 年《特警法》的联合王国原子能警察局（The United Kingdom Atomic Energy Constabulary）❷、执行 1987 年《国防警察法》的国防部警察队、根据 2004 年《能源法》设立的民用核能警察大队等。专门警察机关一般只负责专业领域的犯罪预防与侦查工作。例如，大不列颠交通警察局（British Traffic Police）❸ 负责服务于铁路系统的工作人员以及铁路乘客和铁路（包括伦敦地铁系统等）运输的安全。与一般警察机关相比，专门警察机关只是在财政供给、管理事项、地域分布等方面有所区别，在管理体制、执法权力、行为程序等方面均大致相同，因此，下文仅以一般警察机关为例进行解析。

一、英国警察制度的历史

早期的英国盛行以社会义务和集体防范为特征的十户联保制度，也称太兴制。❹ 12 世纪时，则逐渐形成了治安官（constable）在治安法官的领导下维护地方治安的模式，这种体制直到 18 世纪中期才慢慢退出英国。❺ 16 世纪以后，随着英国工业化和城市化的推进，传统的治安官模式逐渐暴露出越来越多的弊端。治安官、治安法官这些在维护治安方面承担重要作用的群体工作辛苦、责任重大，却没有报酬，这样的体制自然容易导致权力滥用，滋生腐败。治安官收取费用、赏钱、罚款提成，治安法官甚至还收取保护费，出现了治安法官"在正义市场交易正义"❻ 的独特现象。这一体制导致的另外一个问题就是，一些不愿意承担这项义务的社区居民通过付费找人替代自己担任治安官，由此逐渐形成了"职业治安官"阶层，这些所谓的"职业治安官"，或者说是"最

---

❶　现已并入大都市警察厅（The Metropolitan Police Service）。
❷　联合王国原子能警察局已被民用核能源警察大队（The Civil Nuclear Constabulary）所代替。
❸　大不列颠岛包括英格兰、苏格兰和威尔士三个地区。北爱尔兰地区不存在大不列颠交通警察局的机构。
❹　夏菲：《论英国警察权的变迁》，北京：法律出版社，2011 年版，第 15 页。
❺　19 世纪英国职业警察诞生后，治安官逐渐为职业警察所代替，但是治安法官一直存在至今。
❻　夏菲：《论英国警察权的变迁》，北京：法律出版社，2011 年版，第 19 页。

便宜的替代者"，其个人能力和素质是可想而知的，"愚蠢、无效和不正直"正是英国警察史学者给予他们的评价。❶ 其间，英国政府也尝试通过加重惩罚、增加刑罚严厉性的手段以打击犯罪、维护社会治安，但并没有取得预期的实施效果。

建立职业化的警察组织，并坚持警察的中央控制是许多政府要员的共识，但是关于此问题的议案一直不能获得通过。究其原因，除了英国人强烈的自由观念和英国地方自治的传统之外，另一个必须解决的就是职业警察的费用问题。❷ 通过几十年的努力，1829 年 7 月 14 日《大都市警察法》❸ 终于获得通过，同年 9 月 26 日下午，新招募的大都市警察开始上街巡逻，以此为标志，英国现代职业警察诞生。❹ 根据《大都市警察法》，新创建的大都市警察厅由两位并列的治安法官❺指挥和管理，他们不再履行其传统的刑事审判职能，而是专门从事维持治安、犯罪侦查以及犯罪预防等活动。几代人的努力终于付诸实践，而这仅仅是英国职业警察制度的开端，并由此拉开了英国现代职业警察制度发展演变的序幕。

大都市警察建立初期，其运作实施的社会效果比较显著，再加上中央政府的财政政策引导，英国各地方陆陆续续建立起自己的警察机构。1856 年，《郡和市警察法》明确要求英国各地方都要按照大都市警察厅的模式建立职业警察机关，同时该法也确立了英国警察由内政部、地方警察委员会与首席警官三

---

❶ 夏菲：《论英国警察权的变迁》，北京：法律出版社，2011 年版，第 18 页。

❷ 夏菲：《论英国警察权的变迁》，北京：法律出版社，2011 年版，第 26 - 27 页。

❸ 1829 年《大都市警察法》，其全称应该是《改进大都市及其附近区域警察组织法》（An Act for improving the Police in and near the Metropolis），该法将伦敦市（the city of London）排除在大都市的范围之外（参见夏菲：《英国警察权的变迁》，北京：法律出版社，2011 年版，第 14 - 30 页）。在这里需要对"伦敦"这一城市稍加解释。"伦敦"一词包含两种指称：其一是大伦敦（或称伦敦地区），即 Greater London，包括伦敦市（the City of London）和其他 32 个自治市（Borough）；其二，就是单指伦敦市，即 the City of London。Greater London 是 1965 年行政改革时正式提出的，现今的大伦敦与以前相比，地理范围有些变化。有些介绍英国警察法的著作将 An Act for improving the Police in and near the Metropolis 译为《大伦敦警察法》，笔者认为如此不妥，容易造成混淆。即便是现在，伦敦地区也划分为两个警务区，即伦敦市警务区和大都市警务区，伦敦市警察局（City of London Police）和大都市警察厅（Metropolitan Police Service）两个警察机关是并存列的。为了方便区分，下文所称伦敦市，指的是伦敦市警务区，即 the City of London 的地理范围；而大都市，指的是大都市警务区，即 Metropolitan 包括伦敦地区除伦敦市以外的其他 32 个自治市在内的地理范围。

❹ 夏菲：《论英国警察权的变迁》，北京：法律出版社，2011 年版，第 14 页。

❺ 这一称谓不久之后被改为"警察厅长"，一直沿用至今。这两位治安法官，也就是大都市警察厅的第一任厅长，一位是拿破仑战争时期的老兵查理斯·罗恩（Charles Rowan），另一位则是年轻律师理查德·梅恩（Richard Mayne）。这显然暗示创建者希望新警察既具有军队的某些特性，同时又熟谙法律，在法律的规制下履行职责（参见夏菲：《论英国警察权的变迁》，北京：法律出版社，2011 年版，第 30 页）。

方负责的体制。

二、英国的警察机关

虽然警察归属于地方，但是议会制定的关于警察制度的成文法在全国范围内具有约束力，英国在警察制度领域存在较多的制定法，但作为典型的普通法系国家，与大陆法系国家的相关立法相比，英国警察领域的制定法在调整范围与明确性等诸多方面不可同日而语，涉及管辖权、警察权力及其行使等问题的规定很模糊，甚至根本没有相关规定。因此，英国的警察机关难以统一管理就不足为奇了。然而这些问题并没有给英国带来严重的后果，这无疑得益于英国历史悠久的普通法传统和坚强有力的司法体系。在现代职业警察创立之后的相当长一段时期内，英格兰存在两种类型的警察机关：一种是受地方警察委员会监督的地方自治型警察机关，英格兰地区绝大多数的警察机关属于此种类型；另一种则是由内政部直接领导的中央控制型警察机关，只有大都市警察厅属于此种类型。

（一）组织机构

上文已述，英格兰地区存在两种类型的警察机关，地方自治型警察机关和中央控制型警察机关。其实两类警察机关只是在负责制模式方面有区别，单就组织机构而言，大体是相同的。本部分关于英国警察机关组织机构的论述，是以大都市警察厅为例进行的。

大都市警察厅是伦敦地区最大的警察机关，辖区面积约 620 平方英里，人口约 720 万。大都市警察厅拥有警察 31000 多人，辅助警察 5000 多人，文职人员 13000 人，社区援助警察（Police Community Support Officer）3700 人。大都市警察厅的结构非常庞大和复杂，常设职能部门有 7 个，具体如下所述。

1. 罪案部（The Specialist Crime and Operations Directorate）

罪案部是大都市警察厅非常重要的一个职能部门，其队伍中既有制服警察又有便衣侦探。罪案部负责处理的案件范围很广，从杀人、强奸等恶性犯罪到非法交易、诈骗等商业犯罪，再到酒后驾驶、闯红灯等交通违法行为都由其负责。与我国公安机关犯罪侦查部门只负责进行保密性和专门性侦查工作所不同的是，大都市警察厅罪案部不仅负责已发生的犯罪案件的侦查，还参与整个伦敦地区的治安事件处理、2012 年伦敦奥运会安保等"公众看得见的"工作。

作为大都市警察厅最重要和最大的部门，罪案部包括犯罪工作处（The Crime Operations）、情报与行动处（The Intelligence Tasking and Operations）和鉴证处（The Forensic Services）三个子部门。每个子部门之下又存在若干职能机构。以下选取其中比较有影响的职能机构进行简单介绍。

（1）交通科（The Traffic Branch）。交通科是为提高大都市地区的道路交通安全而设置的，其下设两个小组，交通工作组（The Traffic Unit）和交通刑事司法组（The Traffic Criminal Justice Unit）。交通工作组的主要职责大致可以分为两类：第一类包括进行交通道路巡逻、遏制不正当使用交通道路的行为、降低交通事故发生率和交通事故造成的伤亡、参与致命交通事故调查等；第二类则包括处理醉酒驾驶、超速行驶、无证驾驶案件、商业用途车辆和危险物品运输的管理等。按照英国警察自己的理解，第一类只涉及执行法律、惩处行为人的问题，而第二类一般应当采取处罚与教育相结合的执法方式。

交通刑事司法组之下又划分为若干小组，共同承担预防与查处交通违法行为的职责，包括车祸事故调查、为交通事故被害人提供帮助、支持证人作证、对轻微交通犯罪进行追诉❶等。

除此之外，交通科还依照警察局局长协会（The Association of Chief Police Officers，简称ACPO)❷发布的指导性文件对机动车辆的超限运输❸进行管理。超限运输当事人必须至少提前两日进行申请，一般是通过电子邮件进行申请。对于超限运输的时间限制和路线要求，均有比较明确的规定。

（2）空中支援组（The Air Support Unit）。空中支援组的具体职责包括：追踪犯罪嫌疑人，摄像拍照❹，追捕机动车辆，减少犯罪发生❺、寻找失踪人员❻，处理枪支、火器案件，在事先批准的治安事件❼中维护公共秩序、护送

---

❶ 此处的追诉，区别于检察机关对于交通犯罪案件的追诉。英国虽然不存在行政违法与犯罪的区分，却有重罪（Crime）与轻罪（Offence）两个概念。交通刑事司法组负责的案件属于轻罪的案件，对于这类犯罪案件，并不一定非要由法院宣告有罪与判决刑罚。此外，还有一些交通刑事司法组负责的案件，其诉讼程序也与一般刑事案件有区别。

❷ 由各地方警察局局长和副警察局局长组成，可以说是各地方警察局局长进行沟通和交流的平台。警察局局长协会虽然不具有行政权力，但其通过加强地方警察与内政部的沟通、合作，在促进地方警察执行内政部政策方面发挥着非常积极的作用。

❸ 超限运输，是指机动车辆或者连同其运载的货物超过规定的限长、限宽或者限重而进行的公路交通运输。

❹ 拍摄的任务由观察员负责，这是空中支援组的所有观察员都必须具备的一项技能。拍摄搜集的图像及视频，既能够为犯罪侦查提供帮助，又可以作为呈堂证据使用。

❺ 指在特定的时间段对某一特定地域进行空巡，这种空巡模式，因为降低了飞行高度，使得空巡显而易见和更具有威慑力，数据显示能够有效地减少此时间段该地域犯罪案件的发生。

❻ 即通过目标任务在热感照相机中显示的轮廓，锁定搜索范围搜寻目标，当然要准确搜索到目标，需要空中支援组与地面警察密切合作。

❼ 主要指民众进行的游行、示威活动。英国对游行、示威活动的管理和控制与我国基本相同，采取事前审批制。

重要人士或在押罪犯等。空中支援组拥有 3 架 EC145 直升机，24 小时进行低空飞行巡逻。每架直升机上的执勤人员包括一名驾驶飞机的飞行员和两名执行不同任务的观察员。要完成如此众多而重要的任务，当然需要一系列齐全、高效能的设备。除了上述的直升机，空中支援组还拥有 360°高清视野的摄像机、空中扩音器、热图像传感器、战略通信系统、定位系统等设备。执勤时，三名人员一起为地面工作的警察提供有效支持，因此空中支援组是大都市警察厅的空中观察与交流平台，在整个大都市地区的警察工作中起着非常重要的作用。

（3）骑警科（The Mounted Branch）。骑警在英国有着悠久的历史，可以追溯到 1829 年大都市警察建立之前。骑警科由 150 名警察和文职人员组成。骑警科的主要工作包括在大型的庆典、体育赛事和游行示威等活动中维护公共秩序，预防与处理违法、暴力事件。一般情况下，骑警需要完成 3~4 小时的巡逻任务，遭遇特殊情况则会延长。与一般步巡警察相比，骑在马背上的警察拥有更佳的视野范围和反应速度，据有关报告估测，一名训练有素的骑警相当于 12 名步巡警察。

2. 地方警务部（The Territorial Policing）

大都市地区有 32 个自治市，每个自治市设有若干警察局（Police Station）。例如，威斯敏斯特市就设有 7 个警察局。大都市警察厅将整个大都市地区划分为东北、西北、东南、西南和威斯敏斯特五大区域，东北和威斯敏斯特两个地区共同隶属于地方警务部的一个子部门，剩余三个区域则属于地方警务部的另一子部门。地方警务部的职能范围并不仅限于大都市地区 32 个自治市相关的警务工作。除此之外，地方警务部还负责公共关系、运输安全、辅助警察管理等工作。

3. 安全保卫部（The Specialist Operations）

安全保卫部下设保卫处（The Protection Command）、保安处（The Security Command）和反恐处（The Counter Terrorism Command）三个子部门。保卫处主要负责为英国皇室成员、政要人士以及外交人士等提供护卫服务。保安处主要为威斯敏斯特皇宫、希斯罗机场、伦敦机场以及伦敦地区的大型活动提供保安服务。反恐处主要负责预防与侦查恐怖主义犯罪。安全保卫部之下的三个子部门通过广泛与紧密的合作来共同完成安全维护与反恐的任务。

4. 财务部（The Resources Directorate）

财务部负责整个大都市警察厅的财务管理，如制作财务预算、经费管理、大都市警察厅业务办公楼等不动产的管理以及后勤服务等。

5. 信息部（The Directorate of Information）

信息部负责为大都市警察厅提供信息交流和技术等方面的服务，其具体职责包括通信基础设施的维护、信息的安全与管理、新技术的开发与应用、重要信息的传递等。

6. 人事部（The Human Resources Directorate）

人事部主要负责大都市警察厅的人事管理工作，如警察的招聘、培训、考核、晋升等。

除了上述六大常设职能部门之外，大都市警察厅还设置了为2012年伦敦奥运会和残奥会提供警务服务的与上述六大职能部门平级的专门部门。

大都市警察厅内部设置的一些专门性或专业性的职能机构，近些年来在公共秩序的维护、辅助其他职能部门等方面发挥了非常重要的作用，如空中支援组与骑警科。除此之外，大都市警察厅的内设机构还有很多，如皇家护卫队、古董档案库、野生动植物保护组、慈善活动管理办公室等。分工的细致常常会使得处理问题、应对事件的专业性和效率性大幅度提升。大都市警察厅对于处理犯罪案件的组织机构和战略分工都非常精细，这也间接反映出其专业化和执法高效等特征。

（二）组成人员

根据工作性质及责任的不同，英国将其警察机关中的工作人员分为以下三类。

1. 警察（Police Officer、Police Constable❶）

警察，是指由担负执法职责、享有警察执法权力并且在治安法官面前宣誓的专职工作人员。❷ 英国是非常典型的普通法系国家，但是在其警察制度领域却存在大量的制定法。从警察制度建立至今，议会立法、内政部颁布的立法文件以及法院判例中，从来没有对警官的职责做过总体性的描述。英国警察的职责只是在警察入职宣誓的誓词中有所体现。❸

英国警察职级自下而上依次为：警员、警长、督察、总督察、警司、总警

---

❶ "constable" 一词最初的含义为 "治安官"，英国职业警察建立之初即被称为 "constable"，直到今天，英国警察领域的多种称谓均包含 "constable" 一词。

❷ 陈真、陈合权主编：《世界警察法概论》，成都：四川大学出版社，2008年版，第94页。

❸ 2002年的《警察改革法》第83条修改了1996年的《警察法》中关于誓词的规定，修改后的誓词中包含维护基本人权，平等尊重所有人，维护和平，阻止损害人身和财产的一切犯罪，忠实地依照法律履行职责等内容（参见刘伯祥主编：《外国警察法》，北京：中国法制出版社，2007年版，第198页）。

司、局长助理、副局长和局长。与中国不同的是，在英国，警官并不属于公务员。❶ 由于工作的特殊性，警官的薪水和福利待遇相对较高。

2. 辅助警察（Special Constable）

辅助警察是指在地方警察局参与警务工作，担负警察执法职责，享有警察执法权力并且在治安法官面前宣誓的志愿者。❷ 警察局内部一般都有相应的辅助警察队。

除了一些与警察职责职务有利害关系的职业外，年满 18 周岁的公民或者无居住期限限制的外籍居民都可以申请加入辅助警察。辅助警察需要经过资格审查和警务工作基本技能培训，其履行职务的范围比较大，包括徒步巡逻、协助警官处理交通事故现场、大型活动的安全保卫、处理扰乱公共秩序和酒后驾车案件等。辅助警察与警官享有同样的执法权力，与警官一样应当遵守《警察行为规范》。英国正式的警察组织是由警察和辅助警察两类人员构成的。

3. 文职人员（Police Staff）

文职人员是指在警察机关内部履行文秘、财务、信息、技术、招聘、后勤等职责，不享有警察权力的工作人员。文职人员不着警服，不需要在治安法官面前宣誓。❸ 警察机关文职人员同样不属于公务员，但其录用、考核、晋升、奖惩等事项，与公务员非常类似。

三、英国警察的权力

英国警察建立之初，为了减少民众的对抗，缓和新警察与民众之间的关系，当权者一直强调"警察就是平民""警察是为英国人民提供服务的"，很少就警察权力做特殊说明或者规定。那时候的警察权力非常有限，警察的主要任务和工作目标就是预防犯罪。1829 年《大都市警察法》中只有一个条文提到了"警察权力"。而后来的发展逐渐使得警察实际上享有非常广泛的权利，这与英国的历史传统有非常密切的关系。任何人都可以将犯罪人抓捕至治安法

---

❶ 英国公务员，即文官，是指在中央政府及其组成部门从事行政性、专业性、技术性以及其他类型工作的人员（参见张越：《英国行政法》，北京：中国政法大学出版社，2004 年版，第 440–441 页）。治安，传统上一直是地方事务，因此警察属于地方，不属于公务员的范围。另外，王名扬的《英国行政法》一书中引用 1931 年汤姆林（Tomlin）文官调查委员会报告中对文官的定义为"在政治的或司法的职务以外以文职资格录用的、报酬全部直接由议会通过的款项支付的英工公仆。"警察，其报酬不是全部由议会所通过的款项来支付的，所以不属于文官。

❷ 陈真、陈合权主编：《世界警察法概论》，成都：四川大学出版社，2008 年版，第 94 页。

❸ 陈真、陈合权主编：《世界警察法概论》，成都：四川大学出版社，2008 年版，第 95 页。

官，这是英国由来已久的传统，英国警察抓捕犯罪人的权力也正是基于这一传统。当然，英国警察权力的扩张也是基于其"预防犯罪"的基本职能。警察作为治安官的继任者，从治安官那里继受了很多权力，如维护地方治安、逮捕犯罪嫌疑人、侦查犯罪案件、起诉甚至征税等，但随着警察制度的完善与发展，警察权力有了越来越多的法律依据。总而言之，英国警察权力的产生路径与中国非常不同，英国的警察权力不是通过法律积极授予的，而是通过消极免责的方式予以确定的，即在英国，警察权力的基础是公民权利，警察权力等同于公民权利，警察之所以可以在特定的情形下实施超越公民权利的行为，是因为法律为其免除了责任的承担。❶当然这也只是一家之言，但警察权力受制于制定法和普通法，这一点是没有疑问的。普通法传统在一定程度上为警察权力的扩张提供了合法性基础，但这种合法性是非常有限的，会随着社会条件的发展变迁而有所变动。一般情况下，扩张的警察权力，或因制定法的认可而真正具有合法性基础，或因法院的违法判决而被抑制。

各国警察所享有及行使的权力，有很大一部分是相同的，如犯罪调查权、对枪支弹药的销售及持有进行监管的权力、境外游客的登记管理权等。英国警察执法中涉及的行政权力，大致可分为以下三项。❷

（一）行政许可权

由警察机关对涉及公共秩序与公共安全的某些行为实施监管，是各国通行的做法，英国也不例外。英国警察机关负责签署或颁发的行政许可文件主要有以下几种。

1. 慈善募捐许可

在英国，法律规定了进行某些慈善募捐活动需要事先取得警察局局长签发的许可文件方可进行。同时，法律对募捐种类与方式、募捐参与者、募捐时间、募捐地点等均做出了相关规定。无证募捐或者持证募捐不符合相关要求的，均属于违法行为，可能会被处罚。

2. 流动商贩许可

在英国大都市地区，取得警察局局长签发的流动商贩许可的人，可以走街串巷，甚至上门推销商品。流动商贩许可由当事人向所在地警察局申请，由警察局局长签发，有效期为一年，可以在整个英国范围内使用。

---

❶ 夏菲：《论英国警察权的变迁》，北京：法律出版社，2011年版，第11页。
❷ 英国警察在执法中享有的权利种类丰富，此处所做的只是一个非常粗略的概括与划分。

3. 枪支弹药许可

英国公民购买和保存枪支是被允许的，但是法律对枪支的种类、持枪人的年龄等做出了限制性规定。持有枪支、携带枪支出境或入境、购买或保存爆炸物等需要事先向所在地警察机构申请，取得其签发的许可证书。对于可能危及公共安全或者神志不清的人，警察机关可以拒绝签发许可，或者撤销已经签发的许可文件。

4. 游行示威许可

和许多国家一样，英国法律对公民游行、示威等可能会影响公共秩序的行为做出了限制性规定。在大都市地区，组织进行公众集会、游行，或者举办宣传、推广等活动均需要向当地警察局申请许可，取得许可文件后方可举行。

（二）行政检查权

英国警察有权对公民行为是否合法进行检查与监督，制止违法行为。例如，警察局下设的慈善活动管理办公室（The Charities Office），负责对取得许可证件的慈善募捐活动进行监督，制止违法募捐，处理公众对于慈善行为的投诉等。

盘查（Stop and search）是英国警察建立之初就广泛采取的犯罪侦查与治安管理手段。1829 年《大都市警察法》第 66 条明确规定："警察有权基于合理怀疑盘查可能装载有盗窃财物或以其他非法手段获取财物的船只、车辆和马车，有权盘查可能携带、运输上述财物的人员。"❶ 这是最早关于盘查权的成文法规定。当时的盘查权，只有少数地方的警察在行使，而不是一项全国性的权力。20 世纪 80 年代初，伦敦、曼彻斯特等大城市发生的多起城市骚乱均与警察"歧视性盘查"有关。1983 年，关于英国警察盘查权使用的两个报告指出，警察进行盘查时并没有遵守"合理怀疑"的要求，盘查权没有受到良好的制约。关于盘查权的司法审查，英国法官之中产生了"控制犯罪"与"保障警察执法"两种观点。1984 年《警察与刑事证据法》规定了警察进行盘查的一般条件、路查的适用条件，对盘查的地点、盘查的对象等也做出了规定。但是关于警察启动盘查权的"合理怀疑"标准问题并没有得到解决。后来内政部制定的《警察与刑事证据法》实施细则对什么情况构成"合理怀疑"进行了详细解释。

（三）行政处罚权

在英国法律制度的框架之下，公民、法人或者其他组织实施的违反法律规

---

❶　夏菲：《论英国警察权的变迁》，北京：法律出版社，2011 年版，第 86 页。

定的行为，只有法官才有权确认并实施处罚，而不是像我国违法有行政违法与刑事犯罪之分，行政违法由有权限的行政处罚机关做出处罚决定并执行，刑事犯罪则由法院审理、裁判。从这个角度来讲，英国警察是没有行政处罚权的。

交通科下设的交通刑事司法组，其查处的轻微交通违法案件，如驾车期间违法接打电话、驾驶车辆无保险等，行为人可以选择一次性缴清罚款并且上交驾驶执照❶，或者通过正式刑事司法程序办理（经法院审理、判决）。交通刑事司法组有权处理的案件包括三类，分别由三个不同的小组负责。此类案件的当事人选择接受交通刑事司法组处置的，由交通刑事司法组下设的执行小组（The Traffic Criminal Justice Unit Operational Command Unit）统一收缴罚款。这一制度设计与我们国家的行政处罚非常类似，甚至也遵循"罚缴分离"原则。这在某种意义上，可以理解为英国警察的行政处罚权，当然，这个问题还需要进一步的思考与探讨。

四、监督与制约❷

英国是一个自由传统非常浓厚，盛行自由无价的国度。英国警察在筹建之时，一系列在今天看来依旧非常合理的议案之所以没有获得通过，财政问题是一个方面，警察制度可能会对人民自由造成妨碍或侵害的担忧也是一个非常重要的原因。所以，英国在建立警察制度的初期，就十分重视对警察权力的制约和监督。分散权力无疑是控制权力的有效方法之一，英国就是通过分散权力这种方式来监督与制约警察权力的行使。英国现行的由内政部、地方警察委员会和警察局局长三方相互制约的模式由 1964 年《警察法》确立，而后经过了一系列的修改，但内政部、地方警察委员会与警察局局长的三角结构没有改变。

（一）警察局局长

警察局局长对于警察机关，具有全面指挥与管理的权力。关于警察局局长的权力，制定法规定得比较模糊，只是确定了警察机关在警察局局长的指挥和

---

❶ 此类案件中的罚款，英文表述为 pay the ticket，而不是 fine。另外，并不是所有的案件都需要上交驾驶执照。

❷ 对警察权力行使、警察行为进行监督与制约的方式有多种，如行政内部监督、司法审查、社会监督等，本部分仅对英国警察执法体制内部的监督机制进行介绍。并且本部分的介绍是以英国大多数警察机关为范本，同时参考了国内多位学者的著作。大都市警察厅的监督制约机制，与本部分介绍的内容稍有不同，在此对其不再详述。

控制之下开展警务工作。丹宁勋爵在审判中对于警察局局长的权力和责任做过非常精彩的阐述："警察局局长在实施犯罪侦查、起诉❶等行为之时，只服从于法律，不受中央或地方政府或任何人的干涉。"

（二）内政部（Home Office）❷

英国的内政部负责对警察及警务工作进行管理，但其不是警察机关，不享有警察机关的执法权力。❸ 地方警察局局长不需要服从内政大臣❹的命令。但是，内政部通过制定法赋予的诸多权力实际影响着地方警察机关，从而达到监督、制约警察权力的目的。需要说明的是，英国实行严格的部长责任制，法律很少把某项权力授予政府部门，中央政府的权力通常是授予内政大臣。

1. 制定抽象性文件

1977 年《警察条例》，是内政部根据 1976 年《警察法》授权的委任立法，对于不当的警察行为规定了统一的纪律处分。❺ 根据 1996 年《警察法》第 39 条的规定，内政大臣可以针对地方警察委员会和地方警察局局长履行职责的事项制定实施细则。❻ 内政大臣还有权规定警察行为应当遵循的特定程序或方式❼，如关于盘查权的《警察与刑事证据法》实施细则 A，关于讯问权的《警察与刑事证据法》实施细则 C 等。此外，根据 1996 年《警察法》第 50 条的规定，内政大臣还有权力制定针对整个英国范围内警察管理、警察工作条件等内容的规定，尤其是关于警察的奖惩、工资与津贴、任职、升职资格等事项的规定。英国各地的警察在服装、工资、工作条件等方面完全一致，这就是内政部制定统一标准的结果。❽

---

❶ 英国警察成立之后的很长一段时间内，犯罪侦查阶段结束，是由警察机关向法院起诉，直到 1985 年这种情况才有所改变，即原来警察机关享有的起诉权全部移交给王室检察院（Crown Prosecution Service）行使。参见夏菲《论英国警察权的变迁》，北京：法律出版社，2011 年版，第 100 页。

❷ 内政部是英国中央政府的组成部门之一，酒类与毒品管理，移民、监狱管理以及警务工作都属于其管辖范围。

❸ 陈真、陈合权主编：《世界警察法概论》，成都：四川大学出版社，2008 年版，第 31 页。

❹ 一般将内政部的首脑称为内政大臣而不是内政部部长。参见张越《英国行政法》，北京：中国政法大学出版社，2004 年版，第 366 页。

❺ 王名扬：《英国行政法》，北京：北京大学出版社，2007 年版，第 53 页。

❻ ［英］A. W. 布拉德利、K. D. 尤因：《宪法与行政法》（下），刘刚、江菁等译，北京：商务印书馆，2008 年版，第 136 页。

❼ ［英］A. W. 布拉德利、K. D. 尤因：《宪法与行政法》（下），刘刚、江菁等译，北京：商务印书馆，2008 年版，第 136 页。

❽ 王名扬：《英国行政法》，北京：北京大学出版社，2007 年版，第 53 页。

2. 人事任免

英国警察是归属于地方的❶，但是内政部在地方警察机关及其他机构的人事任免上，具有一定的权力。地方警察委员会任命警察局局长，必须经过内政部的批准。❷ 为了确保效率，经内政部批准后，地方警察委员会可以要求警察局局长或副警察局局长辞职，内政部也可以要求地方警察委员会迫使警察局局长退休。❸ 地方警察委员会的常规人数为 17 人，内政大臣可以依据 1996 年《警察法》的规定增加人数。❹ 地方警察委员会的 17 名成员中，有 5 名要从内政部拟定的候选人名单中产生。❺

3. 财政

英国地方警察的财政来源，主要来自中央政府的财政补贴和地方政府提供的经费，还有一部分是地方警察局自己的收入。其中，中央政府提供的财政补贴约占 50%，经财政部同意后由内政大臣具体决定。这种补贴不是直接拨付给各地方警察机关，而是通过国库补贴给地方警察委员会，具体补贴数额由内政大臣决定。❻ 内政大臣在决定具体财政补贴时，考察的内容除了地方警察的规模与纪律外，还有管理和效率。❼ 财政补贴政策无疑强化了中央政府对于地方警察机关的影响与干涉。

4. 其他

根据 1964 年《警察法》，内政大臣有权要求警察局局长递交年报以及就当地警务具体问题做出报告；可以启动关于地方警务的问询（Inquiry）；有权对与地方警务工作有关的事项组织公开调查等。

如果说 1964 年《警察法》强化了内政部对于地方警察机关的权力，那么 1996 年《警察法》和 2002 年《警察改革法》则赋予了内政部对于地方警察委员会的诸多权力。1996 年《警察法》规定，地方警察委员会要制订本地警察近期

---

❶ 英国警察归属于地方，并不意味着警察机关要服从地方政府或者其首脑的命令，而是指警察及其事务属于地方自治权之范围。

❷ 大都市警察厅厅长的任命稍有不同。大都市警察厅厅长由英王根据内政大臣的建议任命，同时内政大臣的任命建议必须考虑大都市警察委员会和伦敦市长的意见。参见张越：《英国行政法》，北京：中国政法大学出版社，2004 年版，第 387 页。

❸ ［英］A. W. 布拉德利、K. D. 尤因：《宪法与行政法》（下），刘刚、江菁等译，北京：商务印书馆，2008 年版，第 134 页。

❹ 夏菲：《论英国警察权的变迁》，北京：法律出版社，2011 年版，第 66 页。

❺ 张越：《英国行政法》，北京：中国政法大学出版社，2004 年版，第 388 页。

❻ 张越：《英国行政法》，北京：中国政法大学出版社，2004 年版，第 392 页。

❼ 夏菲：《论英国警察权的变迁》，北京：法律出版社，2011 年版，第 49 页。

和长远战略的 3 年警务计划，在地方警务计划的制订过程中，内政部应当为地方警察委员会和地方警察局局长发布指导，并可以调整或者修改其内容。2002 年《警察改革法》要求内政部在每个财政年度开头要制订全国警务计划，计划的主要内容是明确自改财政年起 3 年内英格兰和威尔士各警察组织的重要任务。这意味着地方警务计划要体现全国警务计划的内容，并不得与其相冲突。内政部可以以指令的方式决定地方警察委员会所在地的警察机关的工作目标，目标确定后，内政部还可以指导地方警察委员会建立不同层次的实现策略。内政部可以向地方警察委员会发布其履行职责的规则，在需要时向警察局局长发布类似规则。

（三）地方警察委员会（Local Police Authority）

地方警察委员会是郡、市议会之下的负责监督和控制地方警察机关的机构。[1] 地方警察委员会，是警察机关三方负责制监督模式中非常重要的一环，即使是一直以来由内政部直接控制的大都市警察厅，也从 1999 年开始受制于大都市警察委员会。[2]

根据 1964 年《警察法》，地方警察委员会的职责包括：维持人数足够、有效的地方警察组织，并履行法律所授予的为实现该目的的职责；经内政大臣同意任命警察局局长，决定各级警员的人数；经内政大臣同意为警察提供必需的房屋、建筑等并进行维护，以保证地方警察的有效性；依照法律规定提供和维护警察工作所需的交通工具、设备、服装以及其他装备。

警察局局长要向地方警察委员会递交一年中警务工作基本情况的年报。地方警察委员会有权就特定事项要求警察局局长向其汇报，如果地方警察委员会的要求，涉及公共利益或者并非其履行职责必需的信息，警察局局长可以将该要求转交给内政大臣，由其决定是否答复。

五、小结

英国警察制度与我国相比，最大的不同在于治安管理、犯罪预防等虽属于地方事务，但警察机关却不受制于地方政府或其首脑。这样的制度设计，一方面能够保障警察独立执行法律，不受地方官员过度的干涉或者地方事务的影响；另一方面还非常有利于警察机关工作效率的提高。

---

[1] 在英国，各级地方议会即各级地方政府。参见王名扬：《英国行政法》，北京：北京大学出版社，2007 年版，第 50 页。

[2] 夏菲：《论英国警察权的变迁》，北京：法律出版社，2011 年版，第 69 页。

英国警察机关内部对外实施执法工作的部门科室之间，分工明确、细致。大都市警察厅下设的业务部门多达 25 个，分别负责交通、运输、经济犯罪、慈善事务管理、未成年人保护、枪支弹药管理、野生动物保护等各类治安管理事务与违法犯罪调查工作。警务工作本身，无疑是专业化程度较高、技术性较强的工作之一。其细致的分工与相对较高的专业化程度，可以大大提高警务工作的效率，同时也是警察体制、警务工作模式比较成熟的体现。

英国警察制度另外的一个突出特征就是特别重视对于警察机关以及警察行为的监督与制约。英国的警察机关是独立的执法机构，具有法定的独立执法地位，警察机关执行法律的独立性得到了保障。而对警察权力进行监督的主体和方式都是多样化的，这就使得警察权力不至于成为脱缰之马、断线之筝。

第二节　美国的警察执法体制

当今的美国是一个多种族、多文化国家。长期以来，美国高度发达的经济水平以及城市化水平为这个国家的治安管理与犯罪侦查工作带来了极大的挑战。美国是世界上警务工作最为复杂的地区之一，与复杂的警务工作相对应的就是美国极为复杂的警察制度。

一、美国警察的历史

美国独立之前是英国的殖民地。因此，美国早期的警察制度受到英国警察制度的影响较大，社会治安也是由警务官、巡夜看守等非职业的警察力量来维护。19 世纪，随着贫富差距扩大和种族、宗教矛盾的激化，暴动、骚乱以及各种犯罪的浪潮席卷美国各个城市，美国人开始寻求建立新的、更为有效的警察制度。❶

1838 年，美国国会通过了在大城市设立正规化警察队伍的决议，随即波士顿市警察局成立，以此为标志，美国的职业警察制度建立起来。❷ 然而，与英国地方警察局所不同的是，此时期美国各城市的警察局都是市政府的下属机构，警察局局长由地方选举中获胜的政党决定，地方政府、政治因素等严重干扰着各警察机构的警务活动。警察局局长一般由具有政党背景的政客担任，警

---

❶ 陈真、陈合权主编：《世界警察法概论》，成都：四川大学出版社，2008 年版，第 9 页。
❷ 陈真、陈合权主编：《世界警察法概论》，成都：四川大学出版社，2008 年版，第 9 页。

务工作便不可避免地带上了政治色彩，不仅警务工作的统一性和稳定性不能得到保障，而且上级警察机关对于下级警察机关进行指挥和管理的有效性也大大降低。警察局领导成员缺乏专业的知识与能力、普通警员执法素质不高、技术装备落后、腐化问题严重等一系列问题共同导致了警察机关在治安管理与犯罪侦查领域的工作效率低下，不能满足预防、打击犯罪的需要。

19 世纪末 20 世纪初，美国开始了警察专业化运动。所谓的警察专业化，就是提高警察的专业化素质，其核心是警察脱离政治（政党），政治（政党）脱离警察。❶ 在美国的警察专业化运动中，警察局局长逐渐掌握了对警察以及警务工作的指挥、管理和监督权力，警察队伍也开始成为一支独立的执法力量；在原有的巡警和犯罪侦查部门基础上，开始设置针对交通犯罪、青少年犯罪的专业部门；警察机关的技术和装备得以改进，警员的专业素质及执法能力大大提升。❷ 正是经过了专业化运动之后，美国警察才逐渐成为"世界上效率最高的警察"，才成为人们今天所见所感之美国警察。

二、美国的警察组织

在美国，警察是一个非常模糊、非常宽泛的概念。美国是由 50 个州和华盛顿哥伦比亚特区（联邦直辖特区）组成的联邦制国家。联邦政府❸有相应的警察机构，每个州也有自己独立的警察组织。和英国一样，从警察制度建立至今，美国中央政府的组成部门以及专门机构中，没有出现过"公安部""警察厅"或者"警察局"等专门负责治安管理与犯罪侦查工作的机关。联邦政府下设的许多执法机构，都享有特定领域的行政管理及犯罪调查权力。虽然这些机构的名称及其职员的称谓中，不包含"Police"或者与其相关的其他词语，但其部分职员具有佩带武器权和逮捕权，因此是警察机关的种类之一，这一点也是我国研究美国警察法的学者比较认同的。❹ 在此前提之下，一些州政府中

---

❶ 王大伟主编：《欧美警察科学原理》，北京：中国人民公安大学出版社，2007 年版，第 444 页。

❷ 陈真、陈合权主编：《世界警察法概论》，成都：四川大学出版社，2008 年版，第 11－14 页。

❸ 一般意义上的美国联邦政府是一个比较广义的概念，包括美国联邦的立法、行政、司法三个分支；其"政府"概念与我国法治语境下的"政府"含义不同。为了便于区分和理解，本书所言之美国联邦政府，单指其行政分支。

❹ 中国人民公安大学出版社 2011 年出版的张小兵著的《美国联邦警察制度研究》，四川大学出版社 2008 年出版的陈真、陈合权主编的《世界警察法概论》，中国检察出版社 2009 年出版的许韬、张俊霞、余湘青、李亮著的《中外警察法比较研究》等书中，均将美国联邦政府组成部门之下的若干执法机构定位为美国联邦警察机构。

的执法机构，虽然没有警察机关的名称和头衔，同理也属于警察机关的范畴。结合国内学者对于美国警察制度的说明与介绍❶，笔者认为美国的警察组织包括地方警察组织、州警察机关和联邦警察机构三种类型。以下对这三种类型的美国警察组织进行简单介绍。

（一）地方警察组织

地方警察是美国警察组织中最庞大的组成部分，也是美国警察组织中最重要的执法主体。按照所服务对象的不同，地方警察局可以分为郡县警察机关和城市警察局两种类型。

1. 郡县警察机关

郡县警察机关，是设置于州之下的郡、县或者较小的市，服务于其所在的郡或者县，主要负责管辖农村、乡镇地区治安的警察组织。美国的郡县警察机关建立的早期受英国治安模式的影响较大，但后来逐渐发展形成自己的特色。郡县警察机关数量庞大，全美约有 3000 个；郡县警察机关的规模大小不一，少则几人，多则数百人，甚至上千人。❷ 郡县警察机关主要有两种执法模式——司法局模式和警察局模式。

郡县警察机关采用的司法局模式是美国的传统执法模式。这种模式下，郡县的治安官（Sheriff）❸ 是其所在郡、县的执法长官。这类郡县警察机关的职责包括本县的监狱管理和社区矫正、执行法庭命令和传达法庭文书、协助其他机关维护公共秩序与公共安全三大方面的内容。这类郡县警察机构主要服务于乡村地区，其主要权力集中在管理监狱与服务法庭上，而其治安管理与犯罪侦查的权力是非常有限的，如发生于 2012 年 12 月 14 日的美国康涅狄格州纽敦市的校园枪击案，就是由康涅狄格州警察局负责调查，而非纽敦市警察局。

郡县警察机关采用的警察局模式是一种较新的郡县执法模式，主要在美国一些县市合一的地方采用。❹ 在这种模式下，郡县警察局的局长是其所在郡、县的执法长官，全面负责本郡或者本县的警务工作，有些是由郡县的治安官兼任；郡县警察局行使治安维护、交通管理、犯罪调查等权力，有些属于郡、县

---

❶ 参见张小兵：《美国联邦警察制度研究》，北京：中国人民公安大学出版社，2011 年版；石子坚主编：《美国警察管理体制与执法规范》，北京：中国人民公安大学出版社，2006 年版；陈真、陈合权主编：《世界警察法概论》，成都：四川大学出版社，2008 年版。

❷ 张小兵：《美国联邦警察制度研究》，北京：中国人民公安大学出版社，2011 年版，第 10 页。

❸ 也称行政司法官，大部分由选民选举产生，对选民负责。

❹ 张小兵：《美国联邦警察制度研究》，北京：中国人民公安大学出版社，2011 年版，第 11 页。

政府组成部门，受其政府管辖和领导。

2. 城市警察局

城市警察局是设立在城市中专门负责城市地区警务工作的警察机构。城市警察是美国警察系统中最庞大和最重要的组成部分，其人数约占全美警察总数的75%。

由于城市人口集中且流动性大，所以城市中的治安情况比农村、乡镇地区要复杂很多，这也就使得美国城市警察局在机构设置、职权职责、服务范围等方面相对于郡县警察机关要复杂很多。许多城市警察局除了负责巡逻、调查违法犯罪案件外，还承担颁发许可证件、执行紧急救助等任务。[1] 美国的城市警察机构设置不是按照行政区划，而是根据城市的发展情况和犯罪的发生情况来设置。[2] 大部分城市警察局是城市政府的下属部门，警察局局长由市长任命，并向市长负责；也有部分警察局局长是由城市的权力机关任命并对其负责。城市警察局为基层执法机构，直接行使执法权力；城市警察局把全市划分为若干警区，每个警区都有负责巡逻、社区工作等警务的专门人员，城市警察局的执法直接深入基层，其下一般不设分局或者派出所等下属警务机构。

城市警察局一般由局长办公室、地区服务处、调查服务处和管理服务处组成。地区服务处主要负责巡逻、维护交通秩序，部分城市警察局的地区服务处还负责被拘禁人员的管理及交接等职责；调查服务处主要负责调查违法犯罪案件[3]、逮捕犯罪嫌疑人、收集处理法庭证据等职责；地区服务处和调查服务处是城市警察局最重要的职能部门。

地方警察组织作为美国警察系统的主要力量，在美国的治安维护、交通管理以及犯罪侦查工作中发挥着重要作用，其深入基层直接进行执法的做法，避免了设置下属机构带来的人员繁冗、政令不畅等弊端，大大提高了执法工作的效率。

（二）州警察机关

州警察机关是美国各州政府中享有警察执法权力、履行警察执法义务的执法机构。美国各个州警察机构在名称、执法权限、管辖范围等方面存在较多不

---

[1] 王瑞平：《当代纽约警察——机制·策略·经验》，北京：中国人民公安大学出版社，2009年版，第3页。

[2] 张小兵：《美国联邦警察制度研究》，北京：中国人民公安大学出版社，2011年版，第13页。

[3] 城市警察局有权调查的犯罪案件范围是有限制的，部分轻罪案件的调查不属于城市警察局的职责范围。

同，大致可以分为以下两种模式。❶

1. 巡警型警察机关

巡警型警察机关主要负责执行州交通法规、调查和预防交通事故、纠正和处罚交通违章行为、保障公路安全。美国国际警长协会将这种警察机关界定为："身穿制服，执行实地巡逻的，警务工作仅限于或者集中于交通、车辆以及公路有关活动的州执法机构。"❷ 加利福尼亚州的公路巡逻队是这种模式的典型代表。

2. 执法型警察机关

执法型警察机关具有较为完全的执法权限，负责治安维护、公路巡逻、犯罪侦查等执法任务。美国国际警长协会给这种类型的警察机关下的定义为："身穿制服、执行实地巡逻、负责全面警务的警察机构。"❸ 伊利诺伊州警察局即属于此种类型。

事实上，关于上述警察机关的分类，只是一个非常粗略的概括。在美国，有些州政府中警察机关的设置、权力分配等与联邦政府类似，即州政府中的一些执法机构虽然没有警察局或者公安局的头衔，但事实上却行使着警察权力，成为实质意义上的警察机关；有些州设置了专门的警察局负责交通管理、治安维护以及犯罪侦查工作，但这种警察局与我国的公安局不可同日而语，其在管辖范围、执法权限等方面相当有限。

（三）联邦警察机构

前文已经提及，虽然美国联邦政府内部没有专门负责治安管理和刑事调查的机关，但其内部多个行政执法机构同时具有相关领域的行政管理与刑事调查权力，成为实质意义上的警察组织。为执行联邦法律，联邦政府各部门依法设置的警察机构达七十多个。❹ 其中，比较重要和著名的为司法部（The Department of Justice）❺ 下属的联邦调查局（The Federal Bureau of Investigation，简称 FBI）、烟酒火器管理局（The Bureau of Alcohol, Tobacco, Firearms and Explosives，简称 ATF）❻、缉毒署（The Drug Enforcement Administration，简称

---

❶ 张小兵：《美国联邦警察制度研究》，北京：中国人民公安大学出版社，2011 年版，第 9 页。
❷ 陈真、陈合权主编：《世界警察法概论》，成都：四川大学出版社，2008 年版，第 61 页。
❸ 陈真、陈合权主编：《世界警察法概论》，成都：四川大学出版社，2008 年版，第 61 页。
❹ 陈真、陈合权主编：《世界警察法概论》，成都：四川大学出版社，2008 年版，第 59 页。
❺ 其部门首脑不称部长，而称总检察长（Attorney General）。
❻ 原隶属于美国财政部，2003 年归入美国司法部。

DEA）。联邦调查局对二百多种违反联邦法律的行为具有管辖权，并且对于三类涉及国家安全的事项以及五类违法犯罪行为具有最高优先权。因此，相对于美国联邦政府的其他执法机构而言，联邦调查局可以说是美国联邦政府中警察权力最为集中、最为全面的机构。

联邦调查局的主要职责为以公众需要并且忠于联邦宪法的方式执行联邦刑事法律，保护美国免于恐怖活动和外国间谍组织的危害，负责公务人员贪污腐败❶、网络犯罪、白领犯罪❷、严重的跨州犯罪、黑社会组织犯罪等案件的调查工作等。❸ 与我国公安机关在刑事司法程序中的作用相同，美国联邦调查局对于其所负责的犯罪案件只有调查权，而此类案件的起诉工作由司法部的专门官员负责。联邦调查局的职权与美国联邦政府的一些其他机构有交叉，如缉毒署。联邦调查局在处理毒品犯罪与黑社会组织犯罪、暴力犯罪、白领犯罪、反暴力活动这五大涉及社会安全问题事项上，具有优先权。虽然美国联邦调查局并不认可自身警察机构的性质，但从美国联邦调查局的职责来看，不难得出其在本质上确属警察机构的结论。

美国联邦调查局由总部、地方分支机构和海外办公室（Overseas Office）❹组成。联邦调查局总部设在华盛顿哥伦比亚特区，是联邦调查局的最高领导机构，对覆盖整个美国的地方分支机构进行执法领导，并为其提供财政资源以及人事管理等方面的服务。

地方分支机构一般被称为地区办公室（Field Offices，也称分局，即 Divisions），一般设置于比较重要或者比较大的城市，如加利福尼亚州的洛杉矶、旧金山，华盛顿州的西雅图等。美国联邦调查局共有 56 个地区办公室，分布于美国的 39 个州。地区办公室的设置与州的设置并不是一一对应的，如纽约州、加利福尼亚州等有多个地区办公室，而德拉华州、堪萨斯州等则没有设置地区办公室。美国联邦调查局地区办公室的设置除了行政区划以外，更多地考

---

❶ 联邦调查局负责的公务人员贪污腐败案件范围比较广，不仅限于美国联邦政府的公务人员，还包括美国各个州以及地方政府的公务人员。公务人员包括经选民选举产生的公务人员、经行政官员任命的公务人员和经行政机构聘用的公务人员。

❷ 白领犯罪，即 White-Collar Crime，1939 年开始沿用至今，泛指企业、政府机构的专业人员实施的各种诈骗犯罪，包括贪污贿赂、医疗保险诈骗、证券诈骗、贷款诈骗、洗钱等非暴力性犯罪。

❸ 美国联邦调查局的主要职责并不仅限于此，还包括大量涉及国家安全以及情报、信息的收集与管理工作。事实上，在美国，联邦调查局被认为是一个负责国家安全和情报工作的机构，而非警察机构。

❹ 全球共有 61 处，位于美国驻各国的大使馆内。美国联邦调查局海外办公室不属本书研究范围，在此不做赘述。

虑人口、面积等因素，如德拉华州和马里兰州面积较小，二者共同由巴尔的摩❶地区办公室负责管辖；爱达荷州虽然面积较大，但其位于美国中部内陆地区，人口较少，所以与其临州犹他州共同由盐湖城❷地区办公室管辖。而纽约州面积较大、人口较多，有纽约、奥尔巴尼和布法罗三个地区办公室。总之，每一个地区办公室负责管辖特定的地理范围，虽然并不是每个州都有地区办公室，但 56 个地区办公室的管辖范围覆盖了整个美国。

有些地区办公室之下会设置若干驻地机构（Resident Agencies）❸。驻地机构的设置和地区办公室的设置一样，主要考虑人口、面积等因素，而非行政区划。例如，安克雷奇地区办公室直接管辖整个阿拉斯加州，并没有下设驻地机构；而纽约地区办公室则因其所在地区的高度城市化设置了 5 个驻地机构❹，纽约地区办公室的辖区分为 6 个部分，分别由纽约地区办公室和 5 个驻地机构具体负责。

美国联邦调查局实行垂直领导制，其地方分支机构在总部的领导下独立执行联邦法律，不受所在地州政府或者地方政府干扰。地方分支机构在其辖区内具有完全的执法能力，直接实施执法活动。

美国联邦政府中的警察组织数量庞大、结构复杂，故在组织结构、管理体制、执法规范等方面具有诸多相同或类似之处，美国联邦调查局在一定程度上能够充当一个典型代表，但亦不排除一部分联邦警察机构为执行特定法律而具有一定的特殊性。

前文已述，美国的警察制度非常复杂，除了上文介绍的构成美国警察系统的三种主要类型外，美国还存在另外一种警察机构——特区警察机构。特区警察机构是独立于地方警察组织和联邦警察机构的一种警察机构，专门为特殊公共机构或特殊地域提供治安服务，如纽约和新泽西港务警察局、华盛顿特区交通警察局等。❺

三、美国警察的权力

世界各国警察所享有和行使的权力几乎都包括治安管理权与犯罪侦查权，

---

❶ 美国马里兰州最大的城市。

❷ 美国犹他州首府。

❸ 也称办事处（Satellite Offices），整个美国共有 400 个。

❹ 纽约地区办公室的管辖范围，除了组成纽约市的曼哈顿、布鲁克林等 5 个区之外，还有隶属于纽约州的 8 个郡，以及拉瓜迪亚机场与肯尼迪国际机场。

❺ 张小兵：《美国联邦警察制度研究》，北京：中国人民公安大学出版社，2011 年版，第 14 - 15 页。

美国警察也不例外。美国警察制度的复杂性不仅体现在警察组织的多样性上，更体现在美国警察所享有和行使的权力的多重性上。美国的警察除了治安管理与犯罪侦查两大方面的权力之外，部分警察负有管理监狱及在押人员、协助完成法庭事务等职责。另外，并不是每个警察机构都具有管理和处置交通违法案件的职能。结合本书研究的主要目的，笔者仅对美国警察权力中的行政许可权、行政调查权这类比较重要的行政执法权力进行介绍。

（一）行政许可权

对于关涉公共安全与公共秩序的行为进行管制是世界各国的普遍做法，即便美国这个"自由的国度"也不例外。和我国一样，实施行政许可的权力分布于卫生、食品、医药等各个执法机构之中，为美国警察机关所保有的行政许可权主要包括扩音设备使用许可、持枪许可、示威游行许可、保安服务许可等。

在美国，行政相对人申请行政许可除了递交法律规定的申请表、身份证明等资料外，往往还需要缴纳一定的费用；每种行政许可的费用通常是固定的，通过信用卡、支票或者汇款的方式支付给相应的警察机关。相对人申请行政许可必须遵守法定的时间、地点等要求，如示威游行许可需要至少提前5天向示威游行地所在警务区申请。行政许可申请受理后，警察机关将会对申请材料进行实质性的审查。尽管法律、规章等对行政许可的实施条件做出了相对具体的规定，实践中警察机关就是否签发行政许可执照还是拥有较大的自由裁量权。例如，扩音设备使用许可，即使该扩音设备的使用符合法律关于使用区域的规定，警察局局长也可以以其影响居民生活环境的舒适性或者可能破坏行人观赏风景的心情为由不予许可。行政许可有固定的期限，行政许可期限届满的，应当申请更新许可执照，否则将会导致许可执照被撤销。相对人取得行政许可后不遵守相应的法律规定，可能导致行政许可执照被暂停使用或者被撤销。警察局局长有权撤销已经签发的任何行政许可文件。

与被许可人或者许可事项相关的法律事实如工作地点、居住地址等发生变动的，被许可人必须在法定的时间内通知许可机构，并完成相关的程序。一般情况下，涉及被许可人自身行为资格的许可证件在本州区域内是有效的，而关于住宅、营业场所等内容的行政许可则只在本市范围内有效。应当办理行政许可而未办理行政许可即实施相关行为，或者超出许可范围而实施相关行为的，构成犯罪，会被处以罚金或者监禁。

（二）行政调查权

从宏观的角度来讲，美国警察享有较为广泛的调查权，既包括行政调查权，又包括刑事调查权（犯罪侦查权）。其中，刑事调查权主要由专门的犯罪调查机构负责，而美国警察机关中的多个警察机构均可以行使行政调查权。

盘查是美国警察使用频率较高的一种维护公共治安、防止违法犯罪的执法方式，主要由美国警察机关中的巡逻机构实施。美国警察在公共场所发现的可疑情况如果达到了"合理怀疑"程度，就可以对嫌疑人进行盘查；如果嫌疑人无法出示有效身份证件，或者无法对自己的行为做出合理解释，警察可以临时拘押嫌疑人并带至警察局继续盘问；临时拘押不得超出两个小时；临时拘押时间结束，或立即释放嫌疑人，或向法院申请逮捕令对嫌疑人实施逮捕而进入刑事司法程序。❶

与英国警察一样，美国警察实施盘查的"合理怀疑"标准十分模糊，诸多关于美国警察实施盘查的法院判例也没有使得这一标准清晰起来。美国警察常常针对特定种族或者肤色的人群实施歧视性盘查。如何约束警察实施盘查的自由裁量权也就成为美国警察执法领域讨论比较多的问题之一。近些年来，美国法院的倾向是降低"合理怀疑"标准的要求以保障警察执法的权力。

（三）行政强制权

美国警察在日常工作中实施的行政执法行为与刑事司法行为之间没有十分明显的界限，这就导致了美国警察的行政强制权不太容易界定。除了行政调查过程中可能使用的行政强制措施外，美国警察行使的典型的行政强制权就是警察机关为防止危害发生而采取的强制拖车措施。除了违章停放的车辆外，合法停放的车辆可能因影响公众示威、游行活动被警察机关移至拖车停放处。

四、监督与制约❷

美国是一个极为推崇权力制衡的国家，通过不同权力相互之间的制约与钳制，实现权力良性运作使其不致侵害行政相对人的合法权益。虽然美国是判例法国家，但其警察制度领域制定法的数量还是相当可观的，然而这些制定法往往比较粗略，通常是抽象的原则性规定，在约束警察依法行政、限制警察自由裁量权等方面发挥的作用是非常有限的。美国警察系统之所以有序、高效地运行，与美国存在一个有效的监督与制约体系是分不开的。

---

❶ 胡建刚："美国盘查制度研究"，载《中国人民公安大学学报（社会科学版）》，2012 年第 3 期。

❷ 与前文英国警察执法体制一样，本部分只对美国警察的监督制约机制中行政内部的监督与制约进行简单介绍。

（一）监察总长办公室（The Office of the Inspector General）

美国联邦政府各行政部门中往往都设有监察总长办公室或者督察署，专门负责对本行政部门的权力行使、职务履行行为进行监督。监察总长办公室由制定法直接设立，具有独立的执法地位。监察总长由总统任命，并经参议院认可，向司法部长以及美国国会报告工作。监察总长办公室负责对包括联邦调查局在内的司法部各个执法机构进行监督。

监察总长办公室被认为是具有警察职能的执法机构。❶ 监察总长办公室的监察人员可以携带武器和进行逮捕；❷ 监察总长派遣的特别调查员可以使用司法手段开展调查；❸ 监察总长认为调查工作需要时，经司法部门批准，可以签发传票强制传唤证人接受调查询问。❹

监察总长办公室还负责处理民众对于联邦警察机构或联邦警察的投诉。投诉的内容包括联邦警察机构或联邦警察的工作效率低下，有欺诈、违法等行为，联邦警察个人滥用民事权利与自由等；可以针对具体行为或者抽象行为。投诉人不必一定是被投诉行为的受害人，并且投诉人可以匿名投诉。

监察总长办公室作为行政系统内设的监督部门，因其了解和熟悉行政执法内部情况而在监督行政机关正当、合理行使行政权力，促进行政执法的廉洁和提高工作效率等方面展现出独特的优势。近些年，一些州也开始效仿联邦政府设置监察官。❺

（二）州政府与地方政府❻

警察权力是各州专有的保留权力，各州警察机关都由州立法机关立法建立并由州政府全权管理、指挥。❼ 州之下的各地方政府，虽然隶属于州政府，但同英国地方一样，享有高度的自治权；地方政府有权建立并独立管理、指挥各

---

❶ 张小兵：《美国联邦警察制度研究》，北京：中国人民公安大学出版社，2011 年版，第 294 页。

❷ 张小兵：《美国联邦警察制度研究》，北京：中国人民公安大学出版社，2011 年版，第 295 页。

❸ 侯志山：《国外行政监督制度与著名的反腐机构》，北京：北京大学出版社，2004 年版，第 129 页。

❹ 侯志山：《国外行政监督制度与著名的反腐机构》，北京：北京大学出版社，2004 年版，第 129 页。

❺ 张小兵：《美国联邦警察制度研究》，北京：中国人民公安大学出版社，2011 年版，第 301 - 302 页。

❻ 前文已经提及，在美国，警察机关是独立的执法机构，州政府与地方政府对各自下属的警察机关进行监督，在一定程度上即同时构成对警察机关执法权力的制约。

❼ 陈真、陈合权主编：《世界警察概论》，成都：四川大学出版社，2008 年版，第 29 页。

自下属的警察机关，不受州政府干涉。❶

州政府与地方政府对各自下属的警察机关进行的监督，与我国警察机关需要向政府首脑负责并报告工作的机制有诸多类似之处，在此不做详述。

五、小结

美国存在多级警察机关，联邦警察机构、州警察机关与地方警察组织三类警察组织之间无隶属关系，各自在其职责与管辖范围内执行联邦法律或州法律。这样的组织结构，表面看来比较分散，并且不同警察机关之间极易形成管辖权重叠，不利于执法效率的提高。然而，美国联邦警察机构常常以其在资金、技术、信息、职权等方面的优势来影响州警察机关以及地方警察组织，使其执行联邦的法律或政策。分散仅仅是美国警察制度的表面特征，集权才是其本质特征；事实上，美国警察权力具有相当的集中性。❷

美国是一个信息、科技等高度发达的国家，这一特征同样体现在警察的执法工作中。公民申请许可、报案、投诉等均可以通过电话、传真、电子邮件、专门接入端口等手段进行，公民与警察机关沟通的渠道十分便捷。毋庸置疑，这对于美国警察执法效率的提高以及警民关系的改善，发挥了极大的推动作用。

第三节　英美警察执法体制对中国的启示

维护社会公共秩序与安全、预防与控制犯罪，是各国警察共同的也是最重要的职能职责，各国警察在履行这一职责、行使警察权力时，采取的策略与具体措施以及面临的问题往往也是类似的。英国和美国的警察体制从产生至今，经历了将近 200 年的历史，其发展变迁的过程及当代的具体做法，有许多方面可以为我国警察体制的完善，或提供现实模板，或提供教训与经验。

一、专门针对未成年人保护的警察机制

观察英国大都市警察厅的组织设置不难发现，为应对社会治安管理、犯罪预防等警务工作，其组织机构的设立与职权职责分工是非常细致的。为更好地保护少年儿童，减少针对未成年人的犯罪或不当行为，英国设立了专门的机构。

---

❶ 陈真、陈合权主编：《世界警察概论》，成都：四川大学出版社，2008 年版，第 29 页。
❷ 张小兵：《美国联邦警察制度研究》，北京：中国人民公安大学出版社，2011 年版，第 16－24 页。

（一）虐待未成年人案件调查科(The Child Abuse Investigation Command)❶

虐待未成年人案件调查科是大都市警察厅的一个内设机构，隶属于犯罪工作部，专门负责办理虐待未成年人案件。该机构的名称之所以为"Command"，是因为其下设有 18 个虐待未成年人案件调查组，分布在大都市地区的 32 个自治市。这些调查组可以分为以下五种类型。❷

第一，普通调查组（The Major Investigation Team）。负责未成年人凶杀案、未成年人可疑死亡案以及涉及范围比较大的虐待未成年人案件。普通调查组负责的案件范围最广，相对来讲，虽然其他 4 个调查组也可以对虐待未成年人案件展开调查，但却各有其工作重心。

第二，重案组（The Serious Case Team）。与地方警察局的虐待未成年人案件调查组合作，处理比较复杂的虐待未成年人案件。

第三，娈童癖治理组（The Paedophile Unit）。负责打击未成年人裸照的制作和散布，处理网上恋童癖的活动，保护潜在的受害者等事务。

第四，边境工作组（The Paladin Team）。负责与英国边防部门合作，为伦敦港口、机场、火车站等地进出境的未成年人提供安全管理与保护，并就上述地点的未成年人保护措施提供意见和建议；同时与致力于保护未成年人的非政府组织、慈善机构开展广泛的合作。

第五，合作促进组（The Partnership Team）。致力于提高社会团体的未成年人保护意识，完善未成年人保护措施，与社区合作防止宗教事务或者利用宗教侵害未成年人。

（二）儿童教育与在线保护中心（The Child Exploitation and Online Protection Centre）❸

儿童教育与在线保护中心隶属于内政部下设的严重有组织犯罪处（The Serious Organised Crime Agency），是英国内政部的执行机构，而非组成部门。

---

❶ 在英国，未成年人的年龄界定为 18 周岁以下。对未成年人的虐待行为包括多种，如打骂、强奸、心理或情感的刺激或伤害、长期忽视等。The Child Abuse Investigation Command 的准确翻译应当为"虐待未成年人案件调查指挥部"，在本书中，笔者将其译为"虐待未成年人案件调查科"以便于读者更清楚地理解大都市警察厅的组织结构以及层级隶属关系。

❷ "Who We Are", Metropolitan Police, http：//content. met. police. uk/Site/childprotectionwhoweare。最后访问时间：2013 年 7 月 1 日。

❸ 网络联合特别计划（the Virtual Global Taskforce）是致力于保护未成年人安全上网、免于网络侵害的国际组织，英国是其成员国之一，儿童教育与在线保护中心即英国设立的相应负责机构。

儿童教育与在线保护中心是英国的执法机构之一，其在处理性侵犯儿童问题方面具有全面的警察权力。

与前述大都市警察厅的专门机构一样，儿童教育与在线保护中心通过多样化的手段与方式执行法律。儿童教育与在线保护中心在配合警察机关追踪、惩治违法犯罪行为人的同时，还为未成年人以及未成年人父母、监护人、老师、教育机构、网络服务商等多类主体提供安全上网相关的各类知识、指导与建议。

除了专门的机构设置与精细、专业化的分工，英国警察还特别注重加强未成年人的父母、监护人以及未成年人自身的安全防范意识，对其进行各方面的教育和指导，并且与各类相关的团体、机构以及国际力量进行合作与磋商，谋求在全社会乃至全球形成保护未成年人的共同体，为未成年人保护工作提供多方面的支撑与指导。

美国一些地方警察机关中，也设有专门致力于保障未成年人合法权益的机构。纽约市警察局下设的青少年服务处，每年通过运动项目和全市性的特别活动或其他娱乐、教育、文化、社会活动，促进青少年与警务人员广泛接触，建立联系，增强青少年的法律意识及守法自觉性。❶青少年服务处还负责为纽约七年级和八年级的青少年学生举办课堂项目，向青少年传授抵制黑帮的方法与技巧。❷

英国和美国的警察机关在执法体制中，尤其是在保护未成年人方面，具体性服务行政与理念性服务行政❸并施，取得了良好的社会效果。近期，侵害未成年人的违法犯罪案件在我国频频曝光，引起了社会各界的广泛关注。在对行为人进行道德谴责的同时，更应当冷静思考，如何有效保护未成年人这一弱势群体，减少诸如此类违法犯罪案件的发生，毕竟单纯依靠事后的谴责与惩治是不够的。英国与美国的警察执法体制中，为有效保护未成年人而设立的专门机构以及丰富的执法方式，是值得我们思考和借鉴的。

---

❶ 王瑞平：《当代纽约警察——机制·策略·经验》，北京：中国人民公安大学出版社，2009 年版，第94 页。

❷ 王瑞平：《当代纽约警察——机制·策略·经验》，北京：中国人民公安大学出版社，2009 年版，第94 页。

❸ 具体性服务行政是指行政机关对社会和公众实施的具有明确的服务特征和功能的行政措施；理念性服务行政是指行政机关对社会和公众实施的不具有明确的服务特征的行政措施，如对违法行为的处罚。参见陆伟明：《服务行政法论》，北京：法律出版社，2012 年版，第 42 – 43 页。

二、警民合作共同预防和打击违法犯罪

维护公共秩序与安全，预防和打击犯罪，是警察机关的职责，同时需要公众的支持与配合。自 20 世纪 90 年代以来，英国和美国都非常注重调动社会公众在参与警务工作、共同维护公共秩序与安全方面的积极性，广泛吸收公民参与到警务工作中，倡导和推行社区警务，这些举措不仅减轻了警察机关及其工作人员的工作负荷，有效提高了警务工作的效率，而且缓解了警察与民众之间的紧张对抗关系，促进了警民合作，从而更好地实现维护社会稳定与安全的目标。

（一）英国警察执法中的志愿者服务

英国警察机关在执法中广泛吸收各类志愿者，为其提供参与警务工作的岗位和机会。

1. 警务支持志愿者（Police Support Volunteers）

警务支持志愿者主要从事警察机关中的一些辅助性工作，如前台服务、公民报案记录及其管理等事项。警务支持志愿者不需要经过统一的审查或培训，直接由各地方警务机构招募，为地方警务机构无偿提供服务。

2. 社区车速监视（Community Speedwatch）

社区车速监视是旨在通过社区的努力，提醒驾驶员合理控制车速、减少超速驾驶的一项社区计划。服务于该计划的志愿者与所在社区及地方警务机构一道，警示人们超速驾驶的危险，减少和控制本地的超速驾驶问题。

3. 警务咨询委员会（Police Consultation Efforts）

英国法律规定，每一个警察机构都应当听取本辖区内居民或社区对于本辖区警务工作的意见和建议；警务咨询委员会即警察机关与社区居民进行沟通与交流的组织机构。

在英国的警务工作中，广泛吸收多类志愿者参与。志愿者积极参与警务工作，为警察机关无偿提供服务，首先，使得警察以及警察机关文职人员投身于更为重要和关键的警务工作之中，从而提高警务工作效率；其次，在一定程度上形成了对警察机关及其工作人员的监督，使其正当、合理地行使警察权力；再次，缓解了警民之间紧张、对抗的关系，促进警察机关与普通民众的沟通与合作，更加有利于预防和打击违法犯罪，共同维护社会的安全和稳定。

（二）美国警察执法中的社区警务

社区警务发端于 20 世纪 70 年代，是英美警察学专家和警务人员在专业化

警务暴露出越来越多弊端的情况下，开始探索的一种新的警务模式和战略。❶
社区警务重视改善警民关系、广泛发动公众参与，强调以社区为单位，充分利
用社区资源共同预防犯罪，将犯罪遏制在发生之前。❷

美国的地方警察组织一般都有下设的社区警务科或社区警务局，其具体职
责包括：为社区成员提供活动项目和培训，促进社区成员与警方建立伙伴关
系；鼓励社区成员与警方进行交流和沟通；为社区组织和居民提供预防犯罪方
面的建议与指导，关注家庭纠纷和未成年人保护等。❸ 社区警务模式，可以鼓
励和推动社区居民与警察机关的合作与互动，在重塑警察的社会形象、重建警
民和谐关系、引导社会治安逐步步入良性循环等方面发挥极大的作用。❹

相比之下，我国公安机关的职能履行还停留在单纯强调打击犯罪、提高破
案率，依靠增加警力和装备现代化来提高警务工作效率的传统警务模式阶段。
随着时间的推移，其弊端逐渐显露，推动公安机关执法手段和执法方式的改
革，满足社会的管理需求，英国与美国加强和促进警民合作的做法是值得借
鉴的。

三、重视巡逻在警务工作中的重要性

英国警察，或者说英国警务工作中，特别重视巡逻对于维护治安、防止与
遏制犯罪的作用，英国警察与巡逻几乎可以说是具有直接的、天然的联系。换
句话说，英国人对警察的认识是从巡逻开始的。罗伯特·雷纳概括的警察最基
本的定义为："一群身穿蓝色制服的人在公共场所巡逻，执行诸如控制犯罪、
维持秩序以及执行其他一些有弹性的社会服务的指令。"❺

美国是全世界最重视巡逻和巡警的国家。❻ 巡警在美国社会治安中扮演着
十分重要的角色。美国从事第一线巡逻勤务的警察，占全美警察的 60% 以
上。❼ 美国巡警在巡逻勤务中，承担预防违法犯罪行为、维护社会治安、服务

---

❶ 陈真、陈合权主编：《世界警察概论》，成都：四川大学出版社，2008 年版，第 310 页。
❷ 陈真、陈合权主编：《世界警察概论》，成都：四川大学出版社，2008 年版，第 311 页。
❸ 王瑞平：《当代纽约警察——机制·策略·经验》，北京：中国人民公安大学出版社，2009 年版，第 93 页。
❹ 陈真、陈合权主编：《世界警察概论》，成都：四川大学出版社，2008 年版，第 314 – 315 页。
❺ [英] 罗伯特·雷纳：《警察与政治》，易继苍、朱俊瑞译，北京：知识产权出版社，2008 年版，第 1 页。该定义被认为是英国人对警察的一般认识。
❻ 陈真、陈合权主编：《世界警察概论》，成都：四川大学出版社，2008 年版，第 158 页。
❼ 陈真、陈合权主编：《世界警察概论》，成都：四川大学出版社，2008 年版，第 157 页。

社会公众等主要任务。

　　加强巡逻，不仅可以有效地降低犯罪，还具有增强居民安全感、促进警民关系改善等重要作用。相对而言，我国公安部门似乎不太重视巡逻工作，虽然近几年这种现象有所改善，但我国警务工作中的巡逻工作仍有进一步提升和发展的空间。

第四章　我国现行交警执法体制研究

衣食住行，与每一位公民的基本生活都息息相关，随着人们出行方式的改变，与出行相关的问题越来越多，对路面交通进行合理规范、高效治理关系到每个人的出行安全和社会秩序的稳定。根据中国行业研究网统计的数据，2012年上半年全国机动车和驾驶人保持快速增长趋势，截至6月底，全国机动车总保有量达2.33亿辆，其中汽车1.14亿辆，摩托车1.03亿辆；全国机动车驾驶人达2.47亿，其中汽车驾驶人1.86亿。[1] 机动车数量的激增，一方面为出行带来诸多便利，对国民经济的发展也具有强大的推动力；另一方面，也会导致交通拥堵以及交通事故等问题。根据公安部交通管理局统计的数据显示：2010年，全国共接报道路交通事故3906164起，同比上升35.9%。其中，涉及人员伤亡的道路交通事故219521起，造成65225人死亡、254075人受伤，直接财产损失9.3亿元。[2] 重庆市的情况也不乐观，根据《重庆统计年鉴2012》提供的数据：2011年重庆市总共发生交通事故5729起（死亡901起，伤人4745起，财产损失83起），总共造成985人死亡，8528人受伤，财产损失1363.53万元。[3] 世界范围内，道路交通伤害已成为全球第八大死因，而且是15～29岁年轻人的主要死因。目前的趋势表明，如不采取紧急行动，到2030年，道路交通伤害将上升为全球第五大死因。[4]

要改变这种情况，并非束手无策，我国实施醉驾入刑这一规定以来效果明显。以沈阳为例，从2011年5月1日实施醉驾入刑到2013年4月30日这两年以来，沈阳市交管部门共查处酒后驾驶2643起，同比下降44.7%，其中醉酒驾驶547起，同比下降48.5%，侦查终结并移送检察机关审查起诉的436起。

---

[1] "2012年7月份全国机动车总数调查统计"，中国行业研究网，http://www.chinairn.com/news/20120718/936214.html. 最后访问时间：2013年5月3日。

[2] "2010年全国道路交通事故情况"，公安部交通管理局官网，http://www.mps.gov.cn/n16/n85753/n85870/2758752.html. 最后访问时间：2013年5月3日。

[3] 重庆市统计局、国家统计局重庆调查总队编：《重庆统计年鉴2012》，北京：中国统计出版社，2012年版，第492页。需要说明的是，本表数据不含高速公路交通事故。

[4] 世界卫生组织：《道路安全全球现状报告2013》，第2页。

2012 年 5 月 1 日至 2013 年 4 月 30 日，沈阳市因酒后驾驶导致交通事故件、死、伤、损同比上年分别减少了 14.44%、13.79%、6.90% 和 45.55%。❶ 事实证明，通过并执行处理关键风险因素（超速、酒驾、摩托头盔、安全带和儿童约束装置）的全面法律能够减少道路交通伤害。通过强有力的社会宣传，提高并保持公众守法意识对提升法律的有效性至关重要。❷ 在控制方面，交警起着至关重要的作用，一方面，交警部门通过制定相关法律的实施细则和技术标准来使法律具有更强的适用性；另一方面，交警通过执行法律来达到法律所设定的目的，降低交通风险。在我国当前的警察学研究中，有一种倾向值得注意，那就是过于醉心于具体问题的解决，而不注重基础性、根本性、体系性问题的思考。❸《国务院全面推进依法行政实施纲要》（以下简称《纲要》）要求要理顺行政执法体制，加快行政程序建设，规范行政执法行为。这主要通过以下几个方面来实现：深化行政执法体制改革；严格按照法定程序行使权力、履行职责；健全行政执法案卷评查制度；建立健全行政执法主体资格制度；推行行政执法责任制。既然实践中社会有这方面的需要，并且在行政执法体制方面做了大量的工作，积累了一些成功的经验和做法，作为学者，便有责任回应这种社会需要，将现实中出现的问题和取得的有效经验进行总结，抽象出一种概念和理论，去解释现实中出现的问题并且反过来指引实践，以形成一种良性的运作模式。

第一节 交警执法体制简析

在我国，约 80% 的法律、90% 的地方性法规和全部行政法规、规章主要靠行政机关来贯彻执行。因此，推进依法治国，重在对行政权力的规范、保障和制约，坚持和实行依法行政。当前推进依法治国、依法行政，提高行政执法水平，关键是要对现行行政执法体制进行改革。❹ 交警作为拥有并积极行使行政职权的行政主体，其执法的规范性、合法性与整个的行政执法体制建设密不可分。其中交警执法体制在内涵与基本构成方面，是可以借鉴行政执法体

---

❶ "'醉驾入刑'两年沈阳效果明显"，新华网，http：//www. ln. xinhuanet. com/newscenter/ 2013 - 05/05/c_ 115641186. htm. 最后访问时间：2013 年 5 月 3 日。

❷ 世界卫生组织：《道路安全全球现状报告 2013》，第 5 页。

❸ 陈晓济："1988—2008：对我国警察学研究的初步检视"，载《福建论坛》，2009 年第 2 期。

❹ 汪永清："对改革现行行政执法体制的几点思考"，载《中国法学》，2000 年第 1 期。

制方面的相关研究的。所谓的行政执法体制是组织行政执法活动的诸种体系和法律制度，包括由执法主体结构、法定执法职权和义务、执法程序和运行机制等构成的有机体系及其相关法律制度。[1] 青锋对行政执法体制的界定也与此相似。[2]

关于我国的行政执法体制存在的问题，汪永清指出我国现行的行政执法体制缺乏明显的法治特征，主要表现在以下六个方面：行政执法权横向太分散；"自费执法"，执法趋利明显；执法权力缺乏必要分解，执法"一条龙"；审批、发证过多，办事手续烦琐；行政执法权力与责任脱节；基层执法人员素质堪忧。相应地，他提出了改革行政执法体制的主要原则：权利主体相对集中原则；权力分解原则；授权充分、责任明确、监督有力的原则；执法人员职业化原则。[3] 行政执法体制存在的这些问题或多或少地都引起了人们的注意，但是并没有得到根本性的解决，这里所指出的问题以及解决问题所应遵循的原则，对研究交警执法体制问题有很强的借鉴意义。基于对行政执法体制的认识，并结合交警执法的具体情况，笔者将从组织机构、执法权限、执法程序几个方面对交警执法体制进行介绍。

一、交警执法的组织机构

行政权的归属者，称为行政主体。[4] 而"交警"一词，既可以指独立的交警个人，也可以指交警所属的组织和机构，为了确定享有行政权的行政主体，有必要对行政主体的资格予以界定。一般认为，作为行政主体必须具备一定的法律资格要件和组织要件。法律资格要件有三项：第一，行政主体必须是依法享有行政职权的组织；第二，行政主体必须是能以自己的名义实施行政活动的组织；第三，行政主体必须是能够独立承担行政责任的组织。关于行政主体的组织要件说法不一，有的认为需要经过正式的批准成立手续，也有的认为行政主体必须有独立的经费和办公场所等。[5] 因此，至少可以说独立的交警个人排除在行政主体之外，至于哪种层级的组织能够作为享有行政权的行政主体，还

---

[1] 上海市行政法治研究所编：《行政执法：挑战与探索（2007—2009年度研究报告集）》，上海：上海人民出版社，2011年版，第247页。

[2] 青锋："关于深化行政执法体制改革的几点思考"，载《行政法学研究》，2006年第4期。

[3] 汪永清："对改革现行行政执法体制的几点思考"，载《中国法学》，2000年第1期。

[4] ［日］南博方：《行政法》，杨建顺译，北京：中国人民大学出版社，2009年版，第11页。

[5] 马怀德主编：《行政法学》，北京：中国政法大学出版社，2009年版，第69页。

需要做更为详细的探讨。

1. 交通警察的机构设置

根据我国《道路交通安全法》第 5 条的规定，道路交通安全管理方面的工作由公安机关交通管理部门负责❶，这样通过法律的方式使得道路交通管理部门获得与道路安全相关的行政职权。交警是交通警察的简称，是我国主要的警种之一，在我国的行政组织体制上隶属于公安部门。❷ 我国目前尚缺乏详细、全面的公安系统的组织法或者相关的法规，所以交警所属的机构与相对应的公安部门的关系并没有法律或法规层面的依据。但是现行《公安机关组织管理条例》第 7 条规定：县级以上地方人民政府公安机关和公安分局内设机构分为综合管理机构和执法勤务机构。执法勤务机构实行队建制，称为总队、支队、大队、中队。各级交通管理局的设置情况与此相类似，根据现行的机构设置情况，公安部设有部属的交通管理局，公安厅设直属机构交通管理局（又称交通警察总队），公安局设直属机构交通管理局（又称交通警察支队），区县公安分局设交通警察大队。

以重庆市为例，有重庆市公安局直属的交巡警总队，再往下是各区的交巡警支队和各县的交巡警大队。各级交通管理部门又有与其职权相适应的机构设置，以公安部交通管理局为例，设有 7 个处级机构分别承当相应的职能，分别是办公室、秩序管理处、公路巡警指导处、事故对策处、车辆管理处、队伍建设处、科技管理处。❸ 以广东省公安厅交通管理局为例，分设交通指挥处、秩序管理处、车辆管理处、高速公路管理处 4 个下设机构。

2. 交通警察的录用选拔

警察作为最常见的、使用频率最高的且有一定武装程度的国家强制力量，需要维护社会秩序，与犯罪分子做斗争，另外其作为执法的中坚力量，享有处罚、许可、检测、强制等多方面的行政权能，所以对警察的录用在身体条件和专业素质等方面会有特别的限制。"徒法不足以自行"，警察作为实际的执行主体，所受过的训练与自身的素质对法律法规的有效且合理的执

---

❶ 《道路交通安全法》第 5 条第 1 款规定：国务院公安部门负责全国道路交通安全管理工作。县级以上地方各级人民政府公安机关交通管理部门负责本行政区域内的道路交通安全管理工作。

❷ 《人民警察法》第 2 条第 2 款规定：人民警察包括公安机关、国家安全机关、监狱、劳动教养管理机关的人民警察和人民法院、人民检察院的司法警察。

❸ "机构职能"，公安部交通管理局官网，http://www.mps.gov.cn/n16/n85753/n85771/1040587.html。最后访问时间：2013 年 5 月 2 日。

行具有最为直接的影响，也是完善执法体制的重要一环。与一般公务员面向社会统一招考不同，人民警察的选拔和录用是公安机关人事管理制度的关口，不仅关系着公安队伍管理的强化，而且所录用人员的素质高低决定着包括交通管理机构在内的公安部门的执法水平，关系到公安部门组织战斗力的强弱。因此，在人民警察的选拔录用上，除了体现录用一般公务员的"公开考试，严格考核，择优选用"原则外，还要根据公安工作的性质和要求进行人员选拔。

（1）录用的人群范围。公安机关录用人民警察，主要从公安警察院校毕业生中录用，专业院校的学员不能满足需求的部分再从国家统一招考人员中录用；对于技术侦查等有特殊要求的，公安机关可以从公安警察院校以外录用。但是非公安警察院校毕业的新录用人员，必须进入公安警察院校接受三个月以上的公安专业培训，经培训不合格的，取消录用资格。❶

（2）年龄以及身体素质的要求。报考人民警察，除必须具备报考国家公务员的基本条件和《人民警察法》规定的条件外，还必须具备下列条件：①年龄在 25 岁以下。特殊岗位或少数民族和边远地区由省、自治区、直辖市公安厅（局）录用主管机关同意可适当放宽，但不得超过 30 岁；②身体健康，体形端正，无残疾，无口吃，无重听，无色盲，裸眼视力在 1.0 以上。男性身高在 1.70 米以上，女性身高在 1.60 米以上（南方部分地区由省、自治区、直辖市公安厅、局录用主管机关同意可适当放宽）。❷

3. 交通协警队伍建设

在我国，除了公务员编制的人民警察外，还有大量的辅警或协警（以下简称协警）协助警察履行职责。协警是我国一支重要的辅助执法、维护社会治安稳定的力量，我国仅在公安机关从事协警工作的人员最多时可达 200 万人，2004 年经整顿治理后人员数量减少了许多，据不完全统计目前仍有 150 万人之多。就浙江省而言，截至 2009 年 5 月，全省公安机关在职的协警有 8 万多人，已超过全省在编的公安民警数，而作为沿海发达地区的宁波，目前协警也有近 2 万人，是在编民警的 2 倍多。❸ 协警的作用是"辅助"警力，不具有行政执法权。协警必须在在编民警的带领下开展各项工作，在涉及需依法定职权才能完成的任务时，只能由在编民警完成，协警仅起辅助作用。在机构性

---

❶ 参见《公安警察录用办法》第 4 条、第 9 条。

❷ 参见《公安警察录用办法》第 5 条。

❸ 朱振甫、杜剑虹、张应立："辅协警问题研究"，载《公安研究》，2009 年第 9 期。

质上，虽然协警队伍属于财政补助性事业单位，但它不是一级授权执法组织。我国在《交通警察道路执勤执法工作规范》中，对交通协管员所承担的工作有较为明确的规定。在公安机关警力编制有限的情况下，交通协管员作为协警队伍中的主要组成部分之一，不断发展壮大，协助民警开展各项工作。协警的作用日益显著，成为参与道路交通管理工作的一支重要力量，在维护交通有序、安全、畅通方面发挥了很大作用。

在实际的运行过程中，协警根据各地的需要，担负起了大量与社会治安、秩序维护、日常安全保障等相关的工作。但是目前我国还没有专门的法律法规来规定协警的法律地位、聘用与管理等方面的事项。各地协警素质参差不齐，协警待遇问题缺乏必要的法律保障，执法过程中协警的自身违法等问题的出现也给协警的管理提出了不小的挑战。鉴于此，部分城市已经开始地方立法的尝试。例如，苏州市制定了《苏州市警务辅助人员管理办法》，对与协警相关的人员范围界定、职权、录用等方面做出了系统的规定。该管理办法主要对警务辅助人员招录所应遵循的程序、警务辅助人员本身所应具备的条件、不得从事警务辅助工作的情形等做出了较为详细的规定。❶ 为解决上述问题，公安部也下发了《关于加强交通协管员队伍建设的指导意见》❷，对交通协管员应该具备的基本条件做了明确的规定，同时规定了公开招考、择优聘用、签订合同等程序性的要求。

二、交警的执法权限

机构设置与权限分配往往遵循权责相统一的原则，行政机构承担了某项职责，为了能够顺利地行使该职责，便享有相对应的职权。以公安部交通管理局为例，其职责如下：研究拟定道路交通管理政策；组织、指导和监督地方公安机关依法查处道路交通违法行为和交通事故；指导地方公安机关维护城乡道路交通秩序和公路治安秩序；组织和指导地方公安机关开展机动车辆安全检验、牌证发放和驾驶员考核发证工作；组织和指导地方公安机关开展道路交通安全

---

❶　参见《苏州市警务辅助人员管理办法》第 15 条、第 16 条、第 17 条、第 18 条。

❷　《关于加强交通协管员队伍建设的指导意见》强调，"严格交通协管员的招聘录用。招聘交通协管员，要经县级以上人民政府批准，面向社会公开招考，择优聘用。招聘对象应当具备以下基本条件：身体健康；思想品德良好，无违法犯罪记录；初中毕业以上文化程度，年龄在 18 周岁至 50 周岁之间；具有一定的交通管理法律法规和基础业务知识；原则上会讲普通话。聘用交通协管员，要按照劳动法等有关规定和程序，与聘用对象签订聘用合同。"

宣传和教育活动；组织和指导道路交通管理科研工作；指导地方公安机关参与城市建设、道路交通和安全设施的规划。[1] 对于市一级的交通管理局而言，其职责与公安部交通管理局相似，以西安市交通管理局为例，其职责包括以下几个方面：依法查处道路交通违法行为和交通事故；维护城乡道路交通秩序和公路治安秩序；开展机动车辆安全检验、牌证发放和驾驶员考核发证工作；与道路安全相关的宣传和教育活动；科研工作；参与城市规划建设、道路交通和安全设施的规划；组织宣传交通法规，依法管理道路交通秩序，管理车辆、驾驶员和行人，教育交通违章者，勘查处理交通事故，以维护正常的交通秩序，保证交通运输的畅通与安全。[2] 将上述两级交通管理局的职责概括起来，主要分为以下几个方面：与道路交通安全相关政策的制定；交通事故和交通违法的处理；车辆检查、牌照发放以及驾驶员考核工作；科研、宣传、指导及规划；道路交通秩序与治安的维护。

根据法律或者法规，交警享有与职责相对应的职权，概括起来大致可以分为以下几类。

1. 行政处罚权

行政处罚适用的情形最多，具体的处罚种类可以分为警告、罚款、暂扣或者吊销机动车驾驶证、拘留。[3] 警告主要适用于情节轻微，未影响道路通行的情况，如行人、乘车人、非机动车驾驶人违反道路交通安全法律、法规关于道路通行的规定和违反道路交通安全法律、法规关于机动车停放、临时停车的规定。[4] 罚款适用的情形非常宽，基本上所有的违反道路交通法律法规的情形都可以处以一定限额内的罚款，一般的情况下，交警可以依据法律在较大的幅度范围内确定一个罚款的数额，但是这种数额的确定需要受到行政处罚合理性的限制。对于酒后驾驶机动车的情形，视其情况可处以暂扣或吊销机动车驾驶证、拘留等处罚。同时，一般情况下还会对其驾驶资格的取得进行附带性的限制，醉酒驾驶机动车的，5 年内不得重新取得机动车驾驶证；饮酒后驾驶营运机动车的，5 年内不得重新取得机动车驾驶证；醉酒驾驶营运机动车

---

[1] "公安部交通管理局机构职能"，公安部交通管理局官网，http：//www. mps. gov. cn/n16/n85753/n85771/1040587. html。最后访问时间：2013 年 5 月 3 日。

[2] "西安市交警支队职责"，西安市交通管理局官网，http：//www. xianjj. com/jjzdjj_ content. jsp? urltype = tree. TreeTempUrl&wbtreeid = 10966。最后访问：2013 年 5 月 3 日。

[3] 参见《道路交通安全法》第 88 条。

[4] 参见《道路交通安全法》第 89 条和第 93 条。

的，5 年内不得重新取得机动车驾驶证；饮酒后或者醉酒驾驶机动车造成重大交通事故❶的，终生不得重新取得机动车驾驶证。❷ 另外，对机动车驾驶人的道路交通安全违法行为，处罚与记分同时执行。道路交通安全违法行为累积记分周期为 12 个月，满分为 12 分，从机动车驾驶证初次领取之日起计算。依据道路交通安全违法行为的严重程度，一次记分的分值有 12 分、6 分、3 分、2 分、1 分 5 种。机动车驾驶人一次有两个以上违法行为记分的，应当分别计算，累加分值。❸ 机动车驾驶人在一个记分周期内累积记分达到 12 分的，公安机关交通管理部门应当扣留其机动车驾驶证。之后，机动车驾驶人需要参加交通管理部门组织的培训和考试，考试合格后，积分予以清除，发还机动车驾驶证。❹ 具体扣分的情形以及所扣分值，规定在公安部 123 号令亦即《机动车驾驶证申领和使用规定》的附件二中，同时公安部还会根据实际情形，及时地做出新的规定，如机动车驾驶人行驶途中拨打手机记 3 分等。

　　2. 行政强制权

交通警察的行政强制权主要有以下几种情形：扣留（机动车）驾驶证；扣留机动车（车辆）；强制拆除、收缴非法安装的警报器、标志灯具；收缴、强制报废拼装的或者已达到报废标准的机动车；强制排除妨碍；拖移机动车；检验体内酒精、国家管制的精神药品、麻醉药品含量；扣押物品。❺ 交通管理部门依法采取行政强制措施时，其行为也在一定程度上受到法律的限制，以避免权力的滥用，限制对相对人权利不合理的侵害。以交通警察依法扣留车辆为例，其扣留车辆的行为不得不当牵连到车载货物，对车辆和货物，交警负有妥善保管和处置的义务，其处理还需要遵循法定的程序。❻ 一般情况下，法律禁止交警扣留车辆所载货物，但是因搜集证据的需要，公安机关交

---

　　❶　根据《最高人民法院关于审理交通肇事刑事案件具体应用法律若干问题的解释》的界定，重大交通事故包括以下几种情形：死亡一人或者重伤三人以上，负事故全部或者主要责任的；死亡三人以上，负事故同等责任的；造成公共财产或者他人财产直接损失，负事故全部或者主要责任，无能力赔偿数额在三十万元以上的。

　　❷　参见《道路交通安全法》第 91 条。

　　❸　参见《机动车驾驶证申领和使用规定》第 55 条、第 56 条。

　　❹　参见《机动车驾驶证申领和使用规定》第 58 条。

　　❺　参见《道路交通安全法》第 111 条第 1 款、第 92 条、第 96 条、第 97 条、第 100 条、第 106 条；《道路交通安全法实施条例》第 104 条、第 105 条；《道路交通安全违法行为处理程序规定》第 33 条；《公安机关办理行政案件程序规定》第 91 条。

　　❻　参见《交通警察道路执勤执法工作规范》第 51 条。

通管理部门可以扣押与事故有关的物品，并开具扣押物品清单一式两份，一份交给被扣押物品的持有人，一份附卷，扣押的物品应当妥善保管。❶ 关于强制报废已达到报废标准的机动车的问题，根据 2013 年 5 月 1 日开始施行的《机动车强制报废标准规定》，取消了小、微型非营运载客汽车，大型非营运轿车，轮式专用机械车使用年限的限制；另外国家对达到一定行驶里程的机动车引导报废。❷

3. 行政许可或审批权

行政许可的情形较少，主要有以下几种：驾驶证审验；机动车登记；剧毒化学品公路运输通行证；超长、超宽、超高车辆高速公路通行证；危险化学品高速公路运输通行证。❸ 驾驶机动车，应当依法取得机动车驾驶证，该证的颁发由公安机关交通管理局车辆管理所管理。

在交警执法的过程中，往往需要交通协管员的协助，而在这个过程中，交通协管员也享有一定的权能，承担一定的行政职责。根据规定，交通协管员承担以下工作：维护交通秩序；保护事故现场，救助伤员；宣传与报告；提供必要的救助。❹ 交通协管员不得从事其他执法行为，不得对违法行为人做出行政处罚或者行政强制措施决定。在职责安排上，交通协管员是协警的一种，即在必要的情况下，协助警察完成相应的法定职责，其履行职责的过程需要依附于警察或者警察所享有的行政职权，不能独立行使行政处罚、行政强制、行政许可等职权。

以苏州市警务辅助人员为例，警务辅助人员需要在公安机关及其人民警察的指挥和监督下，按照岗位要求辅助履行相应的职责，其职责主要包括以下几类：治安保障、秩序维护；宣传教育、纠纷调解；公安行政管理；信息收集、专业技术、后勤保障。❺ 因为警务辅助人员的工作在于辅助警察完成法定的职责，所以并不能独立地以自己的名义去完成警务活动，对于应由警察完成的核心的、专业要求高的任务，往往不能安排警务辅助人员参加。根据苏州市的规定，涉及国家秘密，侦查取证、技术鉴定、责任认定，行政许可、行政收费、

---

❶ 参见《道路交通事故处理程序规定》第 29 条。

❷ 参见《机动车强制报废标准规定》第 5 条、第 7 条。

❸ 参见《道路交通安全法》第 23 条、第 8 条、第 84 条第 3 款、第 48 条第 2 款；《危险化学品管理条例》第 39 条。

❹ 参见《交通警察道路执勤执法工作规范》第 5 条。

❺ 参见《苏州市警务辅助人员管理办法》第 10 条。

行政处罚、行政强制、刑事强制措施决定等工作，公安机关及其人民警察不得安排警务辅助人员辅助履行。❶

概言之，交通协管员的行为属于事实行为，并不会直接对相对人的权利义务产生影响，其主要承担交通的疏导、秩序的维护、违法行为的劝阻、交通安全教育以及道路交通和治安的上报等工作，对于行政处罚、行政许可、行政强制以及侦查取证、技术鉴定、交通事故责任认定等活动，则只能由交警本身行使，不得假手交通协管员。

三、交警执法应遵循的程序

行政执法程序的重要性渐渐为大家所认识，立法方面也在逐步地跟进，目前我国还没有统一的行政程序法，关于交警执法所应遵循的程序主要规定在《行政处罚法》《行政许可法》《道路交通安全法》《道路交通安全法实施条例》《公安机关办理行政案件程序规定》《交通警察道路执勤执法工作规范》《道路交通事故处理程序规定》等法律、法规或部门规章中。

因为交警对交通违法行为以及道路交通事故的处理往往直接影响公民的权利和义务，所以就以这两种情形为例，分析交警执法所应遵循的基本程序。交通警察查处机动车驾驶人的违法行为，依法应当按下列程序执行❷：①向机动车驾驶人敬礼；②指挥机动车驾驶人立即靠边停车，可以视情况要求机动车驾驶人熄灭发动机或者要求其下车；③告知机动车驾驶人出示相关证件；④检查机动车驾驶证，询问机动车驾驶人姓名、出生年月、住址，对持证人的相貌与驾驶证上的照片进行核对；检查机动车行驶证，对类型、颜色、号牌进行核对；检查检验合格标志、保险标志；查询机动车及机动车驾驶人的违法行为信息、机动车驾驶人记分情况；⑤指出机动车驾驶人的违法行为；⑥听取机动车驾驶人的陈述和申辩；⑦给予口头警告、制作简易程序处罚决定书、违法处理通知书或者采取行政强制措施。对轻微违法行为，口头告知其违法行为的基本事实、依据，纠正违法行为并予以口头警告后放行。对交通技术监控设备记录的轻微违法行为，可以通过手机短信、邮寄违法行为提示、通知车辆所属单位等方式，提醒机动车驾驶人遵守交通法律法规。而对于违法行为需要适用一般程序处罚的，交通警察应当依照规定制作违法行为处理通知书或者依法采取行

---

❶　参见《苏州市警务辅助人员管理办法》第 11 条。
❷　参见《交通警察道路执勤执法工作规范》第 42 条、第 44 条、第 46 条、第 49 条。

政强制措施，告知机动车驾驶人接受处理的时限、地点。关于当场处罚的执法程序也与此相似❶，概言之，交警在查处机动车驾驶人违法行为的过程中，需要遵循以下基本的程序要求：表明身份；询问当事人；告知违法行为；听取陈诉和申辩；做出处理决定；送达；告知救济途径；听证。

交警处理交通事故时，根据不同的情况，可以适用简易程序或者一般程序。对于适用简易程序的情形，由一名警察进行处理，首先迅速固定现场证据，然后责令当事人撤离事故现场，以保证交通的顺畅。即使是在适用简易程序的情形下，参与处理的交警也需要倾听双方的意见，根据法律和具体的情形，填制事故责任认定书，并根据双方当事人的请求，在符合法律规定的情况下，自行调解。❷ 对于适用一般程序的情形，需要由两名交警进行现场的处置和调查，并根据搜集证据的需要，可以采取必要的强制措施，需要技术鉴定的，委托具备资格的机构进行检验、鉴定。公安机关交通管理部门在考虑相关证据和检验、鉴定结果的情况下，制作道路交通事故认定书，送达当事人并履行告知的义务。❸

另外，交警的执法行为还需要受到《行政处罚法》《行政许可法》《公安机关办理行政案件程序规定》等相关法律法规中关于行政执法程序的普遍性的制约。

第二节 交警执法体制存在的主要问题

近些年来，我国的道路交通设施、交通规划和交通执法人员的装备和素质都有很大的改善，与此同时，道路上的车辆数量也在迅猛增加，道路交通事故频发、交通事故造成的人员伤亡以及由此引发的社会矛盾成为交通管制的一大难题。而且与道路交通相关的问题经常性地成为社会探讨的争议热

---

❶ 参见《公安机关办理行政案件程序规定》第35条规定，当场处罚，应当按照下列程序实施：（一）向违法行为人表明执法身份；（二）收集证据；（三）口头告知违法行为人拟做出行政处罚决定的事实、理由和依据，并告知违法行为人依法享有的陈述权和申辩权；（四）充分听取违法行为人的陈述和申辩。违法行为人提出的事实、理由或者证据成立的，应当采纳；（五）填写当场处罚决定书并当场交付被处罚人；（六）当场收缴罚款的，同时填写罚款收据，交付被处罚人；未当场收缴罚款的，应当告知被处罚人在规定期限内到指定的银行缴纳罚款。

❷ 参见《道路交通事故处理程序规定》第15、16、17、18条。

❸ 参见《道路交通事故处理程序规定》第五章和第六章的内容。

点，如杜宝良案❶、"闯黄灯""中国式过马路"等，这些问题都或多或少地暴露了中国现行交警执法体制存在的一些问题和无奈，对于这些问题的讨论不能只停留在表面，就事论事，而应该做一些更为专业、深入的探究才是解决之道。

一、公安机关与交通行政部门职权交叉导致职责不明

交通运输部门负责全国的交通，统管水、陆、空、铁路运输的相关事宜。2009 年国务院办公厅下发的《交通运输部三定方案》（国办发〔2009〕18 号）对交通运输部主要职责做出了明确的规定，其主要职权有：①规划管理交通运输体系；②拟定交通运输行业的标准、政策、法律草案；③承担道路、水路运输市场监管责任；④承担水上交通安全监管责任；⑤负责提出公路、水路固定资产投资规模和方向以及相关的行政审批；⑥指导公路、水路行业安全生产和应急管理工作；⑦承担公路、水路建设市场监管责任；⑧指导交通运输信息化建设，公路、水路行业环境保护和节能减排工作；⑨负责公路、水路国际合作与外事工作，开展与港澳台地区的交流与合作；⑩指导航运、海事、港口公安工作，管理交通直属公安队伍；⑪承办国务院交办的其他事项。❷ 交通运输部门除了需要负责航运、海事、港口的安全工作之外，还需要负责除道路交通安全管理之外的与道路、运输相关的行政工作，主要有：规划整个的道路交通运输体系和公路建设与维护；道路市场的监管；引导与道路建设相关的投资和审批等。

交通运输部下设直属的厅局机构公路局、道路运输局、水运局以及公安局，在各级地方政府。以重庆市为例，重庆市交通委员会承担了交通运输部门的职责，其下设重庆市公路局、道路运输管理局、港船管理局、交通行政执法总队负责交通运输管理的相关事项。重庆市公路局（副厅级事业单位）是重庆市交通委员会领导下的全市公路行业管理机构，主要负责全市公路（专用公路除外）的养护、建设和管理以及车辆超限超载治理，对应的下级公路局还需要负责交通规费（养路费、通行费等）的征稽管理。重庆市道路运输管

---

❶ 杜宝良案案情简介：2005 年 5 月 23 日，杜宝良偶然查询得知，自己于 2004 年 7 月 20 日至 2005 年 5 月 23 日在驾驶小货车运菜时，在每天必经的北京市西城区真武庙头条西口被"电子眼"拍下闯禁行 105 次，被罚款 10500 元。此前，从未有交管部门告知他有违法行为。

❷ "交通运输部主要职责"，交通运输部官网，http：//www.moc.gov.cn/zhuzhan/zuzhijigou/zhuyaozhize/。最后访问时间：2013 年 4 月 19 日。

理局是重庆市交通委员会对全市道路运输的行业管理机构，负责全市道路旅客运输经营（含班车客运、城市公共汽车客运、出租汽车客运、轨道交通营运）、道路货物运输经营（含危险货物运输）及与道路运输相关的机动车维修经营、机动车驾驶员培训、道路客货运输站（场）经营（含公交站场）等管理工作，负责全市道路运输行业的指导、统筹、协调、服务、监督工作，除了为全市运输市场秩序提供管理保障工作外，还行使省级道路运输管理职能、中心城市公共运输管理职能。❶ 重庆市港船管理局负责对全市水上交通运输行业的行政管理，负责征收水运交通规费以及水上交通通道的维护和建设。重庆市交通行政执法总队主要负责行使交通监督处罚职能，一是负责主城区内路政、运政、港航执法工作；二是负责全市通车高速公路运政、路政行政执法和交通安全管理工作（限制人身自由的行政处罚权除外）；三是查处违反路政、运政、港航管理方面法律、法规、规章的重大案件及跨区县案件；四是负责对主城外区（县）交通综合行政执法的业务指导。❷

虽说我国公安部门的交通管理局主要负责道路交通安全以及机动车、机动车驾驶员的管理工作，但道路交通行政部门除了需要负责航运、海事和港口的交通安全之外，并不需要负责道路交通安全的工作，其主要负责道路的规划建设、税费的征稽、道路运输行业的管理、路政违法行为的查处等，从表面上看起来与交通运输部的职责划分明确，各有所归。不过因为道路交通安全本身的范围界定有时候很难和道路以及运输的管理分开，再加上影响道路交通安全的行为总是与道路以及道路运输联系在一起，所以这种职权的分立难免会带来一些问题。

（一）违反"一事不再罚"原则

当某一案件既威胁了道路交通安全又破坏了交通运输管理时，交通运输部门和公安运输管理局对该案件都享有管辖权。公安交通管理部门可以依据《道路交通安全法》对案件做出处罚。交通运输部门也可以依据其职权对案件做出处罚。若两者的处罚属于同一种类（如罚款），那么这两种处罚行为就违反了"一事不再罚"原则。这种重复执法的行为严重影响了当事人的

---

❶ "重庆市交通行政执法总队机构职能"，重庆市交通委员会官网，http：//www.cqjt.gov.cn/cqjw/74038944123060224/20061122/1729.html。最后访问时间：2013年6月15日。

❷ "重庆市交通行政执法总队机构职能"，重庆市交通委员会官网，http：//www.cqjt.gov.cn/cqjw/74038944123060224/20061122/1729.html。最后访问时间：2013年6月15日。

权益。在同一段道路上，当事人不仅要面对运政检查、路政检查，还要面对交警的安全检查，这不管是对相对人还是行政机关来说，都是一种资源的浪费。

（二）交通运输部门和公安交通管理局的条块管理方式降低了行政效率

公安交通管理局和交通运输部门都只是享有道路管理的一部分权力，不能解决"复合式"的违法行为。例如，未取得道路运输从业资格证的驾驶员驾驶车辆营运，并导致了严重的交通事故的发生，对于未取得道路运输从业资格进行营运驾驶的行为需要由交通行政执法部门处理，而对发生的严重交通事故，只能由交警部门处理，另外交警在进行事故责任的认定时，可能还需要将交通行政执法部门的处理结果作为依据或参考。而且，有些方面的信息是交通管理局和交通运输部门都需要的，信息的搜集与处理是需要成本支出的，信息的重复搜集本身就造成一种浪费。

（三）可能会出现两个部门相互推诿案件的现象

有些交通事故的案件性质不易区分，不能很清楚地将其划入某个部门管辖时，出于各自部门利益的考量，公安交通管理局和交通运输部门可能会相互推诿案件，由于不能及时确定管辖部门，案件得不到及时有效的处理，往往会错失最有效的解决时间，给证据的搜集、车辆以及当事人的控制带来不必要的麻烦，降低了道路交通运输的效率，造成行政资源浪费。在当前"小政府大社会"的治理模式下，部门更应该高效率、高回应地处理好交通管制方面的工作，做好政府部门内部的协调配合。党的十七大报告明确提出要健全部门间协调配合机制，新的路面环境下，人民群众对政府交通部分的管理水平也提出了越来越高的要求。"大部制"改革指引着行政体制向纵深方向发展，而探讨部门间有效的协调配合机制迫在眉睫。这不仅是顺应十七大"健全部门间协调配合机制"的总要求，也是解决现实需要、创造新交通安全环境的必要前提。

二、交警部分职权的缺失影响整体的行政效率

交警和巡警往往都会在城市道路上穿梭，其行使职权的空间在很大程度上是重合的。巡警是巡逻警察的简称，是为了履行城市管理综合执法职能的巡警队伍，其建立为动态地维护和控制城市的治安起到了积极的作用。根据《城市人民警察巡逻规定》第4条第7款的规定，人民警察在巡逻执勤时需要履行

维护交通秩序的职责❶，相对应的权利在该规定第 5 条第 4 款中有明确说明：纠正违反道路交通管理的行为。但是这种权力的授予是受到限制的，巡警仅拥有及时纠正的权力，对于需要查处的案件、事件和事故应当移交公安机关主管部门处理。❷《深圳经济特区人民警察巡察条例》规定巡警在巡察中依法履行以下职责：协助交警维护交通秩序；现场没有交警时，处罚交通违章行为，调解、处理轻微交通事故，及时疏导交通。❸

在法律设置上，巡警的主要职责是维护秩序与社会安全，并没有交通事故处理等方面的权限，也就是说交警与巡警的职权在法律设置层面是有严格的划分的，这在巡警制度设立之初是发挥了积极的作用的。随着社会的发展、车辆的普及、交通事故的增多，巡警所面对的问题渐趋复杂，巡警与交警职权二分的模式会极大地限制整个警察系统最大效能的发挥，从而影响整的体行政效率。因为交警和巡警的绝大部分人力都会在城市的街面上铺开，其所在的区域并没有严格的区分，往往是相互渗透的，两者虽都为人民警察，但是却享有不同的职权。

交警对交通秩序管理过程中发现的刑事、治安案件没有必要的调查、强制和处罚权，而巡警在巡逻的过程中对碰到的交通事故也缺乏相应的处理权能。另外，交警在执法的过程中，如果碰到不配合的相对人并与其起了冲突，这时交警需要一定的强制权能，以便进行应急的处理。因为交警与巡警往往在相同的执法区域履行不同却又有一定关联性的职责，对于一些情况，如群体性事件或重要的护卫工作，往往需要双警同时出动。对于某些重要的区域两警种的警力都需要加强，这样明显地会导致警察执法资源的浪费，而总的编制确定、警

---

❶《城市人民警察巡逻规定》第 4 条规定人民警察在巡逻执勤中履行以下职责：（一）维护警区内的治安秩序；（二）预防和制止违反治安管理的行为；（三）预防和制止犯罪行为；（四）警戒突发性治安事件现场，疏导群众，维持秩序；（五）参加处理非法集会、游行、示威活动；（六）参加处置灾害事故，维持秩序，抢救人员和财物；（七）维护交通秩序；（八）制止妨碍国家工作人员依法执行职务的行为；（九）接受公民报警；（十）劝解、制止在公共场所发生的民间纠纷；（十一）制止精神病人、醉酒人的肇事行为；（十二）为行人指路，救助突然受伤、患病、遇险等处于无援状态的人，帮助遇到困难的残疾人、老人和儿童；（十三）受理拾遗物品，设法送还失主或送交拾物招领部门；（十四）巡察警区安全防范情况，提示沿街有关单位、居民消除隐患；（十五）纠察人民警察警容风纪；（十六）执行法律、法规规定由人民警察执行的其他任务。
❷参见《城市人民警察巡逻规定》第 6 条：在巡逻执勤中遇有重要情况，应当立即报告。对需要采取紧急措施的案件、事件和事故，应当进行先期处置。对需要查处的案件、事件和事故应当移交公安机关主管部门处理。
❸《深圳经济特区人民警察巡察条例》第 8 条规定巡警在巡察中依法履行下列职责：（五）协助交通管理部门的人民警察（以下简称交警）维护交通秩序。现场没有交警时，处罚交通违章行为，调解、处理轻微交通事故，及时疏导交通。

力有限，这样就会导致其他区域的警力分配相对不足。

另外，交警和巡警分属于不同的系统，一方面需要两套管理和文官支撑系统，导致机关的过度官僚化，影响一线警察的实际执行力；另一方面，双方虽说享有不同的职权，但是其需要处理的事务往往又是密切联系在一起的，这样就会出现协调不易或者相互推诿的现象。

第三节　交警执法体制存在问题的根本原因

上文概括了交警执法体制存在的一些主要问题，有时候多个问题可能都与某个原因有关，本节将进行简要分析。

一、部门权力利益化

导致实际执法过程中的权责不明、效率过低或者双重处罚的原因，可以归结为现行道路交通行政执法体制的不合理。道路交通部门的行政执法门类众多，执法机构复杂，另外法律法规在权责划分上也不够合理、精细，使得执法主体的权能交叉以及权力空白地带的出现，各部门在执法过程中各自为政，缺乏有效的沟通和协调。同时，行政执法管理体制的不顺畅加重了部门间权责不明的现象。例如，各级交通行政执法机构在业务上由上一级交通执法机构指导，但干部人事关系又由当地交通部门管理，加之地方乡镇政府的出面干预，往往使得交通行政执法难以及时到位。❶ 也就是说，现行的道路交通执法体制存在的问题可以直接归结到执法体制设计本身的不合理或者不够精细，但是任何执法体制的设立和执法权能的划分，都会或多或少地涉及利益的分配和权利义务的承担。笔者承认现行的执法体制有需要改进的地方，但是这并不是根本原因，也不是解决问题的根本点，部门权力利益化才是导致问题的深层次原因。

二、过度且不合理的内部分工

专业化的分工在一定程度上使得经济领域获得了巨大的效益，并且促进了社会的发展，而这种专业分工的模式渗透到了社会的方方面面，在学术上的表现是学者的专业研究日益精细；在行政管理方面，专业化的分工也越来越明显。但是这种分工并非越往精细处发展越好，需要把握好分与合的平衡关系，

---

❶　张惠：《道路交通行政执法研究》，中南民族大学硕士毕业论文，2008 年，第 25 页。

而且分与合的关系应该是一个相对动态的过程，不能是静止不变的，我国所推行的大部制改革便是很好的例证。目前，从组织变革趋势来讲，由于"专业化分工设计不利于整项工作的协调和工作人员积极性的激发，因此近年来受到了越来越多的批评"。❶

根据《人民警察法》的规定❷，我国的警察享有广泛的甚至有些宽泛的职权，但是这些职权相互之间的联系并不是特别紧密，为了进行高效、专业的管理，便将警察的职权进行分类，然后由不同的警种行使相关职权。这种分类化管理本身有助于行政效率的提高，但是如果这种分类不够科学或者难以适应现实发展的需求，就会降低行政效率，不利于警察职权的有效履行。《道路交通安全法》系统地将道路交通安全管理的权力授予公安机关交通管理部门，交由交警具体执行，而治安巡逻的任务则由巡警担负。这种分工一方面加强了交警和巡警的专业性，能够在一定范围内提高执法效率，但是因为交警与巡警职责在时空上的重合性，又在一定程度上降低了执法效率。交警与巡警职权的划分源于一种制度性的规定，并用来规范、引导实践，但是这种职权的划分并不能够完全适应现实发展的需要，会导致交警在执法的过程中缺失相应的治安以及刑事案件的调查、强制和处罚的权能。

第四节　交警执法体制未来完善的方向

一、交通运输部门与公安交通管理部门职权的精细化划分以及沟通协调机制的完善

目前，我国道路交通管理方面的职权一分为二，由交通部门和公安部门分

---

❶ 杜育群："警察巡逻综合执法的可能性分析"，《山东警察学院学报》，2008 年第 1 期。
❷ 《人民警察法》第 6 条：公安机关的人民警察按照职责分工，依法履行下列职责：（一）预防、制止和侦查违法犯罪活动；（二）维护社会治安秩序，制止危害社会治安秩序的行为；（三）维护交通安全和交通秩序，处理交通事故；（四）组织、实施消防工作，实行消防监督；（五）管理枪支弹药、管制刀具和易燃易爆、剧毒、放射性等危险物品；（六）对法律、法规规定的特种行业进行管理；（七）警卫国家规定的特定人员，守卫重要的场所和设施；（八）管理集会、游行、示威活动；（九）管理户政、国籍、入境出境事务和外国人在中国境内居留、旅行的有关事务；（十）维护国（边）境地区的治安秩序；（十一）对被判处管制、拘役、剥夺政治权利的罪犯和监外执行的罪犯执行刑罚，对被宣告缓刑、假释的罪犯实行监督、考察；（十二）监督管理计算机信息系统的安全保护工作；（十三）指导和监督国家机关、社会团体、企业事业组织和重点建设工程的治安保卫工作，指导治安保卫委员会等群众性组织的治安防范工作；（十四）法律、法规规定的其他职责。

别行使，其中交通部门负责道路规划与建设、路政管理、运政管理、征稽管理等，公安部门负责交通安全管理。这种职权二分、两家共管的模式，并不能够很好地适应道路交通管理的需求。国家行政学院的调研报告称，我国道路交通管理体制改革条件成熟，其改革的基本思路是交通部门承担道路交通安全管理的主要责任，交通部门内部的警察机构（如交通海事公安）承担道路交通安全路面执法的主体职责。但是这种改革涉及公安部和交通运输部大面积的职权调整，即使是可行的，也将是一个渐进的、需要由试点慢慢推广的过程，而这方面存在的问题又需要尽快地得到解决。

关于公安机关和交通部门职权的划分需要有一个基本的指导思想，并且相关法律法规的规定也较为明晰，在实际执行的过程中需要一些精细化的划分，这个划分本身应该是有层次的，其主体的层级与此相对应，尽量保证基层执法者能够明确哪些事该管，哪些事不该管，哪些事又需要和其他机构协调或者联合执法。再完美的制度设计终究是由具体的人去操作、实施的，法律制度的言语性表达本身就是复杂、易生纠纷的，所以实践中需要公安交警和交通部门建立常规化的沟通机制，以便及时解决出现的争议问题。

二、交警与巡警职权的合一

交警执法过程中缺乏部分必要的权限，而这种权限的缺失，是由交警与巡警职权的划分所致，也就是说交警缺失的部分权限为巡警所享有。要解决交警权限缺失的问题，可以通过两个方式予以解决。一种方法是赋予交警缺失的权限，并不对巡警制度做出改变。这种方法从形式上来看确实解决了交警权限缺失的问题，但是这样会导致交警与巡警部分权责的完全重合，由此又会产生一系列的问题，并不会比改变之前的效果更好。如果直接将巡警的部分职权划归给交警，巡警又无法有效地履行其职责。还有一种方法是将交警与巡警这两个警种进行合并，组成一个新的执法主体来统一行使之前交警和巡警的职权，交警与巡警合并后所组成的执法主体，即交巡警。这种方法解决了交警职权缺失的问题，也可以避免前一个方法导致的问题。这种方法涉及执法机构的变更以及执法人员身份和职责的改变，但因为交警和巡警都属于警察的范畴，并且都主要承担具体的行政执法工作，在身份关系以及管理上并不会有太多的障碍，其各自执法的专业性经过一定的培训，也是可以保证的。考虑到这种方法有执法机构以及执法权限的变更，涉及组织法上的问题，其合法性还需要进一步证明。

实践层面上，我国部分省、市、自治区已经开始警务改革的探索，并出现了几种改革模式。《中央编办关于清理整顿行政执法队伍实行综合行政执法试点工作意见的通知》中明确指出：调整合并行政执法机构，实行综合行政执法。要改变多头执法的状况，组建相对独立、集中统一的行政执法机构。要严格控制执法机构膨胀的势头，能够不设的不设，能够合设的合设；一个政府部门下设的多个行政执法机构，原则上归并为一个机构。在此基础上，重点在城市管理、文化市场管理、资源环境管理、农业管理、交通运输管理以及其他适合综合行政执法的领域，合并组建综合行政执法机构。按照有关规定，经批准成立的综合行政执法机构，具有行政执法主体资格。这在一定程度上为交警与巡警的合并提供了契机和基础，在警务改革实践中，我国各地结合当地社会发展和警务改革的实际需要，从警察巡逻综合执法的职能发展上形成了多样化的实践模式。

40 多年前，西方国家就已建立交巡警合一的警务模式，以美国为例，城市警察也就是通常意义上的警察，是美国警察体系中最主要的组成部分，其职责范围包括辖区内的交通、治安、巡逻等。江苏省公安机关在试点的基础上率先实施交警、巡警两警合一的改革，随后上海、福建等地的公安机关也纷纷进行了改革。❶ 河南省进行的警务改革，被称为河南模式，其改革的要点是将省辖市公安局派出的公安分局和派出所两级派出机构，整合为一级派出机构，统称为"派出所"，保证警力下沉，确保有更多的警察直接去街面执法。另外，其警务改革还涉及不同警种职权的合并行使，根据实践需要，打破了交警、巡特警、治安警、刑警等警种职能的划分，要求广大民警掌握多种警务技能，会处理各种复杂问题，并实行"四警合一"，多警联动。在一警多能的要求下，每一名警察在面对各种不同的警情及警务工作时，都能够及时有效地进行处置。❷ 江苏进行警务改革时，将交警、巡警合并，成立江苏省公安厅交通巡逻警察总队，行使全省道路交通和治安的双重管理职能，主要负责道路治安、交通安全、交通秩序以及机动车辆、驾驶员管理等工作，并在维护社会稳定，增强道路交通治安防范控制能力，科学管理城市交通，推进规范化、正规化建设，提高队伍整体素质等方面取得了不错的效果。❸

---

❶ 杜育群："警察巡逻综合执法的可能性分析"，载《山东警察学院》，2008 年第 1 期。

❷ 王世卿、徐志豪："河南警务改革研究"，载《河北公安警察职业学院学报》，2011 年第 2 期。

❸ "江苏省交巡警概况"，江苏省道路交通管理信息网，http：//www. jsjxj. gov. cn/Info/jxjkx. aspx。最后访问时间：2013 年 6 月 14 日。

　　重庆市在这方面的改革也一直根据实际情况往前推行，为融入世界警务体制，弥补警力不足，完善警务复合型功能，构建治安防控体系，经市政府同意，2010 年重庆市公安局对交巡警机构职能进行了整合，设立了交通巡逻警察总队。该总队属于重庆市公安局下辖的副厅级政府职能部门，担负着组织、部署、监督、指导全市交巡警部门打击刑事犯罪，维护社会治安、交通安全、交通秩序的任务。重庆市各区县（自治县）公安局（分局）交通巡逻警察支（大）队承担以下主要职责：刑事案件的侦查和治安案件的查处；治安巡逻、执勤和警卫；预防和处理交通事故；维护道路交通安全和交通秩序。具体职责任务由各区县（自治县）公安局（分局）再做细化，明确责任，理顺与同级公安机关治安、刑侦支（大）队及派出所的职责关系，避免职权交叉。❶

　　重庆市整合交警与巡警机构职能后设立的交通巡逻警察总队与重庆市交通行政执法总队全面负责重庆市的交通执法任务，相对统一了过于分散的交通行政职权，解决了交警或巡警部分职权缺失的问题，提高了执法效率，同时也取得了不错的效果。

---

　　❶《重庆市人民政府办公厅关于明确公安机关交巡警机构职能调整的通知》（简称为"渝办发〔2010〕9 号文件"）。

第五章　重庆交巡警执法体制
实施情况分析

2010 年 2 月 7 日，重庆市公安局根据《重庆市人民政府办公厅关于印发重庆市公安局主要职责内设机构和人员编制规定的通知》（渝办发〔2009〕334 号）的规定，对交巡警的机构及其职能进行了整合，设立了重庆市公安局交通巡逻警察总队，代替之前交警与巡警并存的设置。由此，交巡警执法体制正式植入重庆这片土壤。

在本章，笔者试图通过对重庆交巡警执法体制的实施情况进行逻辑与实证分析。一方面借鉴和比较国内其他地方出现的类似的体制，另一方面对重庆交巡警执法体制的基本结构所具有的优点和可能存在的不足之处进行总结，从而为后续的研究打下基础。

第一节　重庆交巡警执法体制的建立

一、重庆交巡警执法体制建立背景

从历史发展来看，国家职能最初只限于维护社会秩序，因而警察权力的行使与职能的配置会受到特别的关注，在其发展过程中产生的诸多原理、原则也很可能运用到行政法的发展当中。正如陈新民在研究德国公法发展时曾提出："正如同任何法学学科发展的轨迹一样，行政法也是先由分散零落的个别行政法律，也就是所谓的各论发展，尔后，才形成总论的体系，而竟其功。"[1] 而今，我国的警务制度向重大改革创新迈出了重要一步——交巡警制度的萌芽、设置、成型及其职责设置也顺理成章地汇集了众多目光。对于重庆交巡警执法体制的建立背景，笔者建议从多种渠道进行了解，如通过丰富的传播媒介从其

---

[1] 陈新民：《德国公法学基础理论》，济南：山东人民出版社，2001 年版，第 123 页。

渗透的不同角度进行了解，并通过实践的积累慢慢熟知此制度再进行客观评述，而不是"马后炮"式地被动地受舆论引导，以致模糊了自己的意见。

此交警与巡警合一的执法体制能根植于重庆这片土壤的原因有很多，除领导意志推动的原因外，作为最年轻的直辖市，发展与稳定自然是第一位的，它在投资者们心中的印象在一定程度上也影响着自身发展的步伐，作为重庆安全新形象标志的交巡警便应运而生。同时，日益复杂的社会交通形势也需要更加贴近群众、屯兵于路面的执勤模式，通过设立交巡警流动平台车架起与民众之间的"连心桥"，扩大实时监控范围，而且民众能够及时查询与反馈信息，这对迅速进行指挥调度以扩大路面监控并压缩控制违法行为的时间非常有利。以上种种背景都促使重庆建立交巡警这种多职能的复合型执法方式。

二、典型城市交巡警执法体制概述

学者在选择对公共事务发言还是在象牙塔里进行学术研究的时候，应该毫不犹豫地走出象牙塔，关注社会事务，对社会问题及现象提出自己的意见。对警察职能的研究是行政法学的一项"分内"任务，然而，长期以来，法学界主要围绕公安机关的一般破案侦查行为开展研究，对于交巡警这样一种新兴而又具有显著特色的警种的职能研究却有所忽略和轻视，加之交巡警的职能配置在公开性文件中只是笼统的归纳，没有具体的描述，因此有必要对其职能进行探究。

（一）典型城市交巡警执法体制警务模式

目前，我国大部分城市警务管理模式实行的是巡警和交警两个警种独立工作，各自行使自己的职能。但交警与巡警相互间职能存在交叉，较难形成合力，这必然导致警力资源的浪费。在日本，除了有专门的警察机构和力量负责巡逻任务外，派出所的警察也要负担巡逻任务。[1] 新的社会背景要求增强有限警力的复合型功能，提高出警速度，为达到这一目的，各地都在探求创新警务模式，以实现最优化的管理方式。下面，笔者对几个具有代表性的城市所实施的警务模式进行简要介绍。

成都市公安局成华区分局为进一步缓解城市道路交通拥堵现象，提高交警、巡警的综合执法能力，整合交巡警警力资源，启动联勤联动模式。[2] 巡警

---

[1]　王欣："外国巡警制度对中国巡警改革的启示"，载《辽宁警专学报》，2006 年第 4 期。

[2]　"整合警力，成都交巡警交叉履行职责巡警可管交通交警可管治安"，四川日报网，http://si-chuandaily. scol. com. cn/2010/01/15/20100115617393933641. htm. 最后访问时间：2013 年 6 月 17 日。

要管交通，交警也要管治安。执勤中的巡警在交警不在的情况下，会对机动车违法乱停乱放、违反规定使用公交专用车道、不按交通信号灯规定通行、逆向行驶等影响交通秩序的突出交通违法行为实施移动抓拍照相取证，此外巡警在发现道路交通拥堵时，也可以进行先期的交通指挥疏导性工作；与此同时，路口上执勤的交警也会严格查处无牌证电动三轮车、火三轮上路行驶等违法行为，并与巡警支队联动，强化对外地流动人员的查控。成华区所实行的交巡警交叉履行职责的警务模式是"最表面"的合一，仅仅是对交警和巡警都具有的先期处置权的强调，要求切实到位地履行职责，各自职权、编制仍独立。

浙江省衢州市龙游县于 2012 年 4 月在全省率先试行交巡警合一警务体制，龙游县公安局下设治安管理大队、刑事侦查大队、交通警察大队、特巡警大队等执法勤务机构。❶ 龙游县的交巡警合一体制并不改变巡警与交警所属编制，巡警大队与交警大队并存，仅是合作办公，交巡警的领导相互挂职。例如，巡特警大队教导员兼任交警大队副大队长、交警大队城区中队长兼任巡特警大队副大队长。相较于重庆的警务模式而言，龙游县的交巡警合一模式仅是"表面"合一，职能并未合并，仅是各方享有先期处置权。

1999 年，江苏省公安交巡警体制改革，交警、巡警合并，成立江苏省公安厅交通巡逻警察总队，行使全省道路交通和治安的双重管理职能，是全省道路交通治安管理工作业务主管部门。❷ 由此可见，江苏省将两警种合并成立的交通巡逻警察总队属于公安厅直属机构，其现行的警务模式和重庆实施的交巡警模式极为相似，属于"表里"合一。

福建省福州市公安局于 2004 年 3 月将交警支队与巡警支队合并设立交通巡逻警察支队，分局、县（市）公安局交警大队、巡警大队合并成立交通巡逻警察大队，市区和县（市）城关、重点集镇派出所设立交通巡逻中队。每个派出所均设立交巡中队、社区警务中队和内勤组❸。交通巡逻警察支队属于福州市公安局直属机构，承担道路交通及社会治安的双重管理职能。福州市实行的交巡警警务模式是在整合交警、巡警和派出所的警务资源基础上重新配置

---

❶ "龙游率先实行交巡警'合体'市民安全感跃居第一"，浙江在线新闻网，http://zjnews.zjol.com.cn/05zjnews/system/2012/10/03/018851262.shtml。最后访问时间：2013 年 6 月 17 日。

❷ "交巡警概况"，江苏省道路交通管理信息网，http://www.jsjxj.gov.cn/Info/jxjkx.aspx。最后访问时间：2013 年 6 月 17 日。

❸ "福州市公安局交通巡逻警察支队概况"，福州市公安局交通巡逻警察支队网，http://jxj.fuzhou.gov.cn/。最后访问时间：2013 年 6 月 17 日。

权限，旨在实现一警多能、综合执勤、发挥警务资源的整体效益，其主要警力经费、装备等向基层倾斜，"武装"派出所，使派出所成为防控和管理的主体，实现"统一指挥，属地管辖，责任到所，网络巡逻"的警务模式。福州市的交巡警合一属于"三警"合一。

以上对部分城市所实行的交巡警警务模式进行了简要介绍，不同地区根据所需要达到的不同目的而对交警、巡警进行了不同程度的合一。可以是从编制到职能的完全合并，也可以仅是职能的合并行使甚至是增加管理权限，也可以是部分职权的"通用"，其余则保持独立。不论所选择的警务模式为哪种，都是以最优方式进行社会管理、在创新警务模式的同时充分发挥各警种的功能以维护城市安全为最终目的。以上几种警务模式改革不能说哪种是最好的，只要能适应所管理的环境就是合理的。

（二）典型城市交巡警执法体制职能设置概览

全国各地所纷纷效仿的交巡警合一执法体制，从其实际实施的效果来看，并没有像其成立之初承诺的那样达到"一警多能"的目的。统一后的警种或多或少地会对某一类职能有所偏重，或是偏向于实施交警的职能，或是偏向于实施巡警的职能。

目前，从全国范围来看，实行与重庆的交巡警合一执法体制相类似的执法方式的省市有江苏省、浙江省部分城市（如龙游、金华等）、河南省郑州市、福建省福州市等，但同时存在交巡警固定警务平台❶办公模式的唯重庆所特有。重庆市在交巡警成立之初只提出打击犯罪、维护治安、管理交通、服务群众四个原则性的职能界定，在各类文件中并没有详细描述具体职能，因此只能结合交警与巡警合一前各自职能以及《交巡民警勤务工作手册》总结重庆交巡警所具有的职能。重庆并非首个建立交巡警执法体制的城市，该制度在重庆的发展也必定建立在其他城市的探索道路基础之上。由是，探寻在此之前建立交巡警统一执法模式的城市是如何设置交巡警职能，显得尤为必要。因此，仍以江苏省、龙游县、福州市、成都市成华区为例分析它们各自的交巡警职能设计。

成都市成华区交警、巡警联勤联动，除各自行使法定职能外，特殊情况下（多为应履行职责的警察缺位时），为便宜处理突发事件，交警、巡警可以行

---

❶　目前，重庆路面的交巡警固定警务平台已撤销，由交巡警流动平台车代替，但数量较之前的平台数量有大幅减少。

使对方职权。也就是说，巡警在执行勤务工作时，在交警缺位的前提下，可以行使下列职权：指挥疏导交通；并对需要立即处理或突出的交通违法行为进行调查取证、听取陈述申辩、当场出具违法行为通知书；道路交通事故责任认定；及时纠正道路交通安全违法行为、制止非交通占道行为；查缉交通肇事逃逸嫌疑人和嫌疑车辆等。交警在执勤时也会自己行使或配合巡警行使下列职权：检查、盘问流动人员、车辆或物品；公路上发生的治安案件，符合当场处罚条件的，实施当场处罚；劝解、制止在执勤区域内发生的治安纠纷，预防和制止违法犯罪行为等。成华区公安分局设置的交、巡警职能只是对原有职责的强化，在特殊情况下强调合并行使职权以起到补充作用。

龙游县的交巡警模式中，各警种仍保留各自职责，为便于管理、加快出警、迅速控制事态发展、实现交警、巡警无缝对接，增加了各自的先期处置权（与前述成华区交警、巡警联动后行使的职能大致相同），后续的情况处理仍由各个警种负责。例如，遇到重大交通事故的发生，巡警可以进行前期的疏导交通、秩序维护、固定证据，对责任的认定仍需待交警到达后交由交警进行。

江苏交通巡逻警察总队职能包括：①组织、指导全省公安机关实施道路治安管理；②维护交通安全；③交通秩序的维持以及机动车辆的管理；④驾驶员的管理工作等。其主要职责是与道路交通和社会治安相关的职能，弱化了巡逻警察的职责行使，但其职权范围仍然是比较广的。需指出的是实际情况也确实是江苏省的交巡警职能主要偏向了交警的职能，大部分民众并不知道交巡警的存在，而遇到实际情况需要处理时也仅对交警较熟悉。

因福州市交通巡逻警察支队在组建之初就将其警务模式定位为"三警合一"，由此其职责范围应当是集交警、巡警及派出所部分职责于一体，可以说是以上几种模式中职权范围最为宽广的。其主要职责包括：①负责组织、指导、督查下级交通巡逻部门开展治安防控、交通管理和基础业务建设；②负责支援重点地区治安、交通的管控和相关突发性事件的处置；③负责和指导交通事故的调查处理；④负责机动车登记、驾驶人考试，为下级交通巡逻部门提供情报、技术、政策及业务培训等方面的支持和服务；⑤履行法律、法规规定的由人民警察履行的其他职责。❶ 相较于龙游县、成华区和江苏的交巡警而言，福州市交通巡逻警察的职能描述多是概括性的职能规定，尤其从最后一条兜底

---

❶ "福州市公安局交通巡逻警察支队概况"，福州市公安局交通巡逻警察支队网，http：//jxj. fuzhou. gov. cn/。最后访问时间：2013 年 6 月 17 日。

条款中的"人民警察"而非特指"交警"或"巡警"。可见，其职能的宽广并非是可以逐一列举的。

在探索新型社会管理模式的同时，配置权力机关行使的职权仍必须坚守职权法定原则及依法行政原则。"国家垄断公权力原则"使行政机关聚集了大量的行政权力，法治国家要求行政机关在行使职权时必须按照法律法规所规定的权限和内容行使，人民可以透过法律预测国家行为，法具有了安定性，[1] 人民才得以信赖之，社会才得以稳定运行。同时，在配置交巡警职能时必须尽可能地考虑相关因素，并出于合法合理的目的。任何权力都必须有一种合法性诉求，即存在合法合理的行政目的，因为权力只有得到所有社会成员的同意和认同，并进而得到行政相对人的服从才可能达到权力配置时预期的社会效果。

三、重庆交巡警执法管理体制

（一）机构设置

2010 年 2 月，交巡警总队成立之前重庆市公安局共下设 28 个内设机构。[2] 交巡警总队成立以后成了重庆市公安局下辖的副厅级职能部门，担负着组织、部署、监督、指导全市交巡警部门打击刑事犯罪，维护社会治安、交通安全、交通秩序的任务及全市机动车、驾驶人管理等工作。

在机构设置上，交巡警总队内设办公室、政工监督室、法制宣传处、事故处理及对策处（重庆市公安道路交通事故司法鉴定中心）、交通设施管理处、交通监控指挥中心、交巡警勤务秩序支队、特勤支队（特勤处）、警卫护卫特勤队、城市快速道路支队、女子特勤支队、警务督察支队、交通科研处、车辆管理所 14 个内设机构。原重庆市公安局交警总队驻各区支队成建制下放所在地分局管理。下放后，与各区公安分局现有的巡警支队整合组建交巡警机构，名称统一为"重庆市公安局××区分局交通巡逻警察支队"；由区县（自治县）公安局现有的交通管理支（大）队、巡逻警察支（大、中）队整合组建交巡警机构，名称统一为"重庆市××区县（自治县）公安局交通巡逻警察支（大）队"。

---

[1]　翁岳生：《行政法》（上册），北京：中国法制出版社，2008 年版，第 183 页。

[2]　包括办公室、指挥中心、信访处、研究室、政治部、纪委、警务督察总队、后勤处、装备财务处、审计处、经济保卫处、治安总队、文化保卫处、监所管理总队、出入境管理处、禁毒总队、经济犯罪案件侦查总队法制处、科技通信处、户政处、水警总队、特警总队、公共信息网络安全监察处、公共交通治安管理分局、交警总队、刑警总队、重庆警官职业学院、直属机关党委、警察博物馆。

需要指出的是交巡警固定警务平台的管辖问题，一个交巡警大队管理若干交巡警固定警务平台，其功能相当于一个派出所，但不属于公安局内部机构。其中交巡警大队是交巡警纵向划分中的最小单位，交巡警中队的存在仅仅是出于便于管理的目的而在内部做出的进一步划分，交巡警中队相当于一个值班小组，其组成人员并非是固定不变的。如今的现状是，交巡警大队数量与交巡警固定警务平台数量都在急剧减少，其中平台已差不多完全撤销，原平台所在地多为流动平台车所代替，原先的若干大队合并为一个大队，由合并后的大队管辖合并前所辖区域。

（二）管理体制

交巡警支（大）队是各区县（自治县）公安局（分局）的内设机构，由各区县（自治县）公安局（分局）领导，业务上接受重庆市公安局交巡警总队的指导，实行双重领导体制。这与我国公安机关的管理体制是相吻合的，这也是与交巡警合一执法体制成立之前的领导体制不同的地方，在此之前交警支队仅受交警总队的领导而不受区公安分局或县公安局的领导。交巡警合一后实行双重领导体制，导致的问题是交巡警总队与区县（自治县）公安局（分局）的管理权限不明确，既存在大家都可以管，大家都要管的情况，但大家都不管的情形也时有发生，以至于交巡警支队普遍呼吁恢复以前单一的总队管理体制。我国公安机关实行"双重领导"的管理体制❶，新组建的各层级的交巡警队伍作为公安机关的内设机构自然也实行双重领导的管理体制。就重庆交巡警总队而言，仅受重庆市公安局的领导管理，各区（县）公安分局（公安局）的交巡警支（大）队除受区（县）公安分局（公安局）的领导管理外，还要在业务上受重庆交巡警总队的指导（并非是领导）。

（三）重庆交巡警职能设置

重庆交巡警合一体制旨在将两个警种的职能进行统一融合，因其职能只是被"大盖帽"似的归纳为刑事执法、治安管理、交通管理、服务群众，在厘清交巡警具体职能设置这一目标的指引下，归纳传统上"三足鼎立"（派出所、交警、巡警）的社会管理模式中各自的权力与职责是不可绕开的环节，下面将分别总结。

巡警体制在发达国家的社会治安管理过程中起着至关重要的作用，许多警

---

❶ 余湘清：《公安行政法原理与实务》，北京：高等教育出版社，2009 年版，第 188 页。

种新招录的人员都要经过路面巡逻勤务工作的锻炼。❶ 巡警在执行勤务工作的过程中往往能接触社会上的各种现象，对预防犯罪、管理治安和路面交通及为民排忧都能进行先期处置，因此各国都对其赋予了广泛的职权。虽然我国对巡警的重视度不及其他国家，但从各种规范性文件中的规定来看，巡警的职权与职责范围也涉及较广，具体权限可大致归纳为：①检查、盘问权❷；②交通管理权❸；③行政拘留权；④行政强制权❹；⑤行政处罚权❺；⑥紧急事件下的先期处理权❻；⑦治安管理权❼；⑧继续盘问权❽；⑨行政征用权❾。巡警的职责有：①维护治安，预防和制止犯罪❿；②协助处理突发事件⓫；③维护交通秩序⓬，处理交通事故⓭；④接受公民报警及求助⓮；⑤先期处置公路上的治安及刑事案件⓯；⑥市容管理⓰；⑦纠察人民警察警容风纪⓱。

❶ 翁里、徐公社：“美国巡警体制对我们的启示”，载《公安学刊》，2006 年第 3 期。
❷ 参见《城市人民警察巡逻规定》第 5 条第（一）、（二）项，《重庆市人民警察巡警执勤规定》第 8 条第（一）、（二）项，《公路巡逻民警中队警务规范》第 9 条第（四）项。
❸ 参见《公路巡逻民警队警务工作规范》第 7 条第（一）项，《重庆市人民警察巡警执勤规定》第 8 条第（五）项，《公路巡逻民警中队警务规范》第 9 条第（一）、（二）项。
❹ 参见《城市人民警察巡逻规定》第 5 条第（三）项，《重庆市人民警察巡警执勤规定》第 8 条第（三）项，《公路巡逻民警中队警务规范》第 9 条第（七）项。
❺ 参见《城市人民警察巡逻规定》第 5 条第（五）项，《重庆市人民警察巡警执勤规定》第 8 条第（四）项，《公路巡逻民警中队警务规范》第 8 条第（一）项。
❻ 参见《城市人民警察巡逻规定》第 6 条，《公路巡逻民警队警务工作规范》第 7 条第（十）项，《公路巡逻民警中队警务规范》第 9 条第（三）项。
❼ 参见《公路巡逻民警队警务工作规范》第 7 条第（八）项。
❽ 参见《公路巡逻民警中队警务规范》第 8 条第（三）项。
❾ 参见《城市人民警察巡逻规定》第 5 条第（六）项，《重庆市人民警察巡警执勤规定》第 8 条第（七）项，《公路巡逻民警中队警务规范》第 9 条第（六）项。
❿ 参见《城市人民警察巡逻规定》第 4 条第（一）、（二）、（三）项，《重庆市人民警察巡警执勤规定》第 7 条第（四）项。
⓫ 参见《城市人民警察巡逻规定》第 4 条第（四）项，《重庆市人民警察巡警执勤规定》第 7 条第（三）项。
⓬ 参见《城市人民警察巡逻规定》第 4 条第（七）项，《公路巡逻民警队警务工作规范》第 7 条第（一）项。
⓭ 参见《公路巡逻民警队警务工作规范》第 7 条第（三）项。
⓮ 参见《城市人民警察巡逻规定》第 4 条第（九）、（十）、（十二）、（十三）项，《公路巡逻民警队警务工作规范》第 7 条第（九）项、第 18 条，《重庆市人民警察巡警执勤规定》第 7 条第（五）、（六）项。
⓯ 参见《公路巡逻民警队警务工作规范》第 7 条第（七）项，《公路巡逻民警中队警务规范》第 8 条第（二）项。
⓰ 参见《重庆市人民警察巡警执勤规定》第 7 条第（二）项、第 8 条第（六）项。
⓱ 参见《城市人民警察巡逻规定》第 4 条第（十五）项，《重庆市人民警察巡警执勤规定》第 7 条第（七）项。

　　各种交通工具的剧增，使交通警察的作用凸显，交警执法工作也不能再像之前"消防车"式的被动执法，应该"主动出击"。同时，交警执法的过程不单是行使权力与履行职责的过程，更多地应是为群众服务。从各种规范性文件的规定来看，交警的权限有：①交通管理权；②行政处罚权❶（包括特殊情况之下的专有处罚种类——暂扣机动车驾驶证）；③行政许可权❷；④行政强制权❸；⑤道路交通事故责任认定。交警的职责有：①负责道路交通管理工作❹；②道路交通安全宣传❺；③纠正违法行为❻；④负责交通事故处理相关工作❼。

　　派出所只是公安机关的派出机构，不是行政主体，在大多数情形下都是代表公安机关做出行政行为，并由公安机关承担责任，只有在法律法规授权范围内做出行为时才具有行政主体资格。派出所的权限有：①依照国家治安管理法规，对本辖区特种行业、公共场所、民用危险物品、违禁品、户口、居民身份证、暂住人口、出租私房等，行使治安行政管理权❽；②治安管理行政强制权（如传唤）和处罚权❾；③当场盘问、检查和留置盘问权❿；④交通管理权⓫。派出所的职责有：①维护社会治安秩序、制止危害社会治安秩序的行为；②维护交通安全和交通秩序，处理交通事故⓬；③调解民事纠纷，进行社会治安管理；④管理户政国籍入境、出境事宜和外国人在中国境内居留、旅行的有关事务⓭；⑤管理集会、游行、示威活动。就刑事方面而言，由于公安派出所不是一级行政机关，没有独立办案资格，无权适用刑事强制措施。

　　从上述的归纳总结中可见三个职能部门相互交叉的权限有：治安秩序管理、交通秩序管理及处理、参与协助重大或群体性事件的处理。由此，三者职

---

❶　参见《道路交通安全法》第 19 条第 5 款。

❷　参见《道路交通安全法》第 32 条第 1 款。

❸　参见《道路交通安全法》第 39 条、第 40 条。

❹　参见《道路交通安全法》第 5 条。

❺　参见《道路交通安全法》第 6 条第 2 款。

❻　参见《道路交通安全法》第 87 条第 1 款，《交通警察道路执勤执法工作规范》第 43 条。

❼　参见《道路交通事故处理工作规范》第 54 条。

❽　参见《人民警察法》第 6 条。

❾　参见《治安管理处罚法》第 91 条。

❿　参见《公安机关适用继续盘问规定》第 4 条、第 7 条、第 13 条。

⓫　参见《公安部关于农村公安派出所参与道路交通安全工作的通知（公通字〔2007〕4 号）》第 1 点。

⓬　参见《公安部关于农村公安派出所参与道路交通安全工作的通知（公通字〔2007〕4 号）》第 5 点。

⓭　参见《公安机关适用继续盘问规定》第 6 条和《关于建立经常户口登记制度的指示》。

责与权限相互交叉、相互渗透，这就为交警与巡警两个警种的合并提供了前提条件，使彼此之间的融合成为可能。交警和巡警合并后，可以减少许多尴尬情况的出现。例如，在一些中小学集中的路段堵车，或者上下班高峰期各路段都拥堵的情况下，交警可能要相当长的时间之后才能赶到现场指挥交通，交警与巡警合一后，在附近巡逻的巡警就可以及时疏导，这给民众带来相当大的便利。已设立交巡警模式的城市在其成立之初也大都包含"便民"的目的。

如此看来，具体到重庆模式中，根据公开文件中对交巡警职能原则性的概括中可见，除原有两大警种拥有的职能之外还会有所增加。结合前文并根据重庆市公安局公众信息网公布的重庆市公安行政执法机关名称和执法依据中提到的重庆市公安局交警总队（重庆市公安局交通管理局）的执法依据❶，可归纳出重庆交巡警具有以下职能：①预防和制止违法犯罪活动；②维护社会治安秩序、制止危害社会治安秩序的行为；③维护交通安全和交通秩序，处理交通事故；④参加处理集会、游行、示威活动；⑤参加处置突发性治安事件、重大刑事案件、交通事故并维持秩序；⑥先期处置各类违法犯罪活动；⑦协助市政府相关部门开展市容环境管理工作；⑧对影响交通安全的活动进行审批；⑨交通管理；⑩负责交通安全宣传工作；⑪纠正违法行为；⑫机动车、驾驶人管理工作；⑬接受公民报警和求助；⑭法律、法规等规定的其他职责。

虽然可以从交警、巡警与派出所的职能中总结归纳出重庆交巡警所应具备的职能，但会对相对人权利义务产生直接影响的行政权力，如行政命令、行政处罚、行政强制等，应受到严格的法律制约，可以说"没有法律规范就没有行政"，即消极行政。❷ 因此，重庆交巡警的执法权限及职责应制定规范性文件进行明确，为之正名。

第二节　重庆交巡警执法体制的优点

国内目前正良好运行"交巡合一"模式的省市有：江苏、浙江、郑州、成都、福州等。近几年，全国各地纷纷进行警务体制改革，模式各不相同。河南的警务改革方式主要偏向于机构的精简，撤销部分公安分局，"武装"派出

---

❶　包括渝办发〔2009〕334号文件、《道路交通安全法》《道路交通安全法实施条例》《道路交通事故处理程序规定》《道路交通安全违法行为处理程序规定》《机动车登记规定》《机动车驾驶证申领和使用规定》《重庆市道路交通安全条例》。

❷　罗豪才主编：《行政法》，北京：北京大学出版社，1996年版，第33页。

所，增强综合执法能力。其中郑州市公安局在实施警务改革时，交巡警合并后分立，现又合并，如今将交警支队重新改为"郑州市公安局交巡警支队"，将郑州市公安局特巡警支队再次更名为"郑州市公安局特警支队"❶，变公安局—公安分局—派出所三层管理为市公安局—派出所两层管理模式。郑州市此次内设机构名字的变更实为紧跟河南全省警务改革的步伐，从而更好地实现"一警多能"目标。

政府机构的改革经历了从无限膨胀到精简的路程。❷ 这次重庆警务体制改革可以说是向整合靠近。交巡警合一执法体制在一些地方能够存续，首先便是因为它能增强市民的安全感、震慑犯罪。交巡警制度使警力散布在各个区域路面，尤其是重庆特有的流动平台车遍布全市各个区县，扩大了警察维护公共安全和秩序的视野，有利于及时发现违法犯罪行为；一旦出现紧急警务，在总部的统一调度下，能够迅速地向案发地点集结，有效形成围堵之势，并能及时与其他警种相互配合与支援。尽管，也有人认为交巡警对辖区进行巡逻并不能对违法犯罪发案率产生直接的影响，但必须承认的是交巡警进行巡逻的确增加了警察发现犯罪活动的概率，并且能在短时间内迅速做出反应，这不失为一种重要的发现和阻止违法犯罪活动的手段。

一、增强警务中服务行政的认知度

过去 30 多年经济的快速发展主要依靠的是经济体制改革，想要进一步促进我国经济和社会的发展，加快行政管理体制改革，建立科学的行政管理体制，是我国经济和社会发展突破瓶颈的重要出路。其中，行政内部权力整合对行政组织法及服务行政理论都具有重要意义。❸ 作为最年轻的直辖市，重庆勇于创新的行为方式当然是其突出特点之一。此次重庆市公安局突破传统的"交警只管交通、巡警只管治安"的警务理念，打破以往交警、巡警职能分列及警种单一的模式，开始运行交巡警合一执法体制。

此种执法体制有机融合了"治安管理、刑事执法、交通管理"三大职能，并且将"传统的 8 小时工作制"改为"24 小时全天候防范机制"，实现了"一警多能"，既能指挥交通又能 24 小时不间断地进行巡逻防控，以最便捷的

---

❶ "郑州市警务机制改革启动交巡警又合了特警再次独立"，河南商报网，http：//henan. sina. com. cn/news/hnyw/201011/0863 – 43757_ 2. html。最后访问时间：2013 年 6 月 17 日。

❷ 姜明安："行政国家与行政权的控制与转化"，载《法制日报》，2003 年 2 月 13 日。

❸ 陆伟明：《服务行政法论》，北京：中国政法大学出版社，2012 年版，第 13 – 17 页。

方式在第一时间接受群众的报警求助，从而进一步提高群众的见警率。同时，贴近群众的办公方式也提高了警察与犯罪分子的碰撞率，进而减少治安、刑事案件和交通事故的发生率，既增强群众安全感，又确保了交通畅通安全，真正达到服务群众的目的。这一切的变化，重庆市民都是看在眼里的，课题组发放的调查问卷分析报告结果显示，多达 94.4% 的群众认为交巡警执法体制有存在的必要，并从道路交通有所改善、社会治安变好、安全感增加、更加便民这几个方面阐述了原因。在交巡警体制建立的最初一年里，街面犯罪率下降了40%，重庆市民的安全感指数创下 95.89% 的历史新高。❶

据统计，截至 2012 年 3 月，全市 1.4 万名交巡警共破获刑事案件 6.19 万起，打击处理 1.79 万人，查处治安案件 35.75 万起，抓获网上在逃人员 8370名。2011 年，全市刑事发案率同比下降 9.7%；实现道路交通事故、死亡人数、受伤人数、直接财产损失、特大事故、万车死亡率"六下降"，全市连续57 个月未发生一次死亡 10 人以上的交通事故。主城区高峰时段干道平均车速较 2010 年提高 1.6 千米/小时，达到 30 千米/小时，位居全国大城市前列；为群众排忧解难做好事 73.3 万件。❷ 这些种种无不提高了全国民众对重庆的安全印象，也体现出了警务理念向服务行政的转变。

二、行之有效的公安管理模式

当前，整个社会都处于转型时期，重庆更是处于加快转变经济发展方式的时期，社会治安复杂的形势中夹杂着各类社会深层矛盾的潜在冲突，迫于维稳的需要，各地方政府都不得不将越来越多的警力推置一线，警察首当其冲地成为当前民众面对政府、面对公权力时各种情绪宣泄最直接的承载体。随着改革的深入，全能政府正逐渐淡逝❸，现在如若不加紧体制改革，势必难以适应现实社会发展的需要，难以为整个社会的长远发展提供安定和谐的环境。纵观近些年来我国一些地方的警务体制改革，大多不尽如人意。正值山重水复之时，重庆市交巡警合一体制改革成为全国的焦点，此种新型的警务模式虽非重庆首创，但此制度在重庆实施的这段时间里，重庆社会安全感指数大大提高，各种

---

❶　"重庆交巡警成立一年街面犯罪率下降近四成"，人民网，http：//politics．people．com．cn/GB/14562/13874321．html．最后访问时间：2013 年 6 月 16 日。

❷　"重庆交巡警成立两周年破获刑事案件六万多起"，重庆市政府公众信息网，http：//www．cq．gov．cn/today/news/379115．htm．最后访问时间：2013 年 6 月 16 日。

❸　朱最新："论全能政府的法律特征"，载《求实》，2008 年第 5 期。

犯罪率显著下降。

以往的巡警和交警在职能以及权限上是有分工的，巡警和交警接到不属于自己管辖的报警要转给有处置权的部门处理，有个转处理的过程。例如，《公安机关办理行政案件程序规定》第38条的规定："公安机关对报案、控告、举报、群众扭送或者违法嫌疑人投案，以及其他行政主管部门、司法机关移送的案件，应当及时受理，进行登记，并分别做出以下处理：（一）对属于本单位管辖范围内的事项，应当及时调查处理；（二）对属于公安机关职责范围，但不属于本单位管辖的，应当在受理后的二十四小时内移送有管辖权的单位处理，并告知报案人；（三）对不属于公安机关职责范围内的事项，告知当事人向其他有关主管机关报案或者投案。"如今，交巡警集刑事、治安、交通管理权于一身的制度模式，实现了多种职能的统一，这不仅是警务体制的改革同时也是公安管理体制的创新。

在接下来的十年中，不难想象我国将迎来一个高速的城市化发展时期。尤其是重庆，由于历史的原因它是大城市大农村的二元结构体[1]，但随后将被户改和产业转移助推的城市化打破，另一个不难想象的现象便是随之而来的城市人口和机动车辆的井喷式增长，这将是对城市交通和治安的严峻考验。伴随着人们工作节奏的加快和生活观念的改变，人们的户外活动时间也会增加，街面治安防控无疑将成为警务工作的重点。在这种发展趋势之下，利于城市交通管理和打击街面犯罪的新型警务模式呼之欲出。相较于京沪而言，重庆虽然面临的交通压力和街面治安形势也许没有那么紧迫，但在此次警务体制的改革上却前瞻性地把握到了这一趋势，这无疑是值得镌刻在历史上的。

三、强化重庆人民警察队伍形象建设

为了实现全方位服务群众，使"有困难找警察"这句话真正深入人心，即实现"打击犯罪更彻底、服务百姓更直接"的目标。人民警察，特别是一线警察人员，现在首当其冲的就是交巡警，处于公安行政管理工作的最前沿，他们在管理相对人心目中的形象直接反映出整个公安系统在群众心中的形象。因此，交巡警在成立之初就被赋予了"服务群众"的重任，即拉近与民众的

---

[1] 根据重庆市2011年统计年鉴的统计，2010年总人口数为3303.45万人，常住人口2884.62万人，其中乡村人口1355.07万人，城镇人口1529.55万人，城镇化率为53%。

距离、增强信任感，行政关系的理顺"需要团结和一定程度的信任和信赖"❶，毕竟公安机关各项战役、活动的启动以及最后所需达到的良好效果都需要广大群众的参与和配合。此次交巡警体制改革对人民警察队伍形象的建设可谓意义重大。

重庆全新的交巡警合一执法体制实施后，以往交巡警固定警务平台的户外办公模式被流动平台车取代，流动性的特征更加凸显。无论是白昼还是黑夜、酷暑或者寒冬，警务人员随时在岗并且时刻备勤，交巡警流动平台车的设立本身就是一个以民众为优先考虑的产物。现如今，流动平台车的执法方式确实拉近了与群众之间的距离，驾驶员可以在任意一个流动平台车上处理交通违法行为，同时也革新了交通事故处理方式，变长时间被动等待交警出现为由最近距离的流动平台车前去处理交通事故，缩短因此造成的交通堵塞时间。交巡警在"阳光"下办公，在"阳光"下执法，这开启了普通民众对警务人员重新认识的渠道，同时也是对执法最好的监督途径。在笔者前期针对不特定群众所做的问卷调查中，设置有"在实施交巡警制度后您对于重庆警察团队的印象有何变化"这一问题，调查结果显示，38%的群众对重庆警察团队的印象一直挺好，但也有4%的群众认为一直都不看好；54%的调查对象对重庆警察团队的印象较交巡警制度实施前有很大提升，也有3%的人觉得反而不如以前了。总体来说，交巡警执法体制的建立对人民警察队伍形象的重塑立下一功。

四、提高执法效率、提升履职能力

在一个法治社会里，警察执法的效率通常被放在与公民相同的高度，人民对效率的追求与渴望体现在生活中的每一天。当场处罚、简易程序等制度的设立即体现出对"效率"的追求。当然，只一味地追求效率容易走入执法误区，从而忽略了正当性的要求，使执法效果大打折扣❷。新的执法体制赋予交巡警更多的职权，这就要求交巡警肩负更多的职责、具有更高的履职能力。新的执法体制在保持交警部门财政支出渠道不变的前提下，将交警与巡警经费统一核算并管理，使交巡警的各项预算包括行政经费、训练经费、业务办案经费及装备经费得到较好的保障。将原交警与派出所合并使警力布局更趋合理，个别地

---

❶　杨解君："论行政法理念的塑造——契约理念与权力理念的整合"，载《法学评论》，2003年第1期。

❷　"执法折扣"即指权力设定之初法意所表达出来的与实践反映出来的效果之间的差异。详尽解释参见王锡锌："中国行政执法困境的个案解读"，载《法学研究》，2005年第3期。

区经费不足问题也可以得到缓解。也就是说，交巡警执法体制保证了提高执法效率、提升履职能力最基本的需求，即人员和财政的稳定。

交巡警合一后将一部分警力充实到了路面，从而提高了社会治安的动态控制能力，提升了执法效率。同时将原有的两套班子、两支人马、两套内设机构进行整合，裁撤富余的警力资源以降低财政支出，解决了以往一条道路由两个警种管理，警务重复设置造成的警力浪费、财政经费浪费的问题。若以前一个区的交警数量很少❶，交巡警成立之后警力会有所增加。交警、巡警合一的实质是在勤务工作上的协调行动，打破原有的交警只管交通、巡警只管治安的局限与单一。两种警力的有机融合使路面民警既管交通，又管治安，统一执法，既提高了警务效能，又为群众报警、求助提供了便捷。

与此同时，两个警种合并后，公安机关处理突发事件的能力得到增强，有利于更为彻底地打击犯罪。例如，交巡警合一的行政执法体制改原来的110、122接警后的多级移交制变为交巡警一级出警制，从而增强了有限警力的工作效率。现有的交巡警紧紧围绕打击犯罪、治安管理、交通管理和服务群众四大职能，对社会治安进行全天候地、不间断地巡逻防控、指挥交通，在最短的时间内接受并处理群众报警求助、处置各类突发性事件，更直接地服务百姓，既消除了两种警种间的藩篱，又减少了冗繁人员的制约、优化了警务资源配置，同时在不知不觉中提升了执法人员的履职能力。

第三节　重庆交巡警执法体制的不足

时光荏苒，岁月倥偬，重庆交巡警合一执法体制从提出开展试点并大刀阔斧般推行实施已进入第四个年头。此种警务模式在许多发达国家早已是成熟的执法体制，在我国也有部分地区公安机关对建立此种新型警务体制各自进行了一些摸索，从中积累了可供借鉴的有益经验，当然也有值得反思的失败教训，全国在围绕对交警和巡警合一体制的存废争议颇多。交巡警这一非传统警种的出现，既是我国警务改革的产物，也是面对社会变革所做的一种尝试和探索。从理论上讲，改革的初衷是为了充分发挥出警力的效能，实现一警多能、一警多用的目标，其中的发展方向是值得肯定的。然而它在重庆的试验命运又会如何呢？是否会出现"橘生淮南则为橘，生于淮北则为枳"这种水土不服的现

---

❶　以重庆市南岸区为例，在交巡警成立前，交警数量只有二三十人。

象呢？最终是否也会陷入"分久必合，合久必分"这个圈中呢？说到交巡警职能实现不足导致"分家"的案例，不得不提的是上海交巡警。1999年3月，上海市交警、巡警合署办公，成立交巡警总队。但因治安形势的发展变化，2005年交巡警又重新分离为交警和巡警。

国内外针对重庆交巡警执法体制这一"变法"的争议，如同这座城市最出名的火锅一样热度不减，有人评论它是社会管理新方式，也有人说是脱离现实的削足适履，会步入上海模式的后尘，争议如此之大，想必其缺点是触动了人们的心弦。现实情况是大部分原交巡警警员被重新分配到派出所，原随处可见的交巡警固定警务平台也变得难得一见，多被流动平台车代替。但不论交巡警制度的未来如何，相信重庆依然会泰然处之，平静面对所有风雨。本节针对重庆交巡警执法体制不足的研究，囊括了体制建立至今出现过的问题，尽管有些机制已经发生改变，如固定交巡警固定警务平台已经被流动平台车所代替，但是总结曾经存在过的机制，发现这些机制曾经存在的问题，对于今后完善交巡警制度同样是有意义的。

一、交巡警执法模式运营投入过大

（一）经费投入方面

政府应是为人民服务的政府，用政治学的语言表述是为社会服务，用专业的行政学语言表述就是为公众服务。服务是一种基本的价值追求和理念，政府应将自己定位于服务者的角色上，把为公众服务作为政府存在、运行和发展的基本宗旨。因此，政府应将有限的财政用于服务公众，但这种运用应是适当的，毕竟振兴国家的经济也是国家行政责无旁贷的任务之一。❶ 一方面，一个不争的事实即交巡警及曾经的交巡警固定平台的建设需要投入很多经费，运行成本非常高。同时，交巡警移动平台车每个月也需要大量的维护费用，如油费、电费、警车及各种高科技设备的检测、维修、维护等。恰恰正是同为直辖市且与之尚有一段距离的上海市，如此高额的支出费用使原本也在摸着石头探索交巡警执法体制改革的上海不堪重负，毅然放弃了此次试水。另一方面，从调研分析报告中服务相对人对交巡警具体职能的了解情况来看，刑事执法这一职能明显受到群众的忽视，不平衡的职能体现直接导致交巡警职能实施效果的不理想。这给市民们的直观印象便是执法运营经费与现实效果不成正比。此次

---

❶　陈新民：《中国行政法学原理》，北京：中国政法大学出版社，2002年版，第30页。

调研报告中最后一道开放性问题是提出交巡警需要改进的地方，大部分群众认为应该缩减经费投入、提高工作效率。

（二）人员投入方面

交巡警承担着刑事执法、治安管理、交通管理、服务群众四项重要职能，随着交巡警固定警务平台的设立，每日都承担着频繁的执法行动，人员的投入数量自然是很可观的。交巡警的警力在全盛时期占全市总警力的近一半，其组成人员不仅包括原交警与巡警，还包括各分局职能部门、派出所的警力，以及前两年招录的大学生。交巡警人数所占比例实在太大，压缩了其他警种的人员资源。同时，无论时段地段都实行几班倒的工作方式，高强度的工作对警员来说也是很大的压力。此种警力资源组合体虽打破了各警种间的藩篱，整合了警力资源，降低了职业倦怠，但复杂的成员结构以及参差不齐的执法行为能力都要求交巡警这个复合型警察付出更多努力，而对执法行为进行规范化管理，不论是人力还是物力方面都是一笔不小的投入。市场的巨大发展推动着国家权力的分化转移，从根本上要求改变全能政府的角色和地位，即国家权力向社会回归，增强政府对公民的回应以及提升公民对公共事务的参与性。[1] 因此，笔者建议在改变交巡警人员投入方面可以考虑设置交通志愿者、协勤员等，以降低经费的支出。

（三）警务资源方面

交巡警勤务模式没有地域和时间区分，不论繁华街道，还是寂静山区，均是"五班三运转"一刀切。部分较冷清的交巡警固定警务平台连交通处罚单都未曾开过。另外，公安局的派出所可谓是管理治安方面的根基，毕竟其深入群众，而且了解辖区居民背景，治安管理仍应以派出所为基础，交巡警尽配合之力就足以，此前不论从人员还是物资来说都配备如此精良的交巡警固定警务平台，对其职能而言仍显资源浪费。节约警务资源必须实现信息化执法，信息化执法不仅是当今科技时代的趋势更是规范化执法的内在要求。交巡警在执行各项职能时还可借助网络信息平台以减少人力成本。当然降低成本最直接的方法便是缩小交巡警现有规模，将其部分职能归还派出所。

二、各职能实现效能不均衡

在课题组成员进行社会调研中发现，对交巡警职能非常了解的仅占 3.2%

---

[1] 张宏：《选择视角中的行政法》，北京：法律出版社，2006 年版，第 116 页。

的比例，多数人选择了"了解"（25.3%）与"一般了解"（55.8%），不了解其职能的也占据一定比重，为 15.7%。刑事执法、治安管理、交通管理、服务群众四个职能是有条件地融合两个警种后欲实现与国际警务模式发展接轨的新执法体系的职责，但可惜的是过半数的人对其只有一般意义上的了解。由调查问卷分析报告可见，在广大市民看来，交巡警体现出来的职能作用是有限的，他们接触更多的是问路及交罚单等便民服务。

四大职能"偏科式"的实现效果必定会招致群众对交巡警职能定位的质疑。从前文对统计结果的分析来看，交巡警的服务群众和交通管理职能得到了较好的发挥，但刑事管理职能的发挥则明显后劲不足。交巡警流动平台车的建设并没有改变交通拥堵的情况，但这种街边执法方式可迅速出警，迅速处理交通事故，因此可以在较短时间内恢复交通秩序。维护社会治安稳定为社会经济发展与不断加快城镇化建设步伐的第一要旨，交巡警的这一职能如何能有效全面地得以发挥，如何平衡各个职能，并减少与其他部门职能重叠而导致的效能不足是今后关注的重点。

和其他新兴产物一样，一种新型执法体制的发展和完善是一个动态的过程，这种合一体制改革也有许多问题值得关注，亟待改善的方面有很多。同样，伴随着这个新兴事物产生的便是此起彼伏的质疑声。交巡警合一体制的建立旨在构建交巡警、派出所、社区警务室三位一体的基层工作网络，同时吸纳派出所部分警力及部分职能。"刑事执法、维护治安、交通管理、服务群众"这个更像是大概式、原则性的职能规定，其具体权力、责任、权限范围是不清晰的，执法人员工作时的依据仅仅是勤务工作手册而非规范性文件的明确规定，目前找到的有关交巡警权责规定的规范性文件只有重庆市公安局下发的《重庆市公安局交通巡逻警察勤务工作规范（试行）》。执法人员的责任不清晰，执法效率必然得不到保障，合法合理行使权力的意识不强、办事拖拉敷衍、对待群众缺乏方法和经验，执法人员对职责的理解不深入都是导致职能实现不均衡的诱因。

进一步来说，执法监督的缺失也是导致职能实现不均衡的重要原因之一。在美国，监督机构是具备较强独立性和权威性的反腐机构，并且机构众多，网络健全。从整个系统来看，立法、司法、行政部门都设有监督机构负责本部门的廉政工作。从职能上看，拥有兼具预防和惩罚的双重职能权限及工作程序，并且在法律上都有明确规定。执法监督旨在督促拥有一定裁量权的交巡警在公正、公平、合理执法的同时提升执法质量、提高执法效力，使各职能充分发挥其潜在作用。交巡警以及交巡警固定警务平台的存在确实给群众带来了安全感，这也是这个执法体制得以继续存在的重要原因之一。对于交巡警执法体制，公正执法是其生存的空气，保障其公正性的监督机制也应得到同等程度的重视。为保证监督的效果，首先，要坚持警务公开，公开执法权限、依据、程序和结果，透明执法更彰显公正执法理念；其次，民众是行政成本最低、分布最广泛的监督力量，做好警民联系制度应是首要推崇的，此外还应重视执法案件回馈、举办执法办案评比活动、保证新闻舆论监督渠道畅通；最后，强化内部监督，实行个案监督、错案追究，坚持个案正义和不定时考核考评等。

三、执法权限来源及界限模糊

交巡警执法好比一个综合执法机构，交巡警执法时行使多个行政管理权，涉及多个行政机关，执法的内容和范围突破了部门及领域的界限，即跨领域执法。因此，将其比喻为综合执法机关。但交巡警权力如何而来，是授权还是委托抑或是"与生俱来"？同时，交巡警执法权限与派出所的职权交叉现象频繁，两者界限模糊又该如何区分？行政权力是全部行政法理论的基点和中心范畴，行政权是行政活动的内核，行政法学中的每条原则、规则都与行政权有关，都能从行政权上找到诠释的依据。例如，行政主体就是行政权的物质载体、实施行政权的行为就构成了行为等。❶ 交通行政执法权等属于规制行政即旨在通过限制私人的权利、自由，以实现行政目的的行政活动，如交通规制、建筑规制、经济规制等，这些都是通过规制个人及企业的活动以维持秩序或者起到预防危险的行政作用，❷ 受到法律的严格控制。由此可见权力的潜在危害性，对于交巡警存在的这些权限来源问题没有明确的规范性文件对其进行界定，这令交巡警职权行使的合法性受到质疑。

作为首开先河，成为交巡警执法体制"吃螃蟹者"的上海，2005 年根据上海市人大常委会通过了"废止《关于本市实行交通警察和巡逻警察在道路上统一执法的决定》"，即日起上海市交巡警分为交警、巡警两个独立警种。上海市终止实行自 1999 年起实施了近 6 年的交巡警合一执法体制。终止的重要原因是交巡警合一执法体制中的执法主体不符合 2004 年 5 月起实施的《道路交通安全法》中第 6 条规定的公安机关交通管理部门及其交通警察为维护道

---

❶ 胡建森：《行政法学》，北京：法律出版社，1998 年版，第 7 页。
❷ ［日］盐野宏：《行政法》，杨建顺译，北京：法律出版社，1999 年版，第 9 页。

路交通秩序的执法主体。由于新的上位阶法律的规定致使现行的地方规范性文件中的规定与上位法相冲突而需要废止。最终上海模式因为其执法主体适格问题而将交巡警重新单列。就重庆交巡警执法主体资格是否适格有待后面章节证成，此处不做详细阐述。依法行政原则要求一切享有执法权限的主体均应具备合法性，这是实现保障公民权利和增进共同福祉最基本的要求。由此，为交巡警执法体制更有"底气"地存续下去，应明确其执法主体地位，厘清执法权限内容，人员编制也应明晰，这对于防止权力的滥用与忽视、限制执法组织规模的膨胀及促进公平公正执法都能起到重要作用。

第六章　交巡警执法主体资格研究

自江苏省于 1997 年提出将交警与巡警合并以来，浙江、郑州、成都、福州等地也已经成功地运行"交巡合一"模式。但是，交巡警在执法工作中存在很多问题，如在路面执法时重视交通违章、忽视治安巡查的现象。有学者指出，出现这种倾向的原因是：很多地方的交巡警合一都是打着"合署办公"或者"统一指挥"的旗号做事，并未达到真正合一，实属貌合神离。与之相比，重庆交巡警有机融合了交通管理、刑事执法、治安管理、服务群众四大职能，是承担派出所 50%～70%复合型执法权的新型警种。从重庆市交巡警合一体制改革以来，围绕交巡警存在很多争议与话题，其中争议的核心就是交巡警在公安机关行政执法中的执法主体资格不明确，无法律上的相关规定。因此，笔者将运用行政执法主体理论，并结合行政立法实际，对交巡警作为刑事执法、治安管理、交通管理、服务群众的执法主体资格展开深度的解析。

第一节　重庆交巡警名称的合法性

交巡警作为行政执法系统中的一个新生事物，要论述其名称的合法性，首先要追根溯源，详尽地了解交巡警存在的根基，即明确我国警察的内涵以及已有警种，最重要的是我国警察所依托的行政机关、机构，从而为分析重庆交巡警名称的合法性奠定基础。

一、警察、警种

"警察"一词源于古代，在不同的历史时期其含义是有区别的。警察最早的定义是"都市统治的方法与都市力量"，与现在对警察的定位相去甚远。❶直至 14 世纪，警察才用来表征一切国家行政，而且是一种极为广泛的权力，包括政治、司法、军事和宗教等方面。在世界各国，无论实行怎样的社会制

---

❶　万洪云、李永清：《警察法学》，北京：中国检察出版社，2011 年版，第 1 页。

度，都不能不设立警察，警察的职务和性质决定了警察的职务行为预示着国家行为，涉及社会生活领域的方方面面，警察是国家的产物。●

受社会制度和传统文化的影响，再加上分析角度的不同，对警察所下的定义呈现出一定的差异。现代意义上，警察存在的目的在于维护国家安全、维持社会秩序、惩罚违法犯罪活动。我国现行的法律并没有给"警察"一个明确的定义。在我国，警察不是指某一机关，而是指具体的人员。在新中国成立后很长一段时间里，警察被视为旧的法律用语而遭弃用，改称之为公安。

根据《人民警察法》的相关规定可以大致描述出何为人民警察：人民警察是指依法行使警察权力，维护国家安全，维护社会秩序，以公民和国家的利益为出发点如公民的人身安全、人身自由和国家的公共财产，致力于预防、制止和惩处违法犯罪活动的行政执法人员。虽然，犯罪侦查、维护社会治安的职能是警察的重要职权，但也只是警察职权的一部分，欧洲大陆各国早在100多年前就有各式各样的警种如火警、猎警、卫生警、田警、森林警、商务警、政警、路警、矿警、保险警和提警等。● 日本学者松井茂经过多年研究，从理论上依据不同的标准对警察进行了如下分类：高等警察和寻常警察、地方警察和一般警察、司法警察和行政警察，以及行政警察和保卫警察、风俗警察和出版警察、游艺警察等10多种警察。● 警察种类多、职权广已经是一个不争的社会事实。●

我国人民警察分布广泛，包括各级公安机关、各级监狱、各个劳动教养管理机关和国家安全机关的人民警察以及各级人民检察院、人民法院的司法警察。● 从这里可以看出人们通常把警察理解成公安是不恰当的，公安只是警察的一个下属类别。根据警察着重承担的任务和性质的区别，可以对我国人民警察进行具体的分类，主要包括刑事警察和治安警察、户籍警察和交通警察、外事警察和网络警察、铁路警察和航运警察、民航警察和森林警察、缉私警察和内卫警察、边防武装警察和消防警察、司法警察和监狱警察以及劳教警察

● 许韬等：《中外警察法比较研究》，北京：中国检察出版社，2008年版，第1页。

● ［美］约翰·列维斯·齐林：《犯罪学及刑罚学》，查良鉴译，北京：中国政法大学出版社，2003年版，第751－752页。

● ［日］松井茂：《警察学纲要》，吴石译，北京：中国政法大学出版社，2005年版，第20－22页。

● 许韬等：《中外警察法比较研究》，北京：中国检察出版社，2008年版，第27页。

● 徐武生、高文英：《警察法学理论研究综述》，北京：中国人民公安大学出版社，2013年版，第189页。

等。❶ 其中并没有单独列出巡逻警察这一警种，而是包括在治安警察的任务中即查处治安案件，进行治安巡逻，维护社会治安秩序，由此来看，巡逻警察长期属于治安警察这一类别。

重庆交巡警属于"二合一"即交警与巡警合一的警务模式，同时又具有刑事警察的部分职权。因此，为了进一步了解交巡警，有必要全面了解以上三种警察。治安警察是以维护社会治安、保护公民合法权益为首要目的，查处轻微的违法案件，如违反《治安管理处罚法》的案件，负责日常巡逻以及管理游行、示威活动的警察，进行路面治安巡逻任务的警察又称巡警。❷ 刑事警察可以依法对违反《刑法》规定的刑事案件进行侦查，在侦查的过程中可以依照《刑事诉讼法》的规定对犯罪嫌疑人采取刑事的强制措施以及各种侦查措施。❸ 交通警察可以依照《道路交通安全法》的规定管理与交通相关的人和事，如车辆、驾驶员和行人以及路面交通，同时负责处理交通事故和查处交通违章的行为，并负责出具交通事故责任认定书。❹ 巡警是我国一个较新的警种，主要是以治安警察巡逻队的形式设置在各个公安局内部。巡警设置的初衷就是希望能够达到"一警多用、一警多能"的效果，所以巡警的任务范围相当广泛，工作时间不分昼夜。在自己管辖的辖区内，他们主要采用巡逻的方式执行任务，巡逻的方式也尽可能多样化，如列队步行、乘坐交通车等。

通过以上分析可以看出，我国历史上、法律上都没有交巡警这一警种，只有交通警察和治安警察下属的巡逻警察，交巡警这一名称的由来并无法律上的依据。按照一般人的思维可推知巡警与交警结合的产物应该就是交巡警，事实上也确实如此。但是由于我国警种制度上没有"交巡警"这一警察种类，所以交巡警的法律地位不明确。

二、交巡警执法依凭的载体

正如刑警和户警是依凭公安机关来行使职权一样，在探讨交巡警的执法主体资格问题时，有必要研究一下交巡警履行职权的载体，也就是交巡警作为执法主体所依托的警察行政机关或行政机构。

---

❶ 万洪云、李永清：《警察法学》，北京：中国检察出版社，2011 年版，第 64 页。
❷ 许韬等：《中外警察法比较研究》，北京：中国检察出版社，2008 年版，第 27 - 37 页。
❸ 许韬等：《中外警察法比较研究》，北京：中国检察出版社，2008 年版，第 27 - 37 页。
❹ 许韬等：《中外警察法比较研究》，北京：中国检察出版社，2008 年版，第 27 - 37 页。

公安机关，是国家出于行使警察权力、实现警察职能的目的而设立的行政机关，它需要按照国家公安法律、法规、规章来管理国家公安事物。[1] 在我国，公安机关与一般的行政机关不同，公安机关被赋予更多不同于其他行政机关的强制手段如强制隔离、拘留等。公安机关不只是行政机关，根据《刑事诉讼法》的相关规定可知，公安机关肩负着打击犯罪与执行刑罚的职责，与人民法院、人民检察院分工合作、互相配合、互相制约形成系统来实现惩处违法犯罪活动的目的。

我国的警察机关由公安机关、国家安全机关、监狱管理机关和人民法院、人民检察院的警察组织，还有武装警察部队组成。[2] 我国的公安机关隶属于行政系统，是人民政府的重要组成部分，分四级设置：①公安部，领导全国的公安工作；②省、自治区、直辖市公安厅（局）；③地（市）公安局（处）；④县（市）公安（分）局；⑤城市街道和县属区、乡、镇设派出所或公安特派员，派出所隶属于基层公安机关的派出机构，因为法律、法规、规章的授权从而具有行政主体资格，在授权的范围内行使警察权力。[3] 还有一些特殊的机关也被列入公安部的序列，如海关总署的缉私局、国家林业局的公安局、交通部的公安局和民航总局的公安局等，但是它们要同时接受公安部和主管部门的双重领导，不同地区、不同种类的公安机关实行互相配合、协调作战的原则。[4]

交巡警行政执法主体在成立之初，各地方采用的名称多种多样、五花八门。由《公安机关组织管理条例》的规定可知，综合管理机构和执法勤务机构是县级以上公安机关必要的内设机构，而执法勤务机构一般采用队建制，从上至下称为总队、支队、大队、中队。纵使法律对公安机关下辖的执法勤务机构的名称有规定，但是只是原则性的规定，对于具体实施并没有细化的规定，反映在实践中就是各地的执法机构名称多样化。例如，在江苏，巡逻警察和交通警察合并成立了交通巡逻警察总队，行使全省道路交通和治安的双重管理职能；在龙游县，不改变巡警与交警所属编制，巡警大队与交警大队并存；在福州，成立福州市交通巡逻警察支队，是福州市公安局直属机构，该交通巡逻警察支队的行政级别为副处级；在成都市龙华区，采取交警、巡警联勤联动的模式。

---

[1] 万洪云、李永清：《警察法学》，北京：中国检察出版社，2011年版，第45页。
[2] 徐武生、高文英：《警察法学理论研究综述》，北京：中国人民公安大学出版社，2013年版，第216页。
[3] 万洪云、李永清：《警察法学》，北京：中国检察出版社，2011年版，第46－47页。
[4] 许韬：《中外警察法比较研究》，北京：中国检察出版社，2008年版，第52页。

重庆市的交巡警机构设置在一定程度上遵循了公安机关内部设置形式。重庆市成立的交通巡逻警察总队是重庆市公安局下辖的副厅级政府职能部门，担负着组织、部署、监督、指导全市交巡警部门打击刑事犯罪、维护社会治安、交通安全、交通秩序的任务；负责全市机动车、驾驶人管理等工作。交通巡逻警察总队属于重庆市公安局的直属机构，与刑警总队并列，区公安分局设交巡警支队，县公安局也设交巡警支队。交巡警支队下辖交巡警大队、交巡警中队。其中交巡警总队具体内设机构以及各区县的交巡警具体机构如何设置在渝办发〔2009〕334 号文件中有具体规定。❶

三、交巡警执法名义的合法性

行政主体是行政法上最重要的范畴之一，只有具备行政主体资格，才能在法律上成为行政活动的实施者，成为行政法律关系的当事一方。作为行政主体，其中一项主要职能就是执行法律，所以行政主体又可称为执法主体，而执法主体指的就是拥有执法权、有资格成为执法者的那些行政机关以及其中的工作人员。❷

任何一个好的法律制度最终都必须依靠执法主体去执行、实践，也只有高素质的执法主体才能保证高质量的执法效果。而在判断一个行政机关或机构是否是行政主体时主要有三个公认的标准，即名、权、责。其中的"名"就是看一个行政行为的做出是以谁的名义，是以自己的名义还是其他机关的名义。

重庆市交巡警警务改革涉及将几种警务职能进行重新配置，相关警务机构也要进行调整，如此之大的变动需要法律提供强力的支撑，但是，直到现在，对这项改革进行规范的法律还是很稀缺。❸ 自重庆市 2010 年 2 月 7 日启动交巡警合一体制改革以来，作为法律支撑的主要是渝办发〔2009〕334 号文件、渝办发〔2010〕9 号文件。这两个市政府文件规定了交巡警承担"刑事执法、治

---

❶ 根据渝办发〔2009〕334 号文件精神，将原市公安局交警总队驻各区支队成建制下放所在地分局管理，下放后，与各区公安分局现有的巡警支队整合组建交巡警机构，名称统一为"重庆市公安局××区分局交通巡逻警察支队"；机构规格暂与原市公安局交警总队驻各区支队保持一致，由区县（自治县）公安局现有的交通管理支（大）队、巡逻警察支（大、中）队整合组建交巡警机构，名称统一为"重庆市××区县（自治县）公安局交通巡逻警察支（大）队"，机构规格暂与原交通管理支（大）队保持一致；交通巡逻警察支（大）队作为各区县（自治县）公安局（分局）的内设机构，由各区县（自治县）公安局（分局）领导，业务上接受市公安局交通巡逻警察总队的指导。

❷ 张文显：《法理学》，北京：法律出版社，2007 年版，第 233 页。

❸ "推进交巡警'三化'改革——职能法定化、运行规范化、保障制度化"，重庆发展网，http：//www. cqfz. org. cn/news. asp？id =4584&module =696。最后访问时间：2013 年 6 月 14 日。

安管理、交通管理、服务群众"四大职能，将交巡警机构规定为同级公安机关的内设机构，各交巡警支队执法时均以同级公安机关的名义做出决定。

这样的规定固然有其合理之处，但也引发了一些问题：第一，根据《道路交通安全法》第 5 条第 1 款的规定❶以及《重庆市人民警察巡警执勤规定》第 2 条和第 17 条的规定可知，各级巡警机构也有执法主体资格。目前，重庆市政府的上述两个文件所规定的交巡警执法体制，与上述法律、法规不相协调的地方。第二，由于各级交巡警机构均以同级公安机关的名义执法，根据《行政复议法》第 12 条的规定，同级人民政府和上级公安机关是交巡警机构办理的行政案件的行政复议机关。❷目前，重庆市交巡警总队直属支队都是以市公安局名义办理案件，对其行政案件的复议，市公安局就不再是行政复议机关。一旦行政相对人申请行政复议，就应提交到市政府或公安部，这不仅增加了行政相对人申请行政复议的成本和难度，而且大量的行政争议上交，不利于行政争议的及时解决。

经过以上分析可知，交巡警作为执法主体，其执法名义欠缺合法性，执法主体资格存在瑕疵。这样既不利于交巡警依法行使职权，也不利于行政相对人的权益保护。究其原因就在于交巡警组织设立不符合行政组织法定原则，没有按照行政组织法的规定来设置，这样才会导致矛盾频发，纠纷不能得到及时有效地解决。

交巡警执法组织要想成为适格的执法主体，首先就得是合格的行政主体，而行政主体必须遵循行政组织法定原则。行政组织法定原则是依法行政原则的具体要求，是指行政组织及与其职权相关联的一切都必须有法律依据。❸也就是说，行政组织的权限、行政机关的设置、行政机关设立遵循的程序、行政机关执法的物质手段的出入等都必须要有法律依据。

《地方组织法》第 3 款和第 4 款❹，以及《公安机关组织管理条例》第 5

---

❶ 《道路交通安全法》第 5 条第 1 款：县级以上地方各级人民政府公安机关交通管理部门具有独立的行政执法主体资格，可以以自己的名义做出行政决定，独立承担法律责任。

❷ "推进交巡警'三化'改革——职能法定化、运行规范化、保障制度化"，重庆发展网，http://www.cqfz.org.cn/news.asp? id=4584&module=696。最后访问时间：2013 年 6 月 14 日。

❸ 应松年：《行政法学新论》，北京：中国方正出版社，1999 年版，第 106 页、第 122 页。

❹ 《地方组织法》第 3 款：省、自治区、直辖市人民政府的厅、局、委员会等工作部门的设立、增加、减少或者合并，由本级人民政府报请国务院批准，并报本级人民代表大会常务委员会备案。第 4 款规定：自治州、县、自治县、市、市辖区的人民政府的局、科等工作部门的设立、增加、减少或者合并，由本级人民政府报请上一级人民政府批准，并报本级人民代表大会常务委员会备案。

条、第8条和第24条都对行政机关的成立做出了具体的规定，包括设立程序、成立条件等。❶ 仔细考察交巡警成立的相关资料可知，笔者对于交巡警的成立是否严格遵循上位法规定的程序是持怀疑态度的。而且，最重要的一点是，在我国行政机关组织系统内部并没有与之对应的上级的组织或者机构设置，有点横空出世的意味。这在传统行政法学者看来，"法无规定不可为"，交巡警的成立违背了行政组织法定原则。

第二节　重庆交巡警职权的合法性

要探讨警察的职权问题就要弄清楚警察职权与警察权的关系，警察职权并不等同于警察权。警察权属于上位概念，而警察职权属于警察权的具体化，来源于各种法律、法规、规章的明文规定。因此，警察权的行使必然以一定的法律为依据，正是这种法律规定，体现了对警察权的限制。❷ 正因为警察职权与警察权有这种意蕴，因此，追根溯源，在探讨重庆交巡警的执法主体资格时很自然地就要讨论交巡警职权的合法性。

下面就我国警察行使刑事执法、治安管理、交通管理三项职权的来源以及具体法律规定进行简要介绍。

一、我国警察的刑事执法权、治安管理权和交通管理权

（一）刑事执法权

所谓警察的刑事职权，是指警察机关及其警务人员在履行警察刑事职能过程中所享有的相关权力，相关权力来源于法律的规定。❸ 根据《人民警察法》第2条❹以及《刑事诉讼法》的规定，对公安机关行使的警察权归纳如下：现场管理权、交通管制权、采取行政强制措施权、使用武器警械权、采

---

❶ 《公安机关组织管理条例》第24条规定：国家根据人民警察的工作性质、任务和特点，规定组织机构设置和职务序列。第5条规定：县级以上人民政府公安机关依照法律、行政法规规定的权限和程序设置。第8条规定：县级以上地方人民政府公安机关和公安分局内设机构的设立、撤销，按照国家规定的权限和程序审批。

❷ 陈兴良："限权与分权：刑事法治视野中的警察权"，载《法律科学》，2002年第1期。

❸ 万洪云、李永清：《警察法学》，北京：中国检察出版社，2011年版，第139页。

❹ 《人民警察法》第2条规定：人民警察的任务是维护国家安全，维护社会治安秩序，保护公民的人身安全、人身自由和合法财产，保护公共财产，预防、制止和惩治违法犯罪活动。人民警察包括公安机关、国家安全机关、监狱、劳动教养管理机关的人民警察和人民法院、人民检察院的司法警察。

取刑事强制措施权、强行带离现场权、制约权、行使技术侦察措施权、行政处罚权、侦查权等。而这些多数属于刑事执法权力。在我国，刑事执法权一般是由刑事警察来行使的，但是巡警也具有一部分的刑事执法权以应付路面突发案件，具体的法律法规将刑事执法权赋予不同的警察机关以及不同的警种。❶

（二）治安管理权

治安管理职能是我国警察主要职能中很重要的一项，治安管理权包括：枪支和化学危险物品管理；维护和管理公共场所治安秩序；维护交通秩序；处理交通事故；消防监督管理；国籍和出入境管理；特种行业管理；边防检查和边境管理；户口和居民身份证管理等。治安管理权在我国法律中也得到了具体的体现。❷ 此外大量的上至中央法规、部门规章下到地方政府规范性文件也对警察的治安管理职能做出了详细的规定。

现实生活中，警察的职权主要是以日常治安管理和行政处罚为主，与其他的行政权能一样，都是以刑事执法职权为后盾的。我国警察的治安管理权一般是赋予治安警察，治安警察在公安机关中占有很大比重。同时，警察的治安管理权的实施还需要其他警种的积极配合。

（三）交通管理权

我国的交通主要是由公安机关的交通管理部门负责，并且我国法律对于交通管理权的相关事宜做出了具体的规定，如《道路交通安全法》第5条、第39条；❸《人民警察法》第二章第6条（上文具体阐述过，此处不赘述）；《公路巡逻民警队警务工作规范》第二章职责权限中的第7条；《重庆市人民警察

---

❶ 《人民警察法》第二章对警察的职权做出了总的规定，其中第6条规定：公安机关的人民警察按照职责分工，依法履行下列职责：（一）预防、制止和侦查违法犯罪活动；《城市人民警察巡逻规定》第4条规定人民警察在巡逻执勤中履行以下职责：（三）预防和制止犯罪行为；《重庆市人民警察巡逻执勤规定》第二章第7条第4项规定：劝解、制止在巡区内发生的治安纠纷，预防和制止违法犯罪行为；（六）受理公民报警；第8条规定：巡警执勤时依照本规定行使以下权力：（一）盘查有违法犯罪嫌疑人员，检查涉嫌车辆、物品；（二）查验居民身份证、暂住证及有关证照；（三）对现行犯罪人员、重大犯罪嫌疑人员或者在逃的案犯，可以依法采取相应强制措施；（四）暂扣与行政违法行为或者犯罪嫌疑有关的车辆、物品和证件。

❷ 参见《人民警察法》第二章第6条和《城市人民警察巡逻规定》第4条。

❸ 《道路交通安全法》第5条规定：国务院公安部门负责全国道路交通安全管理工作。县级以上地方各级人民政府公安机关交通管理部门负责本行政区域内的道路交通安全管理工作。县级以上各级人民政府交通、建设管理部门依据各自职责，负责有关的道路交通工作。

巡警执勤规定》第 7 条、第 8 条规定。❶

二、重庆交巡警的刑事执法权、治安管理权、交通管理权

重庆市交巡警是作为中国十年来警务改革的特殊模式存在的，是多警合一模式，与福建龙岩和上海普陀分局采取的警务改革模式相比，重庆交巡警模式属于交警与巡警两个警种的合一。

按照重庆市市政府颁布的渝办发〔2010〕9 号文件的规定可知，重庆市交巡警总队的主要职责可以概括为：①领导全市交巡警部门开展刑事案件侦查工作，直接负责上级如省级事权和中央、市委、市局交办的重要案件；②组织集中整治突出的治安问题，查处全市行政案件；③贯彻实施与公安交通管理有关的政策以及法规、规章、决定等，全面负责公安交通工作；④开展治安巡逻防控和交通警卫工作；⑤负责全市道路交通相关科研项目的立项、研究、应用等。职责与职权历来息息相关，重庆市交巡警总队、支队的主要职权是：①刑事案件、治安案件的侦查、查处工作；②承担治安巡逻、警卫和执勤的任务；③预防和处理本辖区内的交通事故；④负责本辖区内交通秩序的维护；⑤有权开展交通教育宣传工作等。❷

概言之，重庆交巡警具有传统的刑事警察、交通警察和治安警察的职权，综合行使刑事执法权、治安管理权、交通管理权。

三、交巡警刑事执法、治安管理、交通管理职权的合法性

自重庆市 2010 年 2 月 7 日启动交巡警警务合一改革以来，作为规范依据的主要是重庆市市政府颁布的渝办发〔2009〕334 号和渝办发〔2010〕9 号这两个政府文件。这两个市政府文件规定了交巡警承担"刑事执法、治安管理、交通管理、服务群众"四大职能。到目前为止，还没有上位法对交巡警的职

---

❶ 《道路交通安全法》第 39 条规定：公安机关交通管理部门根据道路和交通流量的具体情况，可以对机动车、非机动车、行人采取疏导、限制通行、禁止通行等措施。遇有大型群众性活动、大范围施工等情况，需要采取限制交通的措施，或者做出与公众的道路交通活动直接有关的决定，应当提前向社会公告。第 40 条规定：遇有自然灾害、恶劣气象条件或者重大交通事故等严重影响交通安全的情形，采取其他措施难以保证交通安全时，公安机关交通管理部门可以实行交通管制等。《公路巡逻民警队警务工作规范》第二章职责权限中第 7 条规定公路巡逻民警队履行下列职责：（一）指挥疏导交通，维护公路交通秩序；（二）依法查处交通违法行为；（三）预防和处理交通事故；《重庆市人民警察巡警执勤规定》第 7 条规定巡警执勤时履行下列职责：（一）维护治安秩序、交通秩序和公共安全；第 8 条规定巡警执勤时依照本规定行使以下权力：（五）纠正交通违章行为，制止非交通占道行为。

❷ 由渝办发〔2010〕9 号文件归纳得出。

权做出具体规定。只能从相关的单行法律法规即分别规定交警、巡警的法律中引申出交巡警的职权。

重庆市交巡警作为一个执法主体，其执法主体的资格没有上升到法律层面，职权来源途径存在问题，其合法性有待商榷。而且，重庆交巡警的职权是整合了交警和巡警、治安警察和刑警的职权，属于"一警多能"。虽然"一警多能"模式能够提高警察机关的办事效率，填补警务管理中的空域，全面快速地解决各种案件，但是"一警多能"同样存在问题。

其中有个问题值得关注：从公安部发布的相关法律文件来看，交警和巡警都是以日常治安管理任务为中心的警种，都只是针对部分刑事案件拥有管辖权，将交警、巡警和享有众多案件管辖权的刑警及治安警察合并，这样就意味着将管辖权极小的两个警种渗透到两个管辖权极大的警种中去了，导致交警与巡警的管辖权扩大，这样的职能合一使得专属于某类警种的权力扩大到其他警种，如侦查权，结果就是，扩大了某些权力使用的范围，这样不利于对警察权进行控制。❶

英国法学家韦德曾说过：为一切正规之事都需依法进行，作为与人民利益息息相关的政府必须认真贯彻此项原则，它要求每个政府当局所做的事都是有法律依据的，必要的时候都能够证明其是依法做出的，否则，政府的行为就是侵权行为。❷

依法行政原则下辖三个子原则：一是法律保留原则，即积极的依法行政原则，要求行政活动必须有法律依据；二是法律优先原则，即消极的依法行政原则，要求行政活动如果有上位法律依据的话，必须遵守，不得相冲突、抵触；三是司法审查原则，要求行政机关的行政活动受到法院审判监督。❸ 依法行政原则对行政机关进行行政活动的基本要求，就是职权法定、遵守正当法律程序以及越权无效。❹

重庆交巡警作为执法主体，违反了依法行政原则下的职权法定原则。第一，我国并无交巡警这一警种，法律上无对应的规定，所以交巡警的法律地位

---

❶　肖军、刘伟："十年来我国警务改革模式研究——兼论侦查主体之变迁与重构"，载《福建警察学院学报》，2012 年第 3 期。

❷　[英] 韦德：《行政法》，徐炳等译，北京：中国大百科全书出版社，1997 年版，第 25 页。

❸　[日] 南博方：《日本行政法》，杨建顺、周作彩译，北京：中国人民大学出版社，1988 年版，第 10 - 11 页。

❹　[日] 南博方：《日本行政法》，杨建顺、周作彩译，北京：中国人民大学出版社，1988 年版，第 10 - 11 页。

不明确。第二，虽然各单行法如《道路交通安全法》《交通警察道路执勤执法工作规范》对交通警察的职权做了具体规定；《重庆市人民警察巡警执勤规定》《城市人民警察巡逻规定》《公路巡逻民警队警务工作规范》也对巡逻警察的职权做了规定，但是对于交巡警的职责和权限并无法律规定。

概言之，重庆交巡警职权的来源只是一些单行的法律、法规、规章的规定，并没有专门的赋予交巡警职权的法律、法规或规章。以前有重庆市公安局发布的《重庆市公安局交通巡逻警察勤务工作规范（试行）》，它对交巡警的职能、职责、职权、执行权限做了具体的规定，但是现在这个规范性文件也没有得到具体实施，即从上至下没有关于交巡警的专门规定，重庆交巡警职权的合法性明显缺失。

第三节　对于完善重庆交巡警执法主体资格的探索

作为一种处于发展阶段的新型执法模式，交巡警在全国范围内还没有形成统一的模式，各地都在探寻适合自己的运行模式，缺乏统一的指导。而这种自发运作会带来不同程度的混乱。重庆市交巡警作为执法主体存在的问题就从侧面证明了这一点。本节将在前两节分析的基础上，就交巡警执法主体存在的问题提出完善建议。

一、完善交巡警执法主体资格的积极作用

警察权具有较强的强制性，警察也能够配备武器警械。警察在行使职权时享有限制和剥夺公民人身、财产权利与自由的多项权力，而且，比任何其他行政权力更具有攻击性、侵犯性。因此，各国、各地区鉴于预防警察权滥用的考虑，在对警察的职权进行配置时，也十分注重对警察权的监督与控制。[1]

美国学者哈罗德对于防止警察权滥用方面有自己独到的见解，他认为：正义建立在足够的权力和稳定的秩序基础之上，但是膨胀的权力则会侵蚀社会机制，导致社会秩序的混乱，而警察组织就是建立在权力基础上的，政府为维持社会秩序需实施警察权，但是不能滥用，政府的权力需要通过穿着制服的警察来行使，减少潜在的攻击因素。因此，为了保护社会的整体利益，警察必须在

---

[1]　陈卫东、石献智："警察权的配置原则及其控制——基于治安行政管理和刑事诉讼的视角"，载《山东公安专科学校学报》，2003 年第 5 期。

道义允许的范围内行使警察权，并要设法赢得公众的支持。● 哈罗德关于防止警察权滥用的意义的描述形象而生动，交巡警也应如此，即在法律允许的范围内行使职权，从而赢得公众的真心支持。

然而，通过查阅我国与警察学或警察法相关的历史文献资料以及规范文本可知，交通巡逻警察在我国现有文献以及现行的法律体系中是找不到依据的。根据《人民警察法》和《道路交通安全法》等法律规定可知，现行法律对与之相似的警种，一般表称为公安机关交通管理部门及交通警察、人民警察，所以交通巡逻警察实属空白。"交通巡逻警察"概念缺失的这一情况从根本上制约了交巡警工作的有序发展，同时也不利于对警察权进行有效控制。因此，交巡警体制的完善急需立法予以明确。

通过前两节的论述可知，重庆市交巡警作为行政执法主体在设立上违反了行政组织法定、职权法定、行政法治等基本原则，在主体资格上存在重大欠缺。在实践中，虽然交巡警在一定程度上得到了公众的认同与赞誉，但是无上位法的授权，师出无门。这一切于交巡警和公民都是不利的，既不利于交巡警的长远发展，也不利于其他机关与公民对其进行监督控制。因此，完善交巡警执法主体的资格显得尤为迫切。

完善交巡警执法主体资格一是依法行政的必然要求，与依法治国的法治理念相符；二是有利于提高交巡警执法主体的社会公信力，得到社会的认可，从而便利其工作的开展，名正言顺地执法；三是有利于缓解交巡警执法体制混乱的现状，从根本上提高交巡警的行政效能；四是有利于公民、法人或其他组织行使对交巡警的监督权。

重庆市的交巡警合一改革，是市委、市政府在新形势下探索社会防控体系和社会治理模式的一大创新。近两年的运行实践也面临着一些困难和问题，而执法主体资格的完善是其中最迫切需要解决的问题。只有解决了这一问题才能使交巡警更好地发挥自身优势，充分行使职权。

二、对于完善重庆市交巡警执法主体资格的思考

机关是否具有做出执法行为的资格，是指有关机关本身或由于法律、法规的规定获得授权的组织，能够以自己的名义实施行政执法活动，并对效果独立

● ［美］哈罗德·K. 贝克尔、唐娜·L. 贝克尔：《世界警察概览》，刘植荣译，太原：山西人民出版社，1991 年版。

承担法律责任的资格。由此可知，一个机关或者组织获得执法主体资格的途径有且只有两个：一是通过组织法的设定，天然地具有执法主体资格；二是获得法律、法规的授权，通过后天的途径拥有执法主体资格。如前所述，是否具备独立的行政主体资格，关键要看是否由法律设定或者有法律、法规明确授权。

目前来看，重庆交巡警执法的依据主要来自于重庆市地方政府规章的授权，而规章层级的授权毕竟不能长久下去，必须加快立法进程。一般来说，如果一个机关或机构具有不可取代的执法地位，同时也在社会管理中占据重要地位的话，立法机关会通过法律授予该机关或机构行政主体资格的。❶

显然，交巡警模式作为警务改革的一种表现模式，其本身具有的特性是值得被授予行政主体资格的。交巡警身兼三种主要的职权：刑事执法、治安管理、交通管理。而这些职权的行使皆与公民权益息息相关，因此很有必要使交巡警作为执法主体行使职权，这样也会有利于对它进行监管。《重庆市行政执法基本规范》第二章第 5 条和第 6 条从规范层面对行政执法主体做出了详细的规定。❷

按照行政法组织法定的原则要求，重庆市交巡警行政执法主体的设立应该由法律规定。但是，基于我国法治建设往往滞后于政府机构改革的实际，重庆市交巡警作为执法主体的出现以及发展，在很大程度上是由法律之外的其他规范性文件如政府文件来指引和推动的。因此，需从规范层面以及交巡警执法所依凭的载体即机关组织方面着手，从根本上解决交巡警作为执法主体存在，但却不是适格的执法主体这一问题。

（一）从行政法基本原则出发，完善法律依据

1. 职权法定原则

对于行政主体来说，行政权力才是它的核心要求，也只有享有行政权力的组织才能成为行政主体。❸ 按照职权法定原则可知，只要是行政主体，其每项职责与职权都需要由法律做出明确的规定，而且，面对这些职权，行政主体不

---

❶ 肖锋："公安边防执法主体资格研究"，载《成都大学学报》，2010 年第 2 期。

❷ 《重庆市行政执法基本规范》第二章第 5 条：本规范所称行政执法机关是指具有行政执法职权，能以自己名义实施行政执法行为并独立承担法律责任的行政机关和法律、法规授权的组织。第 6 条规定行政执法机关应当符合下列条件：经合法批准成立；有法律、法规或者规章确定的执法职责和权限；有取得行政执法资格的在编公务人员；有财政部门预算核拨的工作经费；法律、法规或者规章规定的其他条件。

❸ 马怀德：《行政法与行政诉讼法》，北京：中国法制出版社，2000 年版，第 126 页。

得任意转让或委托，否则就是越权，越权即无效的行政行为，不会产生法律效力。❶ 简单来说就是法无授权不得为之，即对于行政机关而言，法无授权即为禁止。

交巡警执法主体必须贯彻这一原则，其职权职责应当由法律做出统一的明确规定和授权。最好是有一部专门的法律对交巡警的职权做出细致的规定。

2. 法律优先原则

所谓法律优先，即以法律形式呈现出来的国家意志依法强于以其他任何形式表现的国家意志，是国家意志中的最强者，法律的废除也只能由法律做出，所有与法律冲突的意志表达都会被废除，不能起作用。❷

因此，法律优先原则是站在法律体系的立场，对行政立法做出的具体客观要求，着重于要求行政立法要遵守法律位阶，下级法律规范的制定必须以上级法律规范为依据，下级必须服从于上级，并不得与之相冲突甚至相抵触。❸ 规范交巡警的法律、法规、规章，甚至其他规范性法律文件需符合法律优先原则的要求。

3. 统一性原则

统一性原则是指宪法中的"国家维护社会主义法制的统一和尊严"在行政立法中的具体体现与具体要求，它的内涵是指行政立法规范在整个法律体系中处于从属性的地位，它只是整个法律体系中的一个子系统，应服从于法律体系的统一性和完整性。❹

由此可知，重庆市政府以政府文件的形式对交巡警做出规定，形式与内容都违反了法制统一性原则的要求，故有必要依照行政立法的统一性原则要求，重新梳理关于交巡警的规范文本，对不符合上位法要求的规范文本进行清理、修改，为交巡警的长足发展奠定良好的法制基础。

国家法治之首要是行政法治，行政法治之首要是行政机关及其公务人员要依法行政。❺ 概言之，应该按照法制统一性原则来为交巡警立法，同时调整、理顺与现有法律相违背的规章或其他规范性法律文件。从而，减少法律冲突的

---

❶ 湛中乐：《行政许可法应用解答》，北京：中国检察出版社，2003 年版，第 132 页。
❷ 奥托·迈耶：《德国行政法》，北京：商务印书馆，2002 年版，第 70 页。
❸ 周佑勇：《行政法专论》，北京：中国人民大学出版社，2010 年版，第 82 页。
❹ 周佑勇：《行政法专论》，北京：中国人民大学出版社，2010 年版，第 112 页。
❺ 陆伟明："其他行政规范性文件的法治化初探"，载《上海市政法管理干部学院学报》，2002 年第 4 期。

频率，从而更有利于交巡警执法。

（二）完善重庆交巡警执法依凭的载体

1. 完善交巡警组织的录用、管理机制

行政主体是一种法律上拟人制的人格形态，行政主体本身并不具有直接实施行政活动的能力，具体行政活动的展开还要靠行政主体的组成人员，即公务员完成。● 因此，交巡警作为执法主体，具体的日常工作还是要靠具体的交巡警人员来完成。而重庆交巡警在建立的初期，由于各种原因，其人员编制结构存在很大问题。很多执法人员是从原重庆市各个区公安机关抽调出来转入的，也有很多是从大学生中挑选出来的，并不是按照《公务员法》的规定录用的。

因此，在这支临时组建的队伍中，执法人员的编制五花八门，很多执法人员根本没有编制，只是简单地签订了合同。鉴于此，必须明确交巡警执法人员的编制问题，按照《公务员法》和《人民警察法》的规定进行录用、任免、培训、交流、辞退和退休等。❷ 同时，完善奖惩制度，致力于塑造一支高素质的执法队伍。

2. 规范交巡警组织的名称

现实中，交巡警执法机构的名称十分混乱，很多机构名称的确定带有很大的随意性，容易造成不必要的误解和不便。一旦公民的合法权利遭受侵害，提起行政复议或行政诉讼时，不能直截了当地指出被告单位所在及其上级机关。这样不利于公民合法权利的保护。

因此，对于交巡警的名称必须予以统一规范。例如，将名称统一为"交通巡逻警察局"，然后按照行政区划，由上而下地进行改变、统一名称，也可参照其他执法主体进行。只有规范了交巡警执法主体的名称，对外做出具体行政行为或抽象行政行为时才能统一印信、标示，避免、减少不必要的误解。

3. 赋予交巡警组织独立的法律地位

按照重庆市政府已经发布的两个政府文件的规定，各级交巡警机构均以同级公安机关的名义执法，交巡警大队并不能按照自己的名义行使职权。作为一个集三项重要职权于一身的新型执法机构，即同时行使刑事执法、治安管理、交通管理职权，不具有独立的法律地位，不能独立地行使职权，只能依附于公

● 周佑勇：《行政法专论》，北京：中国人民大学出版社，2010 年版，第 235 页。
❷ 《公务员法》第 26 条至第 32 条规定了公务员录用的程序；《人民警察法》第 27 条规定：录用人民警察，必须按照国家规定，公开考试，严格考核，择优选用。

安机关，这样不利于其优势的发挥，而且在行政相对人提起行政复议或行政诉讼的时候也会出现问题。

在行政诉讼中，如果交巡警不具备独立的法律地位，不能以自己的名义对外做出行政行为的话，一方面交巡警不能尽其所能来为自己辩护，同时也不利于行政相对人权益的保护。作为公安机关派出机构的派出所在职权范围内都能获得独立的法律地位，对外以自己名义行使职权，交巡警更应该被法律赋予独立的法律地位。

三、小结

警察机关具有法定的执法资格，并且承担着特殊而繁重的执法任务，现代社会的警察行政执法触角已经涉及社会生活的方方面面，一个人从出生到死亡、工作的升迁等都与警察机关有着千丝万缕的联系，因此规范警察行政执法意义重大。

近些年来，并不只是重庆进行了交巡警式的警务改革，其他地方也开展了大大小小的警务改革活动。综合而言，近些年来进行的警务改革主要有两种模式：一为"撤销机构式"，一为"多警合一式"。[1] 重庆的交巡警就属于典型的多警合一式。虽然警务改革取得了一定成效，能够在某种程度上达到合理配置警力的效果，但是如重庆的交巡警改革存在不少问题一样，其他地区的警务改革也是如此。

2006 年《治安管理处罚法》设立专章为警察行政执法提供法律依据，使得警察的治安管理权力得到了有效的控制，切实起到了保障公民权利的目的。公民的合法权利能得到法律的尊重，这才符合现代法治社会发展的共同趋势和客观规律。作为一种兼具三种重要职权的复合型警种，交巡警的执法活动势必会对公民的权益产生巨大的影响。从防止交巡警权力滥用的角度来讲，完善交巡警的执法主体资格是必要的，而且是迫切的。

重庆的"交巡警合一"模式是顺应警务改革的潮流而进行的警务革新，其效果如何自有大量数据与事实来印证。但是作为执法主体存在的交巡警，我们更应该注重从法律层面去分析它，如它是否具有执法主体资格、它的机构是否健全、它所具有的职权是否有法律依据等，这也就是本章的意义。

---

❶ 肖军、刘伟："近十年来我国警务改革模式研究——兼论侦查主体之变迁与重构"，载《福建警察学院学报》，2012 年第 3 期。

第七章 重庆交巡警职能合一问题研究

2010 年 2 月 7 日，根据渝办发〔2009〕334 号文件的精神，重庆市对交警、巡警机构职能进行了整合，设立了代替过去的交警和巡警执行打击刑事犯罪，维护社会治安、交通安全、交通秩序等职能的交巡警。自重庆交巡警成立以来，受到了社会各界广泛、持续的关注，并在过往的实践中，积累了不少有待总结、研讨的经验与教训。而环顾学界，对于交巡警的研究视角多限于行政管理学、行政政策学或者是警察学等方面。由于交巡警承担着行政执法任务，运用着公权力，所以有必要以公法的视角对其进行观察、探究，从而在填补学界尚存的空白之余，也可以为推进依法行政、加大民众的权益保障做出相应的贡献。

如上所言，"以公法视角对交巡警进行观察、探究"这一说法仍显得十分宽泛。所以，依照早先分工，本章内容将主要锁定在对重庆交巡警的职能及其相关问题的阐发之上。另外一点需提前说明的是，本章中所谓交警、巡警的职能以及他们的行为规范等，除另有特别说明的以外，都指的是重庆地区的交警与巡警。

第一节 重庆交巡警职能合一的动因

一、行政一体化与警务一体化

作为一体的行政，一般多按马克思·韦伯所阐述的科层模式建立各种内外部组织。它们之间条块分割、彼此独立，以专业性分工和自上而下的责任控制为要点，各有执掌的权力。❶ 这种理念下的组织制度设计确实从一个侧面体现了工具理性的要求，但无疑也存在机构庞杂臃肿、活动僵化的固有弊端。为了

---

❶ 马克思·韦伯：《经济与社会》（第二卷下册），上海：上海世纪出版集团，2010 年版，第 1560 - 1584 页。

有效因应上述缺陷，20 世纪后半叶域外法治先进地区多对此进行了反思，并掀起了新公共管理、新治理模式、瘦身国家等理论与实务上的运动。在这一过程中，关于原本条块分割的各种行政组织的一种新的理解产生了——无论是从行政的内部统制上，还是从宪法对立法、执法、司法的整体掌控上，抑或是从行政相对一方的角度来看，行政都应当以更为宏观的视角来观察与掌握。这种宏观的视角，就是所谓的"行政一体化"。而作为行政的一个分支部分，警察行政自然也有以一体化的视角进行观察的必要（这里，姑且称其为"警务一体化"❶）。就这种意义上来说，近年来重庆地区所推行的交巡警合一体制改革，正是自觉或不自觉地在与上述潮流互动——以求解决传统上交警、巡警分立所致的组织繁冗与活动僵化不畅问题。

（一）交巡分立导致职能上的条块分割

在重庆交警、巡警主体二元化❷时，由于它们各自具有另外一方无法执掌的权力，所以必然导致在职能上出现条块分割的情形。"交警只管交通而巡警只管治安"这种彼此独立的状况不仅出现在外部行政当中，在公安内部的行政活动中也是一样。

在外部行政中，交警、巡警主体二元化阶段导致的职能分割主要体现在如下两个方面。

第一，存在诸如巡警难以行使交警所执掌的交通上的管理权限的情形。尽管从宏观角度来看，广义上的警察具有维护社会治安秩序，制止危害社会治安秩序的行为，预防、制止和侦查违法犯罪活动，维护交通安全、交通秩序以及处理交通事故等权力，❸ 但在警察的内部分工之中，不同警种却有着自身固有的权限，难以概括行使《人民警察法》上的警察权。这种情况反映在交警和巡警所具有的固有职能划分上，即交警独占了交通上的管理权限。例如，交警可以行使交通违法处罚权，但是巡警不能越俎代庖。又如，对于道路交通肇事中涉嫌刑事犯罪的，交警拥有先期的处置与侦查权力，而巡警却无法像交警一样执掌这种权力。再如，交警可以行使具有很大裁量空间的交通上的指挥权，

---

❶　翁岳生编：《行政法》（上册），北京：中国法治出版社，2009 年版，第 63 - 105 页。

❷　此处所谓的"主体"指的是可以作为业务上一个相对独立的警种（至于交巡警是否可以成为一种组织法上的警种这一问题，本章第二节的第三部分会加以讨论），并非探讨交警与巡警二者在行政组织法上享有权力；能够以自身名义做出行政行为；且能够自己对自己的行为承担责任这三层意义上的主体资格问题。

❸　参见《人民警察法》第 6 条。

而对此，一般也是巡警所难以行使的（当然并不是说巡警完全不能进行交通秩序的维护，具体情况，下文中"交巡分立产生职能上的竞合与协助"这一部分会详加阐述）。

第二，与上述情形相对应，也存在交警所难以行使的属于巡警权限的行为（尤其是一般治安管理上的权限，交警基本无法行使）。具体而言，交警没有诸如维护市容环境整洁，保护市政公用设施的职能；在遇到治安纠纷时没有进行劝解、制止的职能；没有一般治安防控意义上预防和制止违法犯罪行为的职能；在执行任务的过程中没有对人民警察警容风纪进行监督纠正的职能。

而在内部行政之中，交警、巡警主体二元化阶段所导致的职能分割的状况主要体现在以下两点。

第一，无论交警还是巡警（在市一级表现为治安总队、交警总队），都是市公安局的下属机构。这些机构不论是否具有组织法意义上的行政主体地位，至少在公安行政的内部运行上，有着相互独立的地位。对于同一事务，虽然按其性质可以通行于交警与巡警之间，但是由于两者在内部组织上是相互独立与分隔的，所以仍需由不同的组织做出。

第二，因为交警、巡警的分立，导致两者设置了很多完全相同的内部管理组织，从而产生了行政组织机构上的臃肿，甚至出现了叠床架屋的现象。

（二）交巡分立产生职能上的竞合与协助

与上述交警、巡警二元化阶段中职能上有所分割相对应，由于交巡分立，两者之间也产生了职能上复杂的竞合与协助问题。

1. 交巡分立所产生的职能上的竞合

所谓职能上的竞合，指的是在交警与巡警在履行各自职能的过程中，针对同一事务出现了权力的重叠，即交警与巡警都有权处理某事。虽然交警与巡警两者不论是警种还是执掌事务范围的划分都根据的是事务的不同特征，但是因为实务中难免会出现认识的差别、理解的出入等情况，所以就此而论，职能上的竞合是在所难免的。有时，出现这种不同主体间权力的交叉重叠是立法者出于立法政策上的考量而有意为之。

具体而论，重庆交警与巡警之间至少在如下事项上存在或多或少的职能上的竞合。

首先，在一般意义的交通秩序维护上存在交警与巡警职能竞合的可能。对于交警，其拥有交通秩序的管理与指挥权限自不待言；而就巡警而言，也多少拥有交通秩序维护的职权。❶ 但是，两者之间还是有所区别的。也就是说，根据警种以及任务属性的不同，虽然他们都可以对交通秩序施以权力性行为，但是与巡警不同的是，交警对此不论是范围还是裁量上都拥有更为广泛的处置权，即巡警拥有的是更偏向于辅助性的、应急性的权限。

其次，在参加突发性灾害事故救援工作以及维护现场秩序这点上，交警与巡警也存在职权上竞合的可能。对于前者，更多的情况是道路交通上事故所引起的救援和维护秩序以及灾害涉及道路交通时的秩序维护和事故救援；而对于后者，则是指一般意义上突发性灾害事故的救援工作以及现场秩序的维护，并不特别强调涉及交通。所以，对于这方面的交警与巡警的职能竞合，毋宁理解为立法政策基于对突发状况的有效应对这一考量而赋予了两者有重叠的权力。

最后，在为行人指路，救助突然受伤、患病、遇险等的公民这方面，交警与巡警也有职权上竞合的可能。鉴于这并非本书讨论的重点，此处不再赘述。

2. 交巡分立所产生的职能上的协助

与职能上的竞合不同，职能上的协助更侧重于不同主体对同一事物的处理活动在时间上的接续。由于交警、巡警职能上的分割与分立，必然会出现对同一事务交警先行处理后交由巡警处置或巡警先行处置后再交由交警处理的情形。出现这种情况的原因主要有两点：其一，是为了有效应对突发事件，交警或巡警首先进行先期处置，而后再交由事务上更宜处理或有权处理的主体；其二，由于交警与巡警各有专业化的侧重，所以为了有效处理同一事务，就可能需要在不同阶段由不同专业化的主体接手，从而产生了职务上的协助现象。

二、效能导向对组织塑造的要求

与上述行政一体化和警务一体化对行政组织的塑造作用类似，效能导向也在相当大的程度上影响了行政组织的样式。这里所说的效能导向，指的是无论行政的组织样态抑或权限分配，都应该以提升行政上的效能为目标——手段要为目的服务。❷ 反观传统警务上交警、巡警分立的二元化模式，在有效达到警察行政的目标上存在相当大的缺陷。这些因素便成为重庆交巡警职能合一体制改革的另一些公法上的动因。

---

❶ 参见《重庆市人民警察巡警执勤规定》第 7 条第 1 项。

❷ 沃尔夫等：《行政法》（第三册），北京：商务印书馆，2007 年版，第 39 –43 页，第 528 –529 页。

（一）主体二元化阶段降低了对外行政效能

在交警与巡警二元分立的阶段，由于两者之间的分割，必然会对有效达成外部的警察行政的目标带来负面影响，从而降低对外的行政效能。

1. 职能的划分对警务行政效能的不利影响

交巡二元模式中的职能分割已如上述，那么，当地理空间上巡警临近本应由交警管辖的案件发生地；或者是交警临近本应由巡警管辖的案件发生地时，就可能因为职权上的欠缺导致其无法管辖。例如，巡警遇到道路上的交通事故，由于并无处置权力，只能等待交警到来，从而可能错过处置的最佳时机；又如，交警在道路上遇到应立即予以治安管理处罚的情形，因为欠缺处置的权力而只能等待巡警奔赴现场处置，也会出现错过最佳处理时机的情况。根据一般的社会通识判断，上面所提及的情况并不少见。由此对有效达成警察行政的目的、保护民众生命财产安全的副作用是显而易见的，同时也无法因应行政效能提升上的要求。因此，基于效能导向的考虑，便要求交巡警通过合一予以应对现存的缺陷。

2. 职能的竞合对警务行政效能的不利影响

上文对于交警、巡警二元分立时会产生职能上的竞合已经做了详细的说明。这里需要指出的是，在两个警种之间产生职务竞合的情形下，所带来的不仅有学理上探究的困难，更有实务中判断谁当作为、谁更适宜作为时的疑难。尽管一般而言，遇到这种竞合的情形多采用谁先收到（或受理）就由谁进行管辖的处理模式，但是现实中因为110、122这两套接警系统并不统一，所以可能会产生两套人马同时抵达处理，或者都误以为对方会前往处置而都不出警的情形。对于前一种情况，到达现场的两套班子如果可以进行良好协商则罢，要是出现了互相推诿或者同时要求管辖的情况就只能请求共同的上级进行定夺。可以想见的是，无论是出现哪一种情形，都会严重影响行政效能。而在交警、巡警都误以为对方会前往处置而都不出警的情形之中，更是会产生警察行政上的真空区域。如此，给民众利益带来的不良影响、给行政效能带来的减损，也只能用流弊甚巨来形容。

3. 职能的协助对警务行政效能的不利影响

交巡分立模式中的职务协助可能会对行政效能带来负面影响，从而成为交巡警职能合一在公法上的动因之一。具体来说，实践之中的不同组织间配合的问题并不会如理论分析的那样，处在应然状态。这种理想与现实之间的差距是可以想见的。那么，交警与巡警之间也可能存在职务协助上配合不畅的问题。这种情况在有法定职务协助的模式中出现的概率或许比较低；但是在没有法律法规或者是行政规则支配的单纯的任意性协助领域中，笔者认为对于二者间会自发出现良好互动这点，没有理由持过分乐观的态度。因此，不同主体间的协助，可能拖累行政效能。

（二）主体二元化阶段对行政内部的负面影响

交警与巡警二元化阶段中，不仅使对外的行政效能有所降低，这种模式对于内部行政也存在不利的影响。

一方面，尽管交警与巡警都属于警察，由共同的上级进行管理，但是在日常的内部行政之中他们是彼此独立的。这种割裂的现象，从内部会一直延伸至外部，使得彼此间在整个行政行为的做出上呈现分割状态。不能否认的是，如果从业务专业化的精细分配以及排除彼此间不良干扰这两点来考虑，这种彼此独立的状态是有价值的。可是，在整合行政资源、提升行政效能的考量下，这种模式所产生的不仅是设置功能相同、相近的组织那么简单，在内部行政中的任意职务协助上，因为科层行政的级别特点以及两者互不隶属的状况，积极的不予理睬、消极的予以拖延的官僚化作风是极有可能出现的。所以，就此而论，不论是叠床架屋的内部结构还是互不隶属的组织形态，都可能导致内部行政效能上的减损。鉴于此，从组织法上予以调整，就成为一种行之有效的公法手段。

另一方面，以"一体化的行政"或者是"一体化的警察行政"来观察，可得出相同的结论。交警与巡警分立，实务上为了使两者之间的内部行政更顺畅，往往通过订立行政规则来调整，例外情况下才需要它们两者协商解决或者是上报共同的上级进行定夺。但是，与其通过这种复杂的职务权限配置以及协调手段，还不如直接使二者融为一体，从而在根源上消除了不同主体间内部行政不畅的可能，也使内部行政的效能得到保障。

三、其他方面的动因

除了如上几点动因外，推动重庆交巡警职能合一的动因还有很多方面。碍于篇幅以及本书所立足的公法学视角，这里无法一一尽述，择要如下。

（一）提高见警率

见警率，顾名思义，指的是民众在露天公共场所能够遇到警察的概率。严格而论，它是一个行政管理学（警察行政管理）上的问题。[1] 不过，在以效

---

❶　万亮亮："街面巡警见警率的制度分析"，载《公安学刊》，2001 年第 2 期。

能、服务为导向的行政法思潮中，见警率因其往往与行政的效能相关联，从而也多少具有公法学的性质。在交巡警合一之前，交警一般都会在街面上巡逻待命，接警后会按照就近原则赶往案发现场进行处理；而属于治安警察的巡警，因为兼具坐班待命与上街巡逻两种职权❶，可能出现由于人手不足、出勤安排不当等原因导致的见警率低的现象。鉴于此，为了提高见警率，建立一支主要在公共场所执勤待命、巡逻履职的警种就不失为一种直接且立竿见影的手段。就此而论，提高见警率可以算作重庆交巡警职能合一在公法上的动因之一。

（二）威慑违法犯罪活动

威慑违法犯罪活动也可以算是秩序行政的一个主要目标。在重庆交巡警职能合一后，伴随着露天公共场所中巡逻、执勤的警察人数与次数密度的提高，必然会对公众场所的违法犯罪活动产生一定的震慑作用。由此可见，威慑违法犯罪活动是重庆交巡警职能合一的公法动因之一。

（三）提升民众安全感

在以服务为导向的行政法理念中，不论是权力属性较低的给付行政还是权力属性较高的警察行政，都要以服务民众为活动的目标、依归与原则。立足于这样的认识，笔者认为在重庆交巡警职能合一所带来的各种效果中，必然会有提升民众安全感这一项。那么，对以服务民众为宗旨的警察行政来讲，提升安全感就是服务的一种表现。因此，提升民众的安全感，也是重庆交巡警职能合一的一种动因。

（四）创新行政管理，增强服务行政

行政管理之上的创新会对行政法产生波及性的影响。如前述的行政一体化以及最近十分热门的新公共管理、瘦身国家等理论，都对行政组织法产生了深远的影响。作为一种新型的警务模式，重庆交巡警职能合一也具有行政一体化的痕迹，可以理解为行政管理上的创新。另外，在增强警务服务这一点上，则可以理解为增强服务行政。所以，这两点也可以纳入交巡警职能合一在公法上的理由中来。至于其他方面，如提升城市形象等，更多是出于政策上的考量。考虑到这些与公法学之间的关系更为稀疏，已经超出本书的考查范围，此处不做详述。

---

❶　此处的巡警严格说来有时并不是与交警处于同一概念层面上的警种。一般而言，治安警察在派出所值班待命时是普通的民警，而当他们出外巡逻时就变成了巡警。不过也不排除在公安内部依据《城市人民警察巡逻规定》以及《重庆市人民警察巡警执勤规定》而建立独立的巡警的可能。

第二节　重庆交巡警职能合一后的职能

一、职能的调整抑或另行创设

对于重庆交巡警职能合一这个行为的性质，大家可能还存有一点疑问，那就是，这种对职能的整合行为是将原来分属于交警与巡警的职能进行了结合，还是在取消各自职能的基础之上另行创设了新的职能。笔者认为，这个问题对于认识整合行为的性质以及分析整合后交巡警的职能都具有十分重要的意义，所以在这里单独探讨。

（一）重庆交巡警的职能——基于调整规则的分析

对于重庆交巡警职能的变动，官方文件上描述最为详尽的是渝办发〔2010〕9号文件。按照该文件的叙述，重庆交巡警主要负责如下几大类型的工作：①有关刑事案件的侦查以及治安案件的查处工作；②治安巡逻、执勤以及警卫任务；③预防和处理发生在本行政区域内的交通事故；④维护本行政区域内道路交通安全和交通秩序，开展交通安全宣传教育；❶ ⑤负责道路交通科研项目的立项、研究、应用；⑥其他依法应当履行的职责。❷ 从上述这些职能来看，重庆交巡警职能的来源基本上可以理解为将交警的职能（如对交通事故的处理预防，维护区内交通秩序等）与巡警的职能（如负责治安案件查处与治安巡逻、执勤等）进行了直接的合并、叠加。不过，对于这个问题，笔者认为不能简单地理解到这里为止。理由在于，这些概括性的职权叙述因其抽象性，首先是存在把握其中具体职能的困难；其次，交巡警职能中表面上看似原先属于交警或者巡警的，其是否的确如此，仍然需要依据实定法做出个别判断。

（二）存在另行创设职能的可能性

在交巡警合一后的各项职能中是否存在创设的新的职能，对于这个问题仍然可以按照前面的几大类职能分别予以讨论。

首先，对于交巡警所拥有的破案打击职能，与人们观念中交警与巡警的职

---

❶ 参见渝办发〔2010〕9号文件第3条。
❷ "重庆市公安局交通巡逻警察总队简介"，重庆公安交通管理信息网，http：//219. 153. 5. 16/jggov/72339069014638592/20140303/15132. html。最后访问日期：2013年5月1日。

能似乎关系不大。不过根据实定法上的分析可知，事实并非如此。因为，在对刑事案件的侦查方面，交警本身是拥有一定职权的（主要限于涉及交通肇事的刑事案件，并不像刑事警察那样享有广泛的刑事案件管辖权。至于两者之间的具体关系如何，下文"交巡警与刑事警察间的关系"这一部分中会有更为详细的分析）。以醉酒驾驶为例，《道路交通安全法》第 91 条规定，由于醉酒驾车而涉嫌犯罪的，依法追究刑事责任。这里对于酒驾所引致的交通肇事罪（《刑法》第 133 条之一）的侦查，主要指的是证据采集工作（最典型的就是化验血液中的酒精浓度）。另外，巡警也并非不能涉及刑事案件。按照《重庆市人民警察巡警执勤规定》第 7 条第 4 项的规定，重庆地区的巡警对于巡逻过程中所遇到的犯罪事件有先行予以即时处置的权力。也就是说，巡警对于这类刑事案件的侦查工作主要表现为在先行即时处置的过程之中搜集、保留、获取证据。所以，就上述两点来讲，交巡警所拥有的破案打击职能并不是在交巡合一过程中另设的，而是交警、巡警两者在破案打击职能上的统合而已。

其次，对于交巡警的治安防控职能，主要体现在治安巡逻、执勤、警卫任务以及治安案件的查处上。还原到交警与巡警各自的职能中不难发现，交巡警这一职权基本来自于巡警的职能。对于"警卫任务"这一职能，《重庆市人民警察巡警执勤规定》以及国务院发《城市人民警察巡逻规定》中并无此项。从这一点来看，这项职能是在交巡警合一过程中另行新设的一项职能。不过，该职能也可以理解为巡警本来所拥有的——因为《重庆市人民警察巡警执勤规定》第 7 条第 8 项作为一个兜底性的口袋条款，规定了巡警可以行使法律、法规和规章规定的其他职能。

再次，就交巡警交通管理上的职能来说，正如本章第一节中所分析的，基本来自于交警的职能（另有一部分来自巡警的辅助性的交通管理职能）。详言之，主要包括预防和处理发生在本行政区域内的交通事故；维护本行政区域内的道路交通安全和交通秩序，开展交通安全宣传教育以及负责道路交通科研项目的立项、研究、应用这三项。对于前两项，具体的实定法依据在《道路交通安全法》《道路交通安全法实施条例》《重庆市道路交通安全条例》等法律法规中存在非常丰富的规范性条文；而"负责道路交通科研项目的立项、研究、应用"这一职能，则属于超出一般交警所执掌的事务范围的职能。笔者查相关法律法规（尤其是《重庆市道路交通安全条例》）并无相关规定，从而可以认为这是一种在交巡警合一过程中另设的新职能。

最后，对于与交巡警有关的其他职能，涉及服务群众方面的诸如指路、履行职责过程中帮助遇到危难的民众等，本来就属于依照警察的性质所应当履行的职能，所以，不能算作交巡警合一过程中另设的新职能。至于除此以外的其他方面职能，由于篇幅原因无法穷尽。而其职能的性质，笔者认为，若无既存的实定法依据，就宜以新职能对其进行认定。

综上所述，在重庆交巡警职能合一的过程中，其职能方面是以对原来交警与巡警的职能进行叠加为基础的；此外，依照交巡警设置的目的与动因，又另行创设了一些新的职能，但这部分职能只是一小部分。

二、主体的合一与职能的合一

重庆交巡警在合一的过程中体现出了职能上的整合，如前文所述；而在这一过程中，除了职能上的变化之外，还产生了一个名为"交巡警"的组织、警种（暂且这样称呼，具体的定性问题下文会予以详细论述）。对于这个新生事物，其组织法上的性质该如何判断，成为公法上值得厘清的问题。

（一）警务一体化下的主体与职能整合

重庆交巡警合一是行政一体化乃至警务一体化的一种尝试，从不同侧面进行观察与分析，可以发现其不同的一体化样态。如若立于公法学（这里侧重于组织法的立场）的角度，以其特有的学科关怀进行观察，则重庆此次交巡警合一主要呈现出职能上的合一与整合和组织（主体）上的合一与整合。对于重庆交巡警合一体现出的职能上的合一与整合，本节第一部分"职能的调整抑或另行创设"中已经做出了分析与判断；而就组织（主体）上的合一与整合，正如渝办发〔2010〕9 号文件中的第 2 条所提及的，是将交警组织与巡警组织直接合并，生成了一个新的组织（主体），即"交巡警"——全称"交通巡逻警察"。而对于交巡警所体现出的组织（主体）上的合一与职能上的合一的关系，并非只能二者居一，而是相互依存、互为体现。

（二）重庆交巡警在组织法上的定位

既然重庆交巡警合一体现出了组织（主体）一体化的整合趋势，那么其在组织法上的定位成为核心的问题。对此，可以从内部行政、外部行政以及行政救济这三个相互关联的角度对其进行观察与剖析。

1. 内部行政中组织法上的定位问题

作为行政自治以及国家任务在立法、司法与执法上划分的一种体现，行政享有对自身组织形塑的权力。从这个角度来看，行政对于通过怎样的组织形式来达成行政目标具有非常广泛的裁量空间。但是，出于民主制中民意的控制以及我国人民代表大会制度这两点缘由，立法得以通过各种政策上的考量干预行政对自身组织的形塑。这种干预在内部以及外部行政中，存在不同密度的体现——作为不与相对人产生直接法律上的利害关系的内部行政，理论上是行政自治中自我组织塑造自由的核心部分。❶

在实定法的表现上，《政府组织法》第 64 条为这种自由划定了界限——省级政府的厅局级工作部门的设立、变更、消灭由本级政府报国务院批准，并报本级人大常委会备案。自治州、县、自治县、市、市辖区政府的局、科等工作部门的设立、变更、消灭，由本级政府报请上一级政府批准并报本级人大常委会备案。从这一规定来看，作为重庆市公安局（厅级）内设的处级办事机构，无论是交警总队、治安总队还是交巡警总队，省级政府对其都有自行塑造的自由。

另外，在作为上述规定的特别法的有关警察组织的法律法规之中，《人民警察法》对警务组织应当如何只做了十分模糊的规定——国家根据警察工作的性质与任务和特点，规定警务组织机构的设置以及职务序列。❷ 而国务院《公安机关组织管理条例》则规定：①县级以上政府的公安机关依照法定程序与权限设置❸；②设区的市公安局根据工作需要设置公安分局。市、县、自治县公安局根据工作需要设置公安派出所。公安分局和公安派出所的设立、撤销，按照规定的权限和程序审批。❹ 根据这些实定法上的规定可以认为，前述《人民警察法》第 24 条中所谓的"国家"规定警务组织机构之设置，意指作为框架的警务组织机构——《公安机关组织管理条例》第二章中所规制的，应由国家予以规定。换句话说，这里不宜依照狭义的文义解释理解为国家对于内部办事机构巨细靡遗地予以调整（实际上，由于各地情况不同，也不可能做出如此划一的规定）。所以，此处的"国家"概念不如依照《政府组织法》第 64 条中对行政组织设置的权限划分而扩张地理解为"各级国家政权"比较适当。基于这种解释，重庆市政府便有权对市公安局内部的处级内设办事机构进行调整。

综上所述，交巡警合一这一过程，创造了内部办事机构意义上的交通巡逻

---

❶ 沃尔夫等：《行政法》（第三册），北京：商务印书馆，2007 年版，第 509－556 页。

❷ 参见《人民警察法》第 24 条。

❸ 参见《公安机关组织管理条例》第 5 条。

❹ 参见《公安机关组织管理条例》第 6 条。

警察组织，其创造过程并不违法。

2. 外部行政中组织法上的定位问题

在外部行政关系中，问题主要在于重庆交巡警是否具有行政主体资格。对于这个问题，需要从权、名、责这三点进行分析。❶ 首先，交巡警拥有属于自己的职权（权力），如前所述。其次，对于交巡警是否能够以自己的名义做出行政行为这一问题，需要从实际的具体情况做出判断。既然重庆市公安局将交巡警总队作为其内部的直属办事机构，那么无论是总队，还是分队、支队、大队、中队，都不宜以自己的名义做出外部行政关系上的行政行为。最后，在能否独立承担行为的后果这一点上，既然交巡警应当以市、区（县）公安（分）局的名义进行外部行政活动，那么也就无法以自己的名义独自承担行为的后果。所以，除非有个别授权的特殊情形，重庆地区的交巡警在外部行政关系中并无组织法上的行政主体地位。

3. 行政救济中主体的定位问题

重庆交巡警在内部以及外部行政关系中组织法上的定位决定了其在行政救济中的主体性定位问题。详言之，在行政诉讼以及行政复议程序里，由于交巡警并无外部行政意义上的主体资格，所以无法作为诉讼的适格当事人（被告、被申请人）；至于监督行政关系中的复议程序以外的其他监察手段，因为属于行政内部的控制性手段，所以交巡警存在成为这些程序性主体的可能性。

（三）交巡警作为一个警种的可能性

这里还有一个问题与交巡警主体一元化相关，那就是交巡警是否能够作为一个独立的警种。这里所称的"警种"，指的是在警察组织之中，按照其职能的不同而做出的内部分类。不同的警种之间具有相对的独立性。❷ 按照各自所执掌的不同职权，一般将警种分为如下几类：①户籍警察；②治安警察；③刑事警察；④外事警察；⑤经济警察；⑥交通警察；⑦航运警察；⑧民航警察；⑨铁路警察；⑩司法警察；⑪边防警察；⑫消防警察；⑬林业警察；⑭武装警察；⑮监狱警察。❸ 这些不同的警种之间，性质上可能有交叉（如监狱警察性质上也属于司法警察），但之所以分别命名，是因为他们各自有着基于不同实

---

❶ 姜明安主编：《行政法与行政诉讼法》，北京：高等教育出版社、北京大学出版社，2004 年版，第 109 – 112 页。

❷ 王大伟："欧美警种设置的思考与启迪"，载《公安大学学报》，1999 年第 4 期。

❸ 陈晋胜：《警察法学概论》，北京：高等教育出版社，2002 年版，第 65 – 68 页。

定法依据的职权。从这一点上来看，警种问题不仅是警察学所关注的，同样也是警察行政法上的问题。对此，除了上述基于职能不同而划分为不同的警种外，还有几个认定警种的标准：①实定法上直接在用语上肯定了某警种的存在；②依据社会生活惯例，已经承认了某警种的存在；③学界基于合理理由而认定了某警种的存在。立足于上述区分警种的依据，重庆的交巡警虽然在实定法上并无此用语，不过，由于交巡警享有具有实定法上根据的且具有相对独立性的职权，所以虽然交巡警不具有普遍性，但也算作一个独立的警种。

三、交巡警一体化后其领导机关的资格

重庆交巡警一体化，其组织是在交警的基础之上吸收了巡警而建成的；其职能则是以交警、巡警职能的叠加为基础又另行新设了部分职能。从这两点来看，无论是在组织上还是在职能（业务）上，新设的交巡警都会遇到与其他相关联警种总队之间的领导权问题。需要说明的是，此处所谓的"领导权"采取的是广义理解，不仅包括直接上级这种能够进行领导的情况，也包含业务上运用指导权这一情形。

（一）组织上的领导资格

在组织上，可以说重庆交巡警是对原有交警与巡警两者直接进行了整合。更具体地说，是在交警的基础之上吸收了巡警组织而进行的改组。建成后的各级交巡警组织，市一级的为交巡警总队，其他区县一级的公安局交巡警机构则是由区县一级公安局现有的交通管理支（大）队、巡逻警察支（大、中）队整合组建交巡警机构，其名称统一为"重庆市某区县（自治县）公安局交通巡逻警察支（大）队"。机构规格暂与原交通管理支（大）队保持一致。❶ 对于交巡警总队、分队、支队、大队而言，其领导者不能一概而论。这是由于在重庆交巡警改组、整合的过程中，原来的市公安局交警总队驻在各区一级行政区域的支队，被成建制地下放到了他们所驻在地的公安分局，由其进行管理。在下放之后，再与各区公安分局现有的巡警支队整合组建交巡警机构。❷

所以，成立后的交巡警总队并无对各个分队、支队、大队、中队的领导权。享有交巡警总队领导权的机关是重庆市公安局，而享有各个交巡警分队、支队、大队、中队领导权的机关是区县一级的公安局或公安分局。

---

❶ 参见渝办发〔2010〕9 号文件第 2 条第 2 项。
❷ 参见渝办发〔2010〕9 号文件第 2 条第 1 项。

（二）业务上的指导（领导）资格

前面已经论述了各级交巡警组织基于行政组织上的领导机关。这里，笔者尝试以职能（业务）的角度，来分析基于此点的领导资格问题。需要说明的一点是，这里所谓的业务上的领导权，更严格地说只是业务上的"指导权"。按照各级交巡警组织执掌的权力所涉及的业务领域，分析如下。

首先，就交巡警总队而言，它对于各个分队、支队、大队、中队享有广泛的、概括性的业务上的指导权。其次，对于交巡警职能中涉及治安管理的部分，由于治安总队与交巡警总队是平级关系，所以不可能产生指导权问题；至于治安总队与交巡警的各个分队、支队、大队、中队，由于内部行政组织之间存在条块分割的相对独立状态，所以即便业务性质上存在竞合的可能性，但是一般而言治安总队无法对交巡警分队、支队、大队、中队行使业务上的指导权。再次，基于同样的理由，刑警总队无法对交巡警分队、支队、大队、中队行使业务上的指导权。最后，交巡警总队、分队、支队、大队、中队与重庆市公安局下的其他总队之间的关系也如同前两者间的关系，这里不再赘述。

四、职能统合后在提升效能与业务专业化方面可能存在的张力

无论是本章第一节还是重庆市对于交巡警职能分配进行介绍的官方文件，都将效能的提升作为推动交巡警合一的主要动因。但是，客观而论，有一点疑问必须提出。那就是，传统警务中，之所以按照不同职能划分出各类警察，就是认为对职能的细分可以提高专业化的程度。从而，在专业化提高的同时，也可以提升警察行政的品质，进而提升警务行政的效能。这种考虑无疑是具有正面价值的。[1] 那么同样基于提升警察行政品质乃至提升行政效能这一目标的交巡警又当如何面对这一悖论性的问题？

对此，笔者认为需要结合警察行政中的具体职能问题，才能做出正确的判断与应对。具体来说，首先，就本章第一节所阐述的职能竞合问题而言，既然交警与巡警都有这样的职能，那么二者合一后，对于各自而言也并没有产生陌生的新职能。所以，对基于专业化的警种精细化分与基于行政一体化的交巡合一这两者间可能存在的张力的思考，在这一点上并无实益。其次，就职能的协助而言，交巡警合一之后对于两者来说只不过增加了对同一事务介入程度的负担。就此而论，完全不必担心交巡警职能统合后在提升效能与业务专业化上可

---

[1]　徐镇强："警察专业化发展问题研究"，载《江苏警官学院学报》，2009 年第 1 期。

能存在的张力这一问题。最后，对于交巡警二元化阶段中两者分别执掌的职能，似乎存在如上所述的悖论。但是，诚如前文所述，交巡警总体上是以交警为基础并入了巡警而建成立的，而且数目上巡警少于交警，那么即便是对于两者都要重新熟悉的职能，由于占主体的是原来的交警，其只要熟悉少量的额外新职能；而对于原来的巡警，虽然要熟悉的新职能较多，但是其人员数量较少，也不会对交巡警总体业务的精通与专业程度带来太大影响。

综上所述，对于交巡警职能统合后在提升效能与业务专业化上可能存在的张力这一问题，只要辅以适当的培训就可以得到良好的调和，无须太过担心。

五、交巡警职能统合后的权限

交巡警职能合一后，除了叠加了原来属于交警与巡警两者的职能以外，还另行新设了一些职能。对于交警或巡警两者本来所有，合并后由交巡警直接集成的职能，此处不再简单罗列法律法规的规定。考虑到交巡警合一后的职能非常庞杂，碍于篇幅所限，以下只做简要的宏观性介绍。

（一）交通管理方面

重庆交巡警既然主要统合了交通警察与巡逻警察两者的职能，交通管理自然就成为其核心职能之一。所谓交通管理，是指凭借各种法律、技术手段对交通活动中各种行人、车辆等不同主体进行权力性管控的各种活动的总称。[1] 交通管理是一项立体的、多层次化的职能，主要包括秩序维护、违规处罚、事故处理等方面。

1. 秩序维护

秩序维护是交通管理的基础性职能。唯有良好的交通秩序，才能打造顺畅的交通，保障驾驶人、行人、乘车人的生命与财产安全。为此，交巡警应督导驾驶人[2]、行人、乘车人[3]严格按照规定通行。如遇违法违规行为，应当立即阻止并要求更正。[4] 对需予以处罚的，予以处罚；需追究刑事责任的，追究刑

---

[1] 参见《道路交通安全法》第 1 条和《重庆市道路交通安全条例》第 1 条。

[2] 参见《道路交通安全法》第 42 条至第 60 条，第 67 条至条第 68 条；《道路交通安全法实施条例》第 44 条至第 73 条，第 78 条至第 85 条；《重庆市道路交通安全条例》第 37 条至第 52 条。

[3] 参见《道路交通安全法》第 61 条至第 66 条；《道路交通安全法实施条例》第 74 条至第 77 条；《重庆市道路交通安全条例》第 53 条至第 56 条。

[4] 《道路交通安全法》第 87 条第 1 款："公安机关交通管理部门及其交通警察对道路交通安全违法行为，应当及时纠正。"

事责任。其次，根据《道路交通安全法》第39条以及第40条规定，交巡警在现场指挥交通时可以视具体情况采取疏导、限制通行、禁止通行等交通管制措施。最后，交巡警还负有保障享有优先通行权的行车辆和行人顺利通行的职能。这些具有优先通行权的主体主要包括：①如消防、急救等抢险应急车辆❶；②如外交礼宾车辆等负有外事任务的车辆；③校车、非机动车等法律特别照顾的弱势车辆❷；④在交通通行中同属弱势的行人❸。

2. 违法处罚

在交通管理的过程中，面对出现的违法违规现象，有时交巡警只需予以指出并要求相关相对人改正即可；有时，则需要交巡警对违法违规的相对人进行处罚。❹ 依据性质不同，处罚可以分为如下几类：警告；罚款；没收违法所得、没收非法财物；责令停产停业；暂扣或者吊销许可证、暂扣或者吊销执照；行政拘留；法律、行政法规规定的其他行政处罚。❺ 而在道路交通安全执法中，与一般行政管理过程中类似的处罚种类有作为名誉罚的警告、作为财产罚的罚款以及作为自由罚的拘留。而其特有的处罚种类为暂扣或者吊销机动车驾驶证。❻

（1）警告。所谓警告是指行政主体对于违法行为较轻的相对人所予以的申诚行处罚活动。其目的在于通过指明相对人的不法之处，要求其停止不法行为，予以更正并不再犯。一般认为，警告是一种对违法相对人精神上的惩戒。❼ 根据《道路交通安全法》第87条第2款第2句的规定：如果具体的违法行为客观上属于情节轻微，而且没有对道路交通的良好运行产生影响，那么在指明其具体的违法之处后，对之进行名誉罚——警告，然后予以放行。❽

---

❶ 《道路交通安全法》第53条第1款："警车、消防车、救护车、工程救险车执行紧急任务时，可以使用警报器、标志灯具在确保安全的前提下，不受行驶路线、行驶方向、行驶速度和信号灯的限制，其他车辆和行人应当让行。"

❷ 《校车安全条例》第31条："公安机关交通管理部门应当加强对校车行驶线路的道路交通秩序管理。遇交通拥堵的，交通警察应当指挥疏导运载学生的校车优先通行。"

❸ 参见《道路交通安全法》第44条、第47条、第70条、第48条。

❹ 《道路交通安全法》第87条第2款第1句："公安机关交通管理部门及其交通警察应当依据事实和本法的有关规定对道路交通安全违法行为予以处罚。"

❺ 参见《行政处罚法》第8条。

❻ 参见《道路交通安全法》第88条。

❼ 姜明安：《行政法与行政诉讼法》，北京：北京大学出版社、高等教育出版社，2004年版，第312页。

❽ 另见《重庆市道路交通安全条例》第75条第1款第2句："对情节轻微、未影响道路通行的，可以指出其违法行为，给予口头警告后放行。"

在做出警告处罚的时候，交巡警可以在向当事人出示执法身份证件后当场做出处罚决定。❶

（2）罚款。所谓罚款，又称"罚锾"，是指行政主体向违反法律法规的相对人强制性地征收一定数额的金钱。此处需要特别指明的是，罚款的目的是惩戒、教育，而非增加财政收入。❷ 为了防止罚款变成变相增收的手段，法律规定了罚缴分离制度❸，也赋予了警察对于上级所下达的罚款指标的拒绝执行权。❹ 可以处以罚款的具体情形很多，包括但不限于：①饮酒后驾驶机动车的❺；②客运车辆载客超过额定乘员的❻；③货运机动车超过核定载质量的❼；④机动车违反规定不避让校车的❽；⑤其他可予罚款的情况。

（3）暂扣、吊销机动车驾驶证。涉及暂扣驾驶证的情况包括但不限于：①饮酒后驾驶机动车的❾；②行驶过程中违反交通信号的❿；③机动车驾驶人因过错导致交通事故，造成人身伤亡或者财产损失尚不够刑事处罚的⓫；④发生交通事故，当事人未按规定撤离现场或者阻止他方当事人撤离现场，造成交通堵塞的⓬；⑤驾驶拼装或者已达到报废标准的机动车的⓭。

---

❶ 参见《道路交通安全法》第 107 条，《行政处罚法》第 33、34 条。

❷ 姜明安：《行政法与行政诉讼法》，北京：高等教育出版社、北京大学出版社，2004 年版，第 310 页。

❸ 《道路交通安全法》第 82 条："公安机关交通管理部门依法实施罚款的行政处罚，应当依照有关法律、行政法规的规定，实施罚款决定与罚款收缴分离；收缴的罚款以及依法没收的违法所得，应当全部上缴国库。"

❹ 《道路交通安全法》第 86 条第 1 款："任何单位不得给公安机关交通管理部门下达或者变相下达罚款指标；公安机关交通管理部门不得以罚款数额作为考核交通警察的标准。"及同条第 2 款："公安机关交通管理部门及其交通警察对超越法律、法规规定的指令，有权拒绝执行，并同时向上级机关报告。"

❺ 《道路交通安全法》第 91 条第 1 款："饮酒后驾驶机动车的，处暂扣六个月机动车驾驶证，并处一千元以上二千元以下罚款。因饮酒后驾驶机动车被处罚，再次饮酒后驾驶机动车的，处十日以下拘留，并处一千元以上二千元以下罚款，吊销机动车驾驶证。"及同条第 3 款："饮酒后驾驶营运机动车的，处十五日拘留，并处五千元罚款。"

❻ 《道路交通安全法》第 92 条第 1 款："公路客运车辆载客超过额定乘员的，处二百元以上五百元以下罚款；超过额定乘员百分之二十或者违反规定载货的，处五百元以上二千元以下罚款。"

❼ 《道路交通安全法》第 92 条第 2 款："货运机动车超过核定载质量的，处二百元以上五百元以下罚款；超过核定载质量百分之三十或者违反规定载客的，处五百元以上二千元以下罚款。"

❽ 参见《校车安全管理条例》第 52 条。

❾ 参见《道路交通安全法》第 91 条。

❿ 参见《重庆市道路交通安全条例》第 81 条第 2 款。

⓫ 参见《重庆市道路交通安全条例》第 87 条第 1 款。

⓬ 参见《重庆市道路交通安全条例》第 87 条第 2 款。

⓭ 参见《道路交通安全违法行为处理程序规定》第 16 条。

涉及吊销驾驶证的情况包括但不限于：①因饮酒后驾驶机动车被处罚，再次饮酒后驾驶机动车的；②饮酒后驾驶营运机动车的；③饮酒后或者醉酒驾驶机动车发生重大交通事故，构成了犯罪的❶。

（4）拘留。涉及可以处以拘留的情况，主要包括但不限于：①由于饮酒驾车被处罚又再次饮酒的；②酒后驾驶营运性客运汽车的❷；③对车辆的检验标志或者相关保险标志进行伪造、编造的❸；④非法拦截、扣留机动车辆，经劝说后拒绝恢复合法状态，并且对交通运行造成严重堵塞后果或者是对财产造成了较大损失的❹。

3. 事故处理

交巡警的交通管理职能的另一方面是对交通事故的处理。就其程序，法律法规已经有较为全面的规定。此外，在处理过程中还需要注意《重庆市政府关于主城区实行轻微财产损失道路交通事故当事人自行撤离现场和理赔处理的通告》中所做出的特别要求。依照先后顺序，事故处理可分为如下几大环节：接警与处理、❺ 简易程序、❻ 现场处置、❼ 现场勘查、❽ 调查、❾ 事故认定、❿ 复核、⓫ 损害赔偿调解、⓬ 结案与归档⓭等。

（二）治安防控方面

作为重庆交巡警又一核心职能的治安防控是指通过事前预防、事中控制、事后追惩等手段维护社会的良好秩序，保持社会安宁。根据相关法律法规要求，交巡警治安防控职能主要有秩序与安全维护、实施治安管理处罚等方面。

1. 秩序与安全维护

秩序与安全的维护是治安防控的目的所在，一切活动都要以此为依归。如

---

❶ 参见《道路交通安全法》第 91 条。
❷ 参见《道路交通安全法》第 91 条。
❸ 参见《道路交通安全法》第 96 条。
❹ 参见《道路交通安全法》第 99 条。
❺ 参见《道路交通事故处理工作规范》第 10 条至第 20 条。
❻ 参见《道路交通事故处理工作规范》第 21 条至第 24 条。
❼ 参见《道路交通事故处理工作规范》第 25 条至第 29 条。
❽ 参见《道路交通事故处理工作规范》第 30 条至第 39 条。
❾ 参见《道路交通事故处理工作规范》第 40 条至第 46 条。
❿ 参见《道路交通事故处理工作规范》第 49 条至第 65 条。
⓫ 参见《道路交通事故处理工作规范》第 66 条至第 70 条。
⓬ 参见《道路交通事故处理工作规范》第 75 条至第 82 条。
⓭ 参见《道路交通事故处理工作规范》第 83 条至第 87 条。

前文所述，秩序与安全的维护需要经由事前预防、事中控制、事后追惩等手段来达致。

就事前的预防而论，需要交巡警加大巡逻力度。通过定时与不定时的出警巡逻，不仅可以起到震慑潜在违法人员的作用，还能及时发现刚露出苗头的违反秩序事件。而关于巡逻频率的问题，法律法规尚无也不宜做出精细规定。对此，出于巡逻工作的动态性与复杂性，宜由公安部门通过内部行政规则予以具体化，并且应当赋予巡逻警察自由裁量权以充分照顾具体工作中的灵活性。除了巡逻之外，建立完善的警民信息协助机制也极为重要。

对于事中控制而言，是指一旦发现应尽快制止正在进行中的违反治安管理类法律法规的活动，主要手段也是加大巡逻力度与建立完善的警民信息协助机制。而至于事后控制，则主要是实施治安管理处罚。

2. 实施治安管理处罚

所谓治安管理处罚，指的是行政主体对于违反治安管理类法律法规的相对人予以惩罚的各种手段的总称。按照《治安管理处罚法》第 10 条的规定，治安管理处罚分为警告、罚款、行政拘留、吊销公安机关发放的许可证照以及针对外国人的限期出境或驱逐出境。

就处罚事项，对于处警告，50 元以下罚款，暂扣车辆、物品和证件，被处罚人没有异议的，由交巡警执勤人员当场执行；对于处 50 元以上 200 元以下罚款的，由交巡警中队裁决并执行；对于处 200 元以上 1000 元以下罚款和没收财物的，由区（市）县交巡警大队决定并执行。❶

至于处以拘留、吊销证照、限期出境、驱逐出境的权限，查《重庆市人民警察巡警执勤规定》可知，法律、法规并未将之赋予交巡警。

3. 其他方面

交巡警所涉治安防控方面的职能并不以上述所列举为限，其他方面尚有：

（1）维护市容环境整洁，保护市政公用设施。在交巡警日常巡逻执法过程中，如遇到张贴、涂刷违法广告，随地丢弃垃圾污物等破坏市容整洁以及破坏市政公用设施的活动，除依法予以处罚之外，还应制止并责令恢复。

（2）参加突发性灾害事故救援工作，维护现场秩序。突发性灾害事故是指不可预见、难以预防的灾害事故。在交巡警巡逻执法过程中，如遇道路上地质灾害、车祸、地陷等，应在可能的范围内开展救援工作，并且（或者更重

---

❶ 参见《重庆市人民警察巡警执勤规定》第 17 条。

要的是）维护现场秩序。

（3）劝解、制止在巡区内发生的治安纠纷。在交巡警巡逻执法过程中，如遇打斗等治安纠纷，应当及时按规定进行制止。对于不违反法律强制性规定的治安纠纷，在当事人请求下可以进行调解；对于违反法律强制性规定的，按照法律规定进行处理。

（4）受理公民报警。

（5）纠察人民警察警容风纪。

（6）执行法律、法规和规章规定由巡警执行的其他任务。

（三）破案打击方面

1. 预防犯罪

顾名思义，预防犯罪是指对犯罪活动防患于未然。一般情况下，犯罪活动既成事实，相关法益即被侵害。虽然可以通过事后惩罚等方式弥补，却无法恢复到犯罪之前的状态。故而，对交巡警之破案打击此一大类职权而言，预防犯罪具有举足轻重的地位。对此，不少法律、法规如《人民警察法》第 2 条第 1 款及第 6 条第 1 款第 1 项、公安部发《城市人民警察巡逻规定》第 4 条第 1 款第 3 项、重庆市政府发《重庆市人民警察巡警执勤规定》第 7 条第 1 款第 1 项❶等均有条文进行规定。

与预防犯罪相关的是侦查与制止犯罪。例如，盘问活动便兼具预防、侦查和制止犯罪三种属性——既可以通过盘查有效震慑处于预备阶段的犯罪活动，也可以及时发现已经开始实施的犯罪活动并及时制止。

2. 制止犯罪

狭义的制止犯罪，是指制止已经开始的犯罪活动；而广义的制止犯罪则包括制止尚处于预备阶段的犯罪活动在内。此处，笔者认为采用狭义的理解较为适宜——这样可以更好地与预防犯罪相区别。与预防犯罪相类似，对制止犯罪而言，实定法上也多有条文予以体现，如《人民警察法》第 2 条第 1 款及第 6 条第 1 款第 1 项和第 11 条❷、公安部发《城市人民警察巡逻规定》第 4 条第 1 款第 3 项、重庆市政府发《重庆市人民警察巡警执勤规定》第 7 条第 1 款第 1 项等。

---

❶　巡警执勤时履行下列职责：……（四）劝解、制止在巡区内发生的治安纠纷，预防和制止违法犯罪行为。

❷　为制止严重违法犯罪活动的需要，公安机关的人民警察依照国家有关规定可以使用警械。

与制止犯罪活动有着密切关联的是警察使用武器与警械的权力。如上文所述，既然交巡警承担了巡警的职责，那么依照《公路巡逻民警队警务工作规范》第 29 条❶以及《城市人民警察巡逻规定》第 7 条第 1 款第 1 项❷的规定，享有巡逻时携带武器、警械并在不同的情况下分别使用以制止犯罪的权力。具体而言，如果是严重的暴力犯罪行为，交巡警可以依照《人民警察法》第 10 条❸、国务院发《人民警察使用警械和武器条例》第 9 条之规定使用武器予以制止；此外，对于非上述的其他较为严重的暴力犯罪，则可按照《人民警察法》第 11 条、《人民警察使用警械和武器条例》第 7 条❹与第 8 条❺使用警械予以制止。

3. 侦查犯罪

侦查犯罪是指通过各种警务手段探知犯罪嫌疑人及其所实施的犯罪活动。由于大部分犯罪活动并不是如现行犯那样显而易见，所以必须通过侦查活动予以探知，进而才能达到破案打击的目的。为了达到侦查的目的，交巡警可能会行使盘问、继续盘问、检查、采取强制措施、使用技术手段等权力。

（四）服务群众与其他方面的权限

交巡警除了上述职能之外，还承担着服务群众的任务。交巡警性质上属于警察，警察行使警察权，而警察权又属于行政权的一部分。现代行政权与过往不同的地方，即在政府作为"公共产品"的提供人，不仅需要提供以安全与

---

❶ 公路巡逻民警执勤时应当携带警棍、催泪喷射器、手铐、警绳等驱逐、制服、约束性警用器械。按照上级指令执行查缉暴力犯罪嫌疑人及其驾驶、乘坐的车辆等任务时应当携带枪支、弹药等警用武器，并穿着防弹衣、佩戴防弹头盔。

❷ 人民警察巡逻执勤时必须做到：……（一）穿着警服，系武装带，佩带枪支、警械和通信工具。

❸ 遇有拒捕、暴乱、越狱、抢夺枪支或者其他暴力行为的紧急情况，公安机关的人民警察依照国家有关规定可以使用武器。

❹ 人民警察遇有下列情形之一，经警告无效的，可以使用警棍、催泪弹、高压水枪、特种防暴枪等驱逐性、制服性警械：（一）结伙斗殴、殴打他人、寻衅滋事、侮辱妇女或者进行其他流氓活动的；（二）聚众扰乱车站、码头、民用航空站、运动场等公共场所秩序的；（三）非法举行集会、游行、示威的；（四）强行冲越人民警察为履行职责设置的警戒线的；（五）以暴力方法抗拒或者阻碍人民警察依法履行职责的；（六）袭击人民警察的；（七）危害公共安全、社会秩序和公民人身安全的其他行为，需要当场制止的；（八）法律、行政法规规定可以使用警械的其他情形。人民警察依照前款规定使用警械，应当以制止违法犯罪行为为限度；当违法犯罪行为得到制止时，应当立即停止使用。

❺ 人民警察依法执行下列任务，遇有违法犯罪分子可能脱逃、行凶、自杀、自伤或者有其他危险行为的，可以使用手铐、脚镣、警绳等约束性警械：（一）抓获违法犯罪分子或者犯罪重大嫌疑人的；（二）执行逮捕、拘留、看押、押解、审讯、拘传、强制传唤的；（三）法律、行政法规规定可以使用警械的其他情形。人民警察依照前款规定使用警械，不得故意造成人身伤害。

秩序为特征的传统秩序行政，还需要以各种方式向民众提供给付。从这个角度来看，交巡警服务群众的职能可算作向民众提供给付的一种要求。这也可以用更通俗的话来表达，即"为人民服务"。❶

关于服务群众这一职能，主要体现在如下几个方面❷。

提供全天候的报警、求助服务，以便第一时间出警，给予民众最大的便利与安全。

设立网上总队长信箱。因应信息化潮流的要求，在重庆公安交通管理信息网（http：//www. cqjg. gov. cn）上设有"总队长"信箱，以便接收民众各种不同类型的投诉、意见与建议，并及时予以回复，使群众足不出户即可享受到交巡警的优质服务。

设立交巡警便民咨询服务电话。为便利不能、不便上网或者不便亲身前往交巡警固定警务平台的群众，特设立 62599888 交巡警便民咨询服务热线，为公众提供 24 小时全天候咨询服务。

利用网络博客促进警民交流。利用在重庆晨报网站（http：//jxj. cqcb. com）上开通的"交巡警在线"博客作为警民互动的一个平台，以求用更为亲切的方式及时解答公众的各种咨询。

通过广播节目提供服务。交巡警现与重庆交通广播保持着合作关系，共同直播"交巡警在线"栏目。通过该栏目，交巡警方面可以根据治安状况，适时地向公众发布如针对街面上各种常见违法犯罪的预防措施和应对方法等行政指导信息，并通过热线电话、短信平台、QQ 群等方式与听众进行互动答疑。

设立便民箱，向需要帮助的群众提供防暑降温、紧急救治等药品及常用应急物品。

为行人指路，救助突然受伤、患病、遇险等急需帮助的公民。

第三节　重庆交巡警与其他警种的关系

作为一个特殊的警种，交巡警在警务一体化的过程中承担了维护治安、刑事执法、交通管理与服务群众四大职能。这些职能，与现行实定法中其他警种

---

❶　《人民警察法》第 3 条："人民警察必须依靠人民的支持，保持同人民的密切联系，倾听人民的意见和建议，接受人民的监督，维护人民的利益，全心全意为人民服务。"

❷　"重庆市公安局交通巡逻警察总队召开推出十六条便民利民服务措施新闻通报会"，重庆市公安局公众信息网，http：//www. cqga. gov. cn/zfxx/sjzsxxfb/22247. htm。最后访问时间：2012 年 10 月 28 日。

所执掌的部分职能存在性质类似的情形。鉴于这种情况，笔者认为有必要从交巡警与其他警种的关系这个角度对这些职能进行厘清。所以，本节所讨论的交巡警与其他警种之间的关系，指的是职能上的关系；至于两者在组织上的关系，本章第二节的第三部分"交巡警一体化后其领导机关的资格"中已经做出了简要论述，这里不再重复。

一、交巡警与刑事警察间的关系

由于交巡警的主要职能来源于交警与巡警原来所拥有的职能，对于交巡警与刑警之间的关系这一问题，可以拆分为两个子问题，即巡警与刑警之间的关系以及交警与刑警之间的关系。

交巡警既然有刑事职能，那么同刑警之间就有产生职能交叉、重叠的可能，也就会产生如何处理职务上竞合时的管辖主体以及职务上需要协助、协助时的主辅地位的问题。对于涉及警察❶处理刑事案件的职权的实定法规定，以规范位阶为序，依次来自《宪法》第 135 条❷、《刑事诉讼法》第 3 条第 1 款❸、《人民警察法》第 2 条第 1 款以及第 6 条第 1 款第 1 项等的授予。通观上述条文，刑事案件的办理权只是宽泛地赋予了公安机关。至于具体由何警种办理，法律并未言明，则当属于公安的行政自由范围。另查国务院发《公安机关组织管理条例》第 7 条第 1 款："县级以上地方人民政府公安机关和公安分局内设机构分为综合管理机构和执法勤务机构。"及第 2 款："执法勤务机构实行队建制，称为总队、支队、大队、中队。"这也说明了在组织建制上行政所享有的颇为广泛的行政自由。

按照一般的划分，公安警察有治安警察、户籍警察、刑事犯罪侦查警察（刑警）❹、交通警察、巡逻警察等不同种类，相应地分别享有不同的执掌权

---

❶ 此处警察与公安不是相同层次上的概念。警察可分为公安警察（如治安警察、户籍警察、刑事犯罪侦查警察、交通警察、巡逻警察、缉毒警察等）、武装警察（如内卫警察、边防警察、消防警察、警卫警察等）、司法警察（如监狱、劳教等场所的警察）等几大类。

❷ 人民法院、人民检察院和公安机关办理刑事案件，应当分工负责，互相配合，互相制约，以保证准确有效地执行法律。

❸ 对刑事案件的侦查、拘留、执行逮捕、预审，由公安机关负责。检察、批准逮捕、检察机关直接受理的案件的侦查、提起公诉，由人民检察院负责。审判由人民法院负责。除法律特别规定的以外，其他任何机关、团体和个人都无权行使这些权力。

❹ 刑警有形式意义的刑警与实质意义的刑警之分。所谓形式意义的刑警是指以"刑警"为名者；而实质意义的刑警是指拥有办理刑事案件的职权者。本书中所谓的刑警如无特别说明，皆是指形式意义的刑警。

限。虽然从名称上看，刑警似乎专揽刑事案件办理工作，但无论从实际上还是法律、法规规定上都不尽如此——如交通警察、治安警察都或多或少地可以涉及刑事案件。如前文所述，交巡警主要统合了交通警察与巡逻警察的工作，那么正如公安部发《道路交通事故处理工作规范》第 42 条第 1 款❶与第 3 款❷以及公安部发《城市人民警察巡逻规定》第 4 条第 1 款第 3 项❸、公安部发《公路巡逻民警队警务工作规范》第 7 条第 1 款第 7、8 项❹和《重庆市人民警察巡警执勤规定》第 7 条第 1 款第 4 项所规定的，交巡警破案打击这一职权主要针对如下三种情况：涉嫌交通肇事的犯罪活动；道路上发生的涉嫌犯罪的活动；巡逻过程中所遇的其他涉嫌犯罪的活动。

对于上述活动，交巡警的涉入程度并不能一概而论。具体而言，对第一类，一般可以作为案件主办者进行参与；对于后两类，正如《公路巡逻民警队警务工作规范》所用的词语，交巡警扮演着"先期"处理的从参与者角色❺，主要发挥辅助作用。例如，交巡警在巡逻过程中路遇正在逃窜的犯罪歹徒，其主要的任务是缉捕归案以及前期的证据收集和现场保护，而进一步的侦查工作应由刑警负责。另外还需要指出的是，这里作为辅助角色而拥有此类刑事案件办理权限的情况限于刑警尚未着手，按照距离及时出警原则而由交巡警进行处理的情形。职能如此分工，既可做到公安部发《公安机关办理刑事案件程序规定》第 19 条所要求的"公安机关内部对刑事案件的管辖，按照刑事侦查机构的设置及其职责分工确定"，又能做到责任明确，避免责任交叉。

理论上，交巡警与刑警有产生职能竞合的可能，不过依照上述分析可知这种竞合是可以避免的。从而，也就不必再讨论竞合后如何确定管辖主体的问题。而在交巡警与刑警在职能协助上的情况，对于涉嫌交通肇事类犯罪的案件，交巡警的刑事侦查职能占主要地位，一般意义上的刑警需要与其进行职能上的辅助与协助；对于道路上发生的涉嫌犯罪的活动和巡逻过程中所遇的其他涉嫌犯罪的活动，交巡警充当的则是辅助者的地位，要为刑警提供职务上的辅

---

❶　公安机关交通管理部门在调查道路交通事故过程中，认为当事人涉嫌交通肇事犯罪的，应当及时将道路交通事故处理程序转为办理刑事案件程序，按照《公安机关办理刑事案件程序规定》立案侦查。

❷　公安机关交通管理部门发现当事人有其他违法犯罪嫌疑的，应当及时移送公安机关有关部门。

❸　人民警察在巡逻执勤中履行以下职责：……（三）预防和制止犯罪行为。

❹　公路巡逻民警队履行下列职责：……（七）先期处置公路上发生的治安、刑事案件；（八）按照有关规定缉违法犯罪嫌疑人员。

❺　参见《公路巡逻民警队警务工作规范》第 7 条第 1 款第 7 项。

助以及协助。除此以外的其他刑事案件，因其属于一般的刑事警察所独有的职权范围，故不在交巡警所能管辖的范围之内。

二、交巡警与治安警察间的关系——兼论交巡警与派出所

交巡警因其执掌的权限中有治安防控这一项，所以便与治安警察之间存在职能上产生竞合、协助的可能。同时，基于上文对于交巡警来源的论述，交巡警与治安警察间在治安管理上的关系问题也就是巡警与一般治安警察之间的关系问题。一般情况下，治安警察驻守在派出所，因此这个问题就可以转换到交巡警与派出所之间的关系上。

交巡警拥有处理治安类案件的职能，而派出所也拥有基本相同的职权。[1] 因此，两者之间似乎存在职能上的竞合问题。不过，对此正如现行处理规则所规定的，完全可以按照地域管辖的规则——"屋里屋外"来判定由谁来管辖。

另外，这里对于刑事类的案件还需进行附带性的提及。如同交巡警，在派出所的诸项职能中也有处理刑事案件这一项[2]。一般而言，同交巡警相比，派出所在办理刑事案件时更多的是处于辅助的地位。[3] 当一派出所辖区内发生刑事或者治安案件，派出所由于距离现场最近，便自然具有负责前期处置的优势。这时，派出所主要负责诸如固定现场、收集现场证据等工作。待前期工作完毕后，便交由刑警办理。刑警在后期的办案过程中也可以请求派出所予以必要的协助。

同样是负责前期处理，交巡警与派出所之间便存有职能重叠的可能。为了避免职务竞合，当前交巡警与派出所在职能划分上主要以案发地点作为标准，发生在屋内的案件归派出所管辖，发生在屋外的案件归交巡警管辖。依照这种划分，虽然可以提供一定的认定标准，但是并不能完全免除弊端——当职能发生重叠竞合的时候，不一定会出现两者争先恐后履行职能的情况，有可能会导致相互推诿、扯皮，使得案件的办理出现僵局而严重影响民众利益。

就上述职能竞合的情况，可能有如下两种疑难：首先，如果犯罪行为是发生在屋内屋外的临界地带，当如何认定？另外，如果是从屋内到屋外的持续性

---

[1] 参见《公安派出所组织条例》（失效）第 2 条。

[2] 全国人大颁布的《公安派出所组织条例》（失效）第 2 条第 2、3、4、7 款曾明确规定了派出所处理刑事案件的职能。虽然本条例已经被废止，但并不意味着派出所在内部分工上失去了破案打击工作的职能。

[3] 孙玉生："派出所与刑警队衔接工作机制初探"，载《公安研究》，2007 年第 4 期。

犯罪活动又当如何认定？

笔者认为，由于破案打击工作所具有的专业性、及时性等，对上述问题的处理不宜采用一般的方式。❶ 按照常规处理办法，应首先协商解决，仍无法解决争议的，应报请共同的上一级公安机关指定管辖。❷ 当然，囿于案件的数量，上级可能难以应付。此时，依照行政内部分工上的行政自由，可以考虑委托警务调度部门直接代为指定处理。

三、交巡警与其他警种间的关系

前面对交巡警与刑警和治安警察之间的关系进行了论述。至于交巡警与其他警种之间的关系，由于其职能间发生联系的可能性较小，这里只做简要提及。

（一）交巡警与外事警察

与交巡警职权划分的标准有所不同，外事警察的设立及其职权划分标准是属人管辖。那么依照这里对属人管辖的特别规定，一般而言属于交巡警的各项职能中，凡涉及外国人的都会由外事警察进行管理。但是这里还需注意行政对自身形塑的自由，因为它可以在两者间就所处理的事务进行特别的分配。总之，两者基本不会出现职能竞合的情形。

（二）交巡警与经济犯罪侦查警察

交巡警与经济犯罪侦查警察一般不会出现职权上的交叉状况。除非是路面上的经济犯罪——可以由交巡警进行先期处置，具体情况可以按照上文中"交巡警与刑事警察间的关系"部分里所论述的情况进行处理。除此以外，可以说两者并无联系。

（三）交巡警与禁毒警察

交巡警与禁毒警察之间的关系问题，其性质与交巡警和经济犯罪侦查警察之间关系的性质类似。

（四）交巡警与其他警种

交巡警与上述几个警种之外的其他警种之间，因为各自职能的性质相差较

---

❶ 其他关于职务竞合的处理程序，可参考公安部发《道路交通事故处理工作规范》第 29 条不属于道路交通事故的，经请示单位负责人同意后，告知当事人，并报告指挥中心通知相关部门。

❷ 参见公安部发《公安机关办理行政案件程序规定》第 11 条。

大，所以基本不会出现职能上的联系。

四、小结

作为以有效提升行政效能为目标的警务一体化的尝试，重庆交巡警合一的过程，不仅提供了一种新的改革视角，也带来了一些新的问题。面对交巡警在职能上以及组织上的整合，唯有行必据法、恪守依法行政的各项要求，才有可能做到以正当的手段达成正当的目的。尽管本章立足于公法学，从动因上对这一新生事物基本持积极肯定的态度，但是无可否认，它仍存在不足之处。时刻反思、实事求是是治学之道。同样，也只有以此为标准来对待警务行政中的任何问题，才能真正实现为民众提供安全、有序的社会生活环境这一行政目标。

第八章 重庆交巡警固定警务平台
问题研究

重庆市公安局秉承"让城市更平安更畅通"的核心价值理念，履行维护治安、管理交通、服务公众等基本职能，积极推行"交巡合一"的先进勤务模式，取得了良好的社会效果。交巡警固定警务平台曾经是交巡合一模式的重要组成部分，为交巡警依法承担四大职能提供了先进便捷的执法服务平台，提高了执法的效率；由于见警率的提高，市民的出行安全大大提高，赢得了很多市民的信任。但问题也随之而来，如该怎么确定交巡警固定警务平台的法律地位、"撤所建台"措施是否合法等。2013 年 2 月起，重庆逐步拆除了这一备受关注的警务平台，代之以交巡警流动平台车。本章主要通过对重庆交巡警固定警务平台的发展变迁进行细致研究，并探讨与之相关的一些重要问题。

第一节 交巡警固定警务平台的兴衰

警察组织制度是一国警察法律制度的重要组成部分。在新中国成立后，对公安体制的探索实践从未停止过。早在 1997 年，公安部曾在全国范围内就制定公安机关内部的《公安机关组织条例》以明确公安机关的法律地位及职能活动进行过广泛且深入的调研。直到 2006 年国务院出台的《公安机关组织管理条例》，是第一次以行政法规的形式出台的警察组织法，它的出台彰显了警察组织管理在整个公安工作中的地位和作用。随着公安机关组织地位的明确，警察体制改革和公安体制改革成为当今公安改革的一个重要内容。在实践中，大规模的变动发生在改革开放以后，主要是关于公安职能方面的两次调整。一次是在 20 世纪 80 年代，另一次是在新旧世纪交替之际。在此之后，按照国家的行政体制改革总体安排，我国公安机关又进行了四次大的机构改革，即1983 年、1988 年、1994 年和 1998 年的机构改革。❶ 从实践效果来看，公安工

---

❶ 师维：《警察法若干问题研究》，北京：中国人民公安大学出版社，2012 年版，第 90 - 98 页。

作机制的初步改革主要集中在四个方面：一是以 1994 年 2 月公安部发布的《城市人民警察巡逻规定》为标志，在全国大中城市公安机关普遍建立了警察巡逻体制；二是建立指挥中心；三是实行派出所改革和刑侦改革；四是部分地方实行交巡警合并。浙江、江苏、四川、福建、河南等地的一些城市曾实施了类似交巡警的执法体制。❶ 而重庆市公安局在公安机构改革的大背景下，迈出了探索交巡警体制改革的第一步，交巡警固定警务平台的兴起则是重庆市交巡警体制改革最明显的标志。

一、交巡警固定警务平台的兴起

在公安体制改革的大背景下，2010 年 1 月 18 日，重庆市人民政府办公厅发布渝办发〔2010〕9 号文件，该文件根据渝办发〔2009〕334 号文件的精神，对重庆市公安局交巡警机构职能进行整合，主要体现在两个方面：①将原市公安局交警总队驻各区支队成建制下放所在地分局管理，下放后的各区支队与各区公安分局现有的巡警支队整合组建交巡警机构，名称统一为"重庆市公安局××区分局交通巡逻警察支队"；②其他区县（自治县）公安局交巡警机构，由区县（自治县）公安局现有的交通管理支（大）队、巡逻警察支（大、中）队整合组建交巡警机构，名称统一为"重庆市××区县（自治县）公安局交通巡逻警察支（大）队"。这些新建的机构规格暂与原市公安局交警总队（支、大队）驻各区支队保持一致。

交通巡逻警察总队通过整合警力资源、调整职能配置和优化勤务模式的方式，根据辖区经济发展状况、人口构成、治安状况等因素，将过去按照一乡一所、一街道一所或多所依据行政区域划分的模式，改为一个或多个街道、镇（乡）设置一个派出所的多所合一的模式。经过整改后，重庆市 803 个派出所精简整合为 610 个，派出所的警力在整合后近 9000 人，每个派出所的平均警力也上升到 15 人。此外，在维护现有警力总数的情况下，将撤并整合后的1000 多名警力充实到交巡警固定警务平台。❷ 交巡警队伍经过这一系列的交叉整合后，功能全面、整体联动、一警多能的优点也充分体现出来，此次警务改革在初始阶段就获得了良好的实施效果。而伴随着交巡警职能的合一，交巡警的工作环境和基本的装备配置也提上了日程，为使交巡警协调有效地发挥其整

---

❶ 赵炜："公安改革的历史回顾与前景展望"，载《公安研究》，2006 年第 2 期。

❷ 文峰、胡馨予："我市撤销 193 个派出所 1000 多名警力充实到交巡警"，载《重庆日报》，2011 年 2 月 12 日。

合后的职能，动态化的、有利于交巡警职能实现的新型治安防控体系也随之产生。2010 年 2 月 7 日起实施交巡警合一体制改革后，随即在全市部署交巡警固定警务平台 500 多个，投入 1.4 万余名交巡警，一个交巡警大队管理若干交巡警固定警务平台，其功能相当于一个派出所。根据"警力随着警情走"的原则，每个交巡警固定警务平台的选点都经过了科学规划，警方综合考虑道路交通流量、拥堵状况、治安复杂程度、发案量高低等因素，确定平台管控区域。交巡警固定警务平台与以往治安岗亭和警务亭相比，在运作方式上有着很大的差异，主要表现在以下几个方面。

（一）"开放式"办公

交巡警固定警务平台占地约 4 平方米，高 7～8 米，外形看似灯塔。交巡警固定警务平台装有 4 个摄像头，可实行全天 24 小时 360 度摄像监控，周边两三百米范围内的治安交通状况尽在观察掌控中，即时记录着辖区范围内的一切动向。交巡警固定警务平台顶端装有红绿灯，与路面的红绿灯具有同样的功能。交巡警固定警务平台除配备了 GPS 定位系统和其他相关办公设备外，还能够快速便捷地移动、拆装和重组，流动性和自主性极强，警方能够根据辖区范围内案发的频率及时快速地调动平台位置。

交巡警固定警务平台内部设有多处操作按钮。启动自动按钮时，会伸出 4 块办公案板，形成 4 个类似办公桌的工作平台，供交巡警现场办公。配置的指纹考勤机则对到岗的交巡警实行监督。除此之外，交巡警固定警务平台还配有一些常用的工具箱和相关的传输设备，另配有微波炉、饮水机、冰箱、空调等设备为执勤人员提供方便。

（二）平台的主要功能

交巡警固定警务平台由重庆市公安局自主研发，集可视、可调、移动等先进警务技术于一体，取得了 23 项国家专利。交巡警固定警务平台内除安装了 GPS 定位系统、视频监控镜头，还配置了高空定位爆闪灯以及指纹采集系统、测光测速仪等。每个平台按照等级配备 30～50 名警力和单警装备、枪支，以及 5 台巡逻警车和摩托车，在本平台与周边平台辖区间进行 24 小时巡逻，遇到紧急情况能在 3 分钟内集结 6 台到 8 台巡逻车和 24～32 名警力，实现对全市各个交通要道、重要卡点的全方位封控。交巡警固定警务平台的运行，在全市建立起了 24 小时的街面巡逻警力，平台与信息传递中心和实时监控系统无缝衔接，实现了指挥的数字化和集约化，构建起了动态监控范围大、数据传递及时、跟踪控制迅速、警力配送快速的立体防控网络，提高了公安机关对警情警势的掌握。交巡警固定警务平台利用信息化手段武装警力，全面提升了交巡警的战斗力，使警察队伍克服了以往信息技术利用不足、分兵作战、单一传统警务模式的弊端，转而向"联系密切、协调统一、信息交换及时"的新型警务模式转变，从而高效便捷地处理警情。

随着交巡警固定警务平台的投入使用，公安机关在面临突发事件、重大交通安全事件和重大警务活动时的实时监控能力和指挥控制能力及整体的战斗力得到了进一步的提高。

二、交巡警固定警务平台的衰落

2012 年春天以来，重庆警方原拥有 1.3 万人规模的交巡警固定警务平台，已开始逐步拆解。目前，区县的交巡警固定警务平台多数已经消失，主城区此前设置过于密集的地方，也拆解了一部分，取而代之的是交巡警流动平台车。运行两年多的交巡警固定警务平台逐渐被拆除，引发了各方的关注和讨论，究其原因，主要有以下几个方面。

（一）巨大的投入成本导致交巡警固定警务平台的运作难以为继

交巡警固定警务平台作为"交巡合一"的重要载体，它具有极高的科技含量，配备了多种高科技、现代化的电子信息设备运用于治安和交通的管理。据不完全统计，每个交巡警固定警务平台一年的维护费需要 300 多万元，如此大的投入成本使得相关部门的支出负担加重，由于缺乏雄厚的资金支持，交巡警固定警务平台的各类高科技电子设备不能有效地运行，导致在后期的运作中难以为继，不得不重新考虑设立交巡警固定警务平台的必要性。

（二）投入成本与所获得的实际效益不成比例

交巡警固定警务平台在设立之初，获得了很大的成效，极大地提高了公众的心理安全指数。因其致力于挤压街面违法犯罪活动的空间，提高了人民公众的见警率；对不法分子起到了威慑作用，使得公众放心安全地出行；加强了交通管理基础信息处理以及交通控制，及时有效地疏导交通，缓解了交通压力。这些都是交巡警固定警务平台设立所带来的实实在在的好处，但从总体来看，所取得的这些收益与投入的成本之间存在极大的不对等，这也是行政部门重新考虑设立交巡警固定警务平台是否符合现实需要的最主要原因，最终结合各方面的估量，做出了拆除交巡警固定警务平台的决定。

（三）交巡警执法人员露天办公，工作压力大

交巡警固定警务平台采用"开放式"办公，例行严格的出勤考核制度，要求保持24小时有交巡警在岗的状态，为此，平台配备有微波炉、冰箱、饮水机、空调等日常设备来满足执勤人员的需要。但在实际运作中产生了很多问题，重庆夏天酷暑难耐，冬天寒冷潮湿，这些设备在密闭的环境中能发挥一定的作用，但暴露在烈日或者严寒中，收效甚微，执勤民警在面对巨大的工作强度的同时，还要忍受身体上的不适，所承受的压力可想而知，这也是导致交巡警固定警务平台最终被拆除的现实原因。

以上几个方面的原因，最终导致了交巡警固定警务平台的衰落，尤其是成本与效益不成比例的问题是交巡警固定警务平台拆除的最主要原因。通过交巡警固定警务平台的设立和衰落这一过程，使得行政机关不得不重新定位交巡警固定警务平台并采取相应的改革措施，尤其是对于行政成本和预期所获利益的考量，交巡警固定警务平台的拆除，在一定程度上有利于行政机关重新审视行政规划和成本效益的关系，为交巡警的改革积累了经验，也有利于行政机关决策水平的提高。

第二节　交巡警固定警务平台的性质

在社会主义市场经济新体制和城镇化建设不断加快的新形势下，社会治安动态化的特点越来越明显，治安管理任务也越来越繁重。交巡警职能合一体制改革适应了当前社会形势的发展，实现了"一警多能"。将交警和巡警统一管理，可以有效防止"群龙无首""各自为政"的状况出现，同时体现出"行政一体化"的特点。"行政一体化"这一学术性概念，是指在一个行政辖区内，尽可能将所有的权限集中于一个机关或集中于一群由统一的一位首长所指挥的行政机关群中。[1]

交巡警作为一个复合型新警种，要充分发挥职能就必须打破交警和巡警的警种界限，如果警种界限不打破，交巡警的综合管理职能就很难发挥并最终形成一种貌合神离的局面，而交巡警固定警务平台的设立，在一定程度上加快了两类警种的融合，提高了交巡警执法的整体效能。对于交巡警固定警务平台这一新兴的事物，它的设立在行政组织机构中到底扮演了什么样的角色，确实值

---

[1]　翁岳生：《行政法》，北京：中国法制出版社，2009年版，第322页。

得探究，笔者就此问题，试从以下方面论述交巡警固定警务平台的性质。

一、交巡警固定警务平台设立依据

重庆市公安局根据渝办发〔2010〕9 号文件和渝办发〔2009〕334 号文件的精神，将交巡警合二为一，设置交巡警固定警务平台，主要管理道路上的交通案件和部分刑事案件。一个交巡警大队管理若干交巡警固定警务平台。从以上的设置来看，交巡警固定警务平台是依附于交巡警而产生的，它本身的设立并没有相关法律法规以及规范性文件为依据，而是行政机关在执行方式上的一种选择性裁量。

二、交巡警固定警务平台设立的目的

交巡警固定警务平台设立的直接目的是实现"交巡合一"后，方便交巡警充分发挥治安管理和交通管理这两项最主要的职能。

在国家治安状况整体良好的大背景下，重庆治安状况总体平稳，但由于重庆城市人口数量多，人口密度大以及近年来经济的快速发展吸引了许多外来务工人员，这些客观因素使得治安状况呈现一定的复杂性。交巡警固定警务平台的设置，对于维护治安是一个比较有效的管理方式，提高了公众的街头见警率，增加了公众的心理安全指数。

交巡警固定警务平台除了在治安管理方面发挥了极大的作用外，也积极促进着城市交通状况的良好发展。众所周知，重庆素有"山城"之称，道路曲折蜿蜒；随着近年来重庆经济的快速发展，私家车的数量迅速增长等客观原因导致了交通拥堵状况严重，交通事故发生频率大幅增多，加之地铁、跨海大桥等基础建设项目集中，设置的多处工地围挡占用了车辆的行车道，在部分路段形成交通"瓶颈"，导致车辆在行经施工区域时并道行驶，造成交通不畅。另外，由于市民交通意识薄弱，争道抢行等交通违法行为加剧了交通拥堵。而交巡警固定警务平台配备有先进的科技设备，能迅速锁定拥堵路段，及时派遣辖区交巡警进行交通疏导，从而缓解交通压力，减少交通事故发生率，便于车流人流的通行，从而使重庆的交通保持畅通。

三、交巡警固定警务平台的基本运作方式

从前文可以看到，交巡警固定警务平台的科技含量极高，它的基本运作方式也是集现代化、高速化于一身，执勤人员只需要简单地操作仪器便可以了解

辖区的治安和交通状况。若遇到异常情况，街头分布的交巡警则会将情况迅速地反映到交巡警固定警务平台，执勤人员则根据具体情况采取相应的措施予以解决。以 110 指挥中心接警为例，当指挥中心接到市民 110 报警后，便可通过交巡警固定警务平台内的各种高科技的指挥传输方式，迅速调度距离现场最近的交巡警固定警务平台、巡逻车辆到达现场进行处理。同样，街面巡逻或交巡警固定警务平台内的交巡警接到报警，也可通过交巡警固定警务平台的办公电脑或相关电子传输设备，及时快速地将警情发送至指挥中心。可以看出，交巡警固定警务平台的整个运作过程就是信息交换的过程，运用高科技手段管理交通和治安问题，减少了以往交警或巡警处理突发状况的迟延性，提高了行政效率。

综上所述，交巡警固定警务平台是交巡警这一新型警种的附属品，它通过一系列高科技手段的运作和实施来完善交巡警这一新型警种的发展并促进其高效地发挥职能，这是一种不同于以往的执法方式，而有些学者却将其性质定位为交巡警的职能部门或者内设机构。具体来看，一般的公安派出机构主要包括户籍、交通、刑侦、政治、法制、后勤等内设部门。交巡警合一体制改革后，重庆市公安局做出了警务体制与勤务方式改革精简的决定，原有派出所只保留了户籍民警等日常和公众接触较多的内设机构，如社区防控大队主要管理辖区人口、治安状况、收集社区情况、服务社区群众，最大限度地保障社区群众的人身财产安全；办证和后勤等日常事项则专门由内勤部门负责，这样一来，派出所民警的工作将更专注于社区服务性管理。而充实到交巡警固定警务平台的人员主要依靠先进设备负责打击犯罪和进行交通管理，因此，交巡警固定警务平台并没有一般派出机构所具有的内勤和基础的职能部门。通过以上分析可知，交巡警固定警务平台并不是所谓的机构组织，它不具有机构组织设立的法律依据而是交巡警履行职能所凭借的一种方式，是交巡警体制改革在重庆的具体化体现。

第三节　　"撤所建台"的合法性与合理性

警察管理体制是警察制度极为重要的组成部分，它对警察制度的运作以及警务活动有着重大的影响。要建立完善的警察制度，提高警务效能，就必须根据国家的实际情况以及不断发展变化的治安情况来制定与之相适应的警察制度。

交巡警固定警务平台的设立在一定程度上适应了警察制度的发展，是对警察制度改革的一次大胆尝试，它打破了以往办公室工作的模式，大幅提高了公众的见警率、警察与犯罪分子的碰撞率，符合交巡警警种的特殊性，取得了巨大的整治效果、治安效果和社会效果。这一警务运作方式在一定程度上对行政目的的实现起到了比较重要的推进作用，也产生了一定的社会效果，但是对公权力的运行和操作始终要以法律效果为要旨，其合法性问题长久以来受到各方质疑，尤其在重庆撤除交巡警固定警务平台后，这一问题更是引起了广泛的研究和讨论。单纯地追逐社会效果会引起公权力异化问题，最终使得行政行为背离最初的目的，因此，有必要对"撤所建台"合法性和合理性问题进行探讨，只有厘清其存在的法律问题，才能扬长避短，对警务改革起到较好的实践指导作用。

一、"撤所建台"的概念及原因

"撤所建台"是行政机关为了满足交巡警履行职能的需要所采取的一项措施。具体而言，"撤所"指的是公安机关撤销派出所；"建台"指的是在城市道路上设立交巡警固定警务平台。2011 年 2 月 11 日，重庆市公安局召开"两区"警务体制与勤务方式改革精简整合派出所工作动员部署电视电话会议。该会议决定撤销全市 193 个派出所，将警力充实到交巡警固定警务平台和保留的派出所。相关负责人称此举"是重庆警务体制改革的继续和延伸，是创新社会管理的又一重要举措，将解决派出所机关化的通病，解决派出所和交巡警固定警务平台部分警务交叉、重复、断裂的问题"。在召开此次会议之前，重庆市公安局专门成立了调研组，深入到各区县进行调研工作，调研结果显示，全市派出所警力的配置过于分散，10 人以下的派出所有 500 多个，占派出所总数的 60% 以上。重庆市公安局通过对调研结果进行分析，要求在全市 803 个派出所中撤掉 193 个派出所，撤并工作要在两天内完成，所涉调动人员必须在 48 小时内到岗。此次派出所的撤并，使得全市各个派出所民警的平均人数升至 15 人，1000 多名警员在整合后被充实到交巡警固定警务平台。之所以"撤所建台"，最主要的原因是要适应交巡警体制改革，满足交巡警履行职能的需要，从而实现"交巡合一"所追求的目标。"撤所建台"这一举措的利益出发点是正当的，但是在具体的操作中，所涉及的合法性和合理性问题则是交巡警固定警务平台设立之初所面临的核心问题，也是交巡警固定警务平台设立之后广受诟病的最主要根源，据此，下文将对其进行合乎本质的分析。

二、"撤所建台"的合法性

依法行政原则是行政法治原则的核心内容。一切国家作用均应具备合法性，包括行政权力的设立、行使、运用必须依据法律，符合法律要求，不能与法律相抵触。而依法行政包括三项内容：法律的拘束效力、法律优越原则和法律保留原则。❶ 有无法律依据是判断行政行为是否合法的最主要依据。具体来看，"撤所建台"涉及"撤所"和"建台"两个问题，因此，要分别对其进行合法性阐述。

（一）"撤所"的法律依据

2010年1月18日，重庆市公安局根据渝办发〔2009〕334号文件，对交巡警机构职能进行了整合，将原市公安局交警总队驻各区支队下放到分局管理，与各区、区县（自治县）公安分局现有的巡警支队整合组建交巡警机构。由此看来，该文件是"撤所"行为的出发点。该文件的制定主体是重庆市人民政府办公厅，故该文件在行政法律体系位阶中属于其他规范性文件。结合整个行政法律体系来看，由于我国政治、经济、历史等方面的原因，导致行政组织法不健全，现阶段我国只有两部位阶较高的法律，即《国务院组织法》和《政府组织法》。但在具体实践中，规定过于原则化和抽象性的问题逐步暴露出来，为解决此类问题，《政府组织法》将部分法规、规章的立法权授予地方，《政府组织法》第7条规定："省、自治区、直辖市的人民代表大会根据本行政区域的具体情况和实际需要，在不同宪法、法律、行政法规相抵触的前提下，可以制定和颁布地方性法规，报全国人民代表大会常务委员会和国务院备案。"和第60条规定："自治区、直辖市的人民政府可以根据法律、行政法规和本省、自治区、直辖市的地方性法规，制定规章，报国务院和本级人民代表大会常务委员会备案。"通过这两条规定可以看出，为使抽象性法律能具体有效地规制地方日常的行政管理，全国人民代表大会便赋予地方一定的制定行政规章及规范性文件的权限。

我国现有的法律没有明确规定行政机关设立派出所的法律依据，而在1954年12月31日第一届全国人民代表大会常务委员会第四次会议通过的《公安派出所组织条例》（失效）第1条规定："为了加强社会治安，维护公共秩序，保护公共财产，保障公民权利，市、县公安局可以在辖区内设立公安派

---

❶ 翁岳生：《行政法》，北京：中国法制出版社，2009年版，第184页。

出所。公安派出所是市、县公安局管理治安工作的派出机关。"此项规定明确授予公安行政机关设置派出所的权力，但是由于50多年来，公安派出所的设置、职能、组织与各方面情况都发生了重大的变化，加之当时立法不完善的原因，使得条例的规定已经不适应现实的需要。于是，2009年6月27日第十一届全国人民代表大会常务委员会第9次会议废止了《公安派出所组织条例》。至此我国没有高位阶的法律规定派出所的设置问题，只有散见于行政法规及规章中的原则性及抽象性规定，而其中位阶较高的就是2006年11月1日国务院第154次常务会议通过的自2007年1月1日起施行的《公安机关组织管理条例》，其中第6条规定："设区的市公安局根据工作需要设置公安分局。市、县、自治县公安局根据工作需要设置公安派出所。公安分局和公安派出所的设立、撤销，按照规定的权限和程序审批。"由此可以看出，《公安机关组织管理条例》对于设立和撤销派出所只给出了一般性的兜底条款：公安机关可以按照一定的权限和程序设立和撤销派出所，但"关键在于什么样的行政组织具有什么样的制定规范性文件的权限，由于行政法学界对其他规范性文件研究得较少，而对于内部的规范性文件更是无章可循，在行政执法中缺少必要和正确的理论指导。不同级别和不同职能的行政机关对于制定其他规范性文件的分工在法律上处于不清楚状态，造成各种行政机关任意制定其认为必要的其他规范性文件"❶。结合渝办发〔2009〕334号文件来看，其制定主体是重庆市人民政府办公厅，重庆市公安局根据该规定对交巡警进行改革并"撤所"，依据《政府组织法》第7条、第60条的规定和《公安机关组织管理条例》第6条的规定，设区的市公安机关依照一定的程序和权限可以撤销派出所，因此，"撤所"行为在法律上是有依据的，是合法的。

（二）"建台"的合法性问题

实施"交巡合一"后，为使交警和巡警这两个不同职能的警种能更好地融入交巡警这一新警种，必须采取一定的措施，交巡警固定警务平台的建立及其所配备的高科技设施，满足了新警种执行公务的需要。而关于"建台"的合法性问题，需要从交巡警固定警务平台的性质入手，前文在分析交巡警固定警务平台的性质时，得出了交巡警固定警务平台是公安机关提高行政效率的一种方式，"建台"既然是一种方式，因此属于行政机关行使裁量权。

行政行为中的裁量，专属于行政权判断的事项予以委任的领域是否存在以

---

❶ 陆伟明："其他规范性文件法治初论"，载《西南政法大学学报》，2002年第5期。

及范围的问题。行政裁量行为又以法律是否对之严格拘束，是否给行政主体留有选择、自由裁量余地为标准，可分为羁束行政行为与自由裁量行政行为。所谓羁束行政行为，是指行政主体只能按照法律、法规规定的行使行政职权的条件、范围、标准、形式及程序等做出的行政行为，而没有自由斟酌、选择和裁量的余地。而与之相对的自由裁量行为，则是指行政主体在法律、法规等规定的幅度和范围内，根据行政管理的实际需要而有一定的自主选择和裁量余地所做出的行政行为。❶

裁量行为的上述分类，对于指导具体行政行为的实施有着现实意义：①羁束行政行为只发生是否合法的问题，即要么合法、要么违法，受行政合法性原则的约束；而自由裁量行政行为一般只发生是否适当、合理的问题，即是否偏轻偏重或畸轻畸重，主要受行政合理性原则的约束。②在法律监督和救济渠道上，因为羁束行政行为的合法性很容易依据法律、法规的规定做出判断，因此，在行政审查和司法审查中，其范围基本不受限制；但自由裁量行政行为牵涉行政主体的专业性和技术性知识，一般的行政审查和司法审查不能深入。

根据《地方各级人民代表大会和地方各级人民组织法》第64条第3款规定的"省、自治区、直辖市的人民政府的厅、局、委员会等工作部门的设立、增加、减少或者合并，由本级人民政府报国务院批准，并报本级人民代表大会常务委员会备案"可以看出，法律授予了行政机关处理本地区因工作需要而设立新的部门的权力。进而可以类推，设立工作部门都有法律的授权，那设立交巡警固定警务平台这种具体而直接的执行方式必然是合法的，在合法范围内，交巡警固定警务平台是行政机关做出的内部自由裁量行为。

三、"撤所建台"的合理性

合理行政是现代行政法治的一个重要组成部分，是现代行政法治的一项基本原则，同时也是对行政合法性原则的必要补充。它要求行政行为不仅要合法而且要合理，违反合法性原则会导致违法行政，违反合理性原则将导致不当行政。所谓合理行政原则，就是指行政主体的行政行为要客观、公正、适度，符合理性的要求。由于现代社会公共事务的广泛性、复杂性，国家立法机关不可能通过严密而完备的法律规范完全约束行政主体的行政行为。为此不得不在事实上和法律上承认行政主体具有一定程度的行为选择权，即自由裁量权。有人

---

❶　郑传坤主编：《行政法学》，北京：法律出版社，2007年版，第150页。

甚至声称自由裁量权是行政权中最显著和最独特的部分。但是也应注意到，由于行政自由裁量权较少受到法律的约束，在现实中它有可能被滥用或出现具体行政行为有失公正的情形，因此，在承认并容许行政自由裁量权存在的同时，还应当注意并加强对行政自由裁量权的控制。这是合理行政原则得以确立的基本依据，德国的行政法学者将行政合理性原则称之为比例原则或平衡原则，并将其内容归纳为适应性、必要性、比例性（又称平衡性）三个原则。❶ 考察并比较德国行政法中比例原则的内容和我国行政法合理行政原则的内容，可以说两者客观上都具有控制裁量权，使行政裁量的适度性转化为合法性的功用；而德国行政法中的比例原则包含了评价行政裁量行为合法性的可供操作的具体标准。❷ 因此，德国行政法中比例原则的适应性、必要性、比例性可以而且也应成为我国行政法中合理行政原则的三项具体要求。

具体而言，"撤所建台"的合理性应该从适应性、必要性和比例性三个方面来探究。

适应性是对行政行为的一种目的导向性要求，其所选择的措施或指定的标准能够有助于法律目的的实现，而不得与其目的相悖。"撤所建台"最主要的目的是适应交巡警执行公务的需要，使得两个警种能尽快地融合，最终实现"一警多能"的目标，更好地维护治安和管理交通。

必要性，是指行政行为不能超越其实现目的的必要程度，即行政主体做出行政行为时，面对多种可选择的手段（或方法）应尽可能选择对个人和社会的影响或损害最轻微的手段。如前文所提到的市公安局按照"派出所设置服从业务、服从城市建设、服从警务功能"的原则，对派出所精简整合。根据辖区人口构成、治安形势、经济发展状况等，主城 11 区派出所保留 60%，其余 31 个区县保留 80%，治安所予以撤销。

诚然，撤销派出所将警力充实到交巡警固定警务平台，会提高公众的见警率，但是不得不考虑，原先派出所所管辖区域内的治安问题如何保证，社区发生治安事件时，如何能及时有效地解决呢？交巡警在此情况下显然鞭长莫及，虽然提高了公众的见警率，却在一定程度上未能提高"管事率"，同时削弱了公安工作的基础，这也是考虑"撤所建台"合理性问题时不得不关注的方面。

---

❶ 于安编著：《德国行政法》，北京：清华大学出版社，1999 年版，第 29 页。

❷ 马怀德教授认为，应当吸收德国比例原则的精神，对我国行政法中的合理行政原则进行改造。笔者也赞成这种观点。可以这样讲，合理行政原则就是中国化的"比例原则"。参见马怀德主编：《行政法与行政诉讼法》，北京：中国法制出版社，2000 年版，第 71 页。

此外，与公众人身财产安全联系最密切的就是社区，而交巡警固定警务平台主要设立在城市道路上，对社区犯罪分子没有较强的震慑力，导致社区发生刑事案件的概率增加，同时，派出所的撤销让一些乡镇公众到派出所办事更为费力。以重庆市主城区外的远觉派出所为例，在远觉派出所撤销后，远觉镇居民办理上户口等事宜，必须要到 10 公里以外的盘龙派出所办理。从实际的实施情况来看，"撤所建台"除了在社区安全方面存在治安死角外，也给公众的日常生活带来了一些额外的负担。因此，在必要性方面，行政主体在选择方式和手段上存在着一定的不足。

比例性，又称为适当性原则、适度性原则或者平衡性原则，是指行政行为所采取的措施或者方法，必须考虑和注意权利与义务之间、成本与获益之间、公益与私益之间、目的与手段之间的相对平衡、适当，禁止过度原则。政府选择规制手段的目的就是既要达到规制目标又能够以最小成本来实现，即效果和效率的统一。结合交巡警固定警务平台来看，其科技含量高，对于打击犯罪和管理交通具有彻底和快速的作用，相应地，这些高科技设备之所以能持续运用到行政管理和刑事案件侦破中，背后是巨大的资金投入，而随之所取得的效益却与投入的数字不相符。对预期利益缺乏规划，导致了成本与效益之间出现较大的不对称，这也是我国政府机构在选择规制手段方面存在的问题。由于政府规制缺乏统一的规制机构，相关的法律法规还不是很完善。在对规制手段进行评估的过程中，可行性分析往往只是倾向于从结论角度来分析手段，这种程序"颠倒"式的为了论证而论证的分析，使结论的合理性受到质疑。同时，政策的决策者往往忽视对所采取的规制手段引发的效应进行分析，既没有对规制产生的成本进行分析，也没有对规制可能带来的收益进行评估，往往只是从定性的角度来认识规制政策，并且这种认识往往是静态的和局部的，从而可能会导致政策本身所具有的"坏的性质"在政策实施过程中不断被放大，以致产生不良后果；或者由于手段预期收益不明显而使制定者的初衷不能够实现。

综上所述，通过对"撤所建台"的适应性、必要性和比例性进行分析，可以看出，"撤所建台"在合理性方面存在不足，突出表现在成本—效益的分析，对政府规制手段进行分析并不是要追求成本和收益计量上的精确性，而是积极掌握规制手段选择过程中科学合理的程序、方法和理念，避免主观臆断和盲目决策等非理性行为，不断提高规制决策的有效性。

第四节　交巡警固定警务平台撤销后的问题和对策

2013 年年初，重庆市部分区县开始撤除标志"重庆模式"之一的交巡警固定警务平台，在交巡警固定警务平台撤出后出现了很多现实问题，对这些问题进行合理有效的处理，事关行政机关的形象问题。

一、交巡警固定警务平台拆除后的问题

（一）公众的心理安全指数降低

交巡警固定警务平台的设立极大地提高了民众的心理安全指数，在运行的 2 年多时间内，大大提高了警察的出警效率，极大地缩短了警察到达案发现场的时间。据不完全统计，交巡警自设立来共破获刑事案件 2.2 万起，打击处理犯罪分子 6000 余人，查处治安案件 12.6 万起，抓获逃犯 3000 余人，全市街面犯罪数量实际下降近 40%。❶ 重庆市民的安全感指数创下 95.89% 的历史新高。2012 年 1 月至 10 月的数据显示，全市刑事发案率下降 4.4%，暴力犯罪下降 28.8%，侵财犯罪下降 9.5%，能够获得这样的成果，无疑要归功于交巡警固定警务平台的设立。

在此次警务改革中，重庆引入了一项重要内容——人性化执法。以罚单为例，交巡警在执法中开具的罚单分为红、黄、绿三种颜色。交巡警会根据情节的严重程度开具不同颜色的罚单：开具绿色的罚单，表示对行政相对人予以劝告和教育；开具黄色的罚单，表示给予行政相对人一定程度的警告；而开具红色的罚单则表示行政相对人的违法情节较为严重，需要对行政相对人进行相应的处罚。同时，此次改革新组建的女子交巡警特勤队采取的"柔性执法、微笑执法"，一方面彰显了人性化的执法方式，改变了以往相对人对执法者盛气凌人、漫不经心的执法态度的印象，另一方面也提高了市民遵守和维护交通法律法规的积极性，缓和了行政执法者和行政相对人长久以来的矛盾，大大减少了行政处罚案件的发生，在行政相对人免受行政处罚的同时也传播了这一执法理念，使得更多的行政相对人加入崇法、守法的队伍中。为使越来越多的相对人配合行政机关的工作，除了执法方式上的转变，交巡警更是改变了整个执法

---

❶ "重庆交巡警 1 岁了！市民安全感指数创新高：95.89%"，华龙网－重庆日报，http：//cq. cqnews. net/html/2011－02/09/content_ 5695189. htm。最后访问日期：2011 年 2 月 9 日。

的理念，将"服务"的理念清晰地体现在执法的过程中，他们在认真及时地完成职能范围内的工作后，还经常主动地帮助过往路人：搀扶老人过马路、推扶人力三轮车上坡、帮忙推动在水里熄火的汽车等。这些平常的举动一下拉近了执法者与相对人之间的距离，更进一步地加深了对彼此的认识和理解，市民的安全幸福感指数在交巡警固定警务平台设立后迅速攀升，交巡警的工作也因得到市民的支持越来越容易推行。

重庆交巡警固定警务平台设立以来，重庆的治安状况显著提高，公众对交巡警的信赖度不断提高，在最初设立的一年时间内交巡警接受公众求助 22 万多起。在 2010 年全国社会治安综合治理考评中，重庆得分居全国第一，这是重庆从来没有过的殊荣，这一切都得益于重庆交巡警为打造平安重庆所做的一系列努力。交巡警固定警务平台作为保障实现"平安重庆"这一战略目标和重庆发展模式的一项具体实际措施，不仅有利于重庆当地公共安全的维护，也为其他地区的发展道路提供了借鉴与参考。这些都是交巡警固定警务平台设立后公众实实在在体会到的安全感，交巡警得到了公众的赞赏，重庆的形象提升了，"平安重庆"的标志在实践中也树立起来了。

交巡警固定警务平台的突然拆除，使公众产生了巨大的心理落差，公众对此产生了诸多的疑问与不安甚至还有对立的情况，如何安抚好公众的情绪、解答好公众的疑问、提高公众的安全指数，进而树立起行政机关的形象，是行政机关必须要考虑和解决好的问题。

（二）交通拥堵及交通事故的解决和处理效率降低

交巡警的设立不仅改变了重庆的治安环境，也极大地改善了重庆的交通运输环境。面对将达 1000 平方公里的主城区面积，即将突破 1000 万的人口和日益加剧的交通管理压力，交巡警固定警务平台的设立进一步强化了交通指挥控制中心指挥调度、勤务管理、信号控制、网上执法、信息发布等功能应用，加强了交通管理基础信息处理，加快了交通控制、交通诱导、停车诱导、信息发布等智能交通系统的建设应用。

在拆除交巡警固定警务平台后，如何在第一时间内解决发生在道路上的交通安全事件，如何能有效地整治重庆的交通状况，从而方便人们的出行，这无疑是行政机关需要解决的第二个问题。

（三）信赖保护问题

交巡警固定警务平台自 2010 年如雨后春笋般出现在重庆的大街小巷后，

人们对这一新奇事物从陌生到熟悉再到接受和信赖，它的设立反映出行政机关"以人为本"的行政理念。为实现"平安重庆""畅通重庆"的目标，依据中共重庆市委三届七次全委会《关于做好当前民生工作的决定》的相关安排，以解决市民最关心的十大民生问题为政府工作的重心，其中最主要的一项内容就是建成 500 个交巡警固定警务平台，扩充交巡警总数。为尽快完成这一目标，重庆市在 2010 年 1 年内共建成 200 个交巡警固定警务平台。针对这些新增平台的布局位置，重庆市公安局遵循"民生工程由民做主"的理念，提出这 200 个平台的选址充分尊重民意。为此，重庆市公安局采取了一个创新大胆的举措，即通过网络来征询民意。2010 年 9 月 14 日，用户"重庆交巡警"在天涯论坛发布了《平台设置由您定夺》的帖子，帖子发出后，立即引起了网民的热议，重庆市公安局随即联合重庆当地多家新闻媒体收集市民的意见，市民还可拨打交巡警总队电话或发送留言到邮箱为交巡警固定警务平台的选址畅所欲言。重庆市交巡警总队将定期针对市民意见比较集中的地点，组织专业人员进行实地考察并对考察结果予以公示，保障公众的知情权。然后，重庆市警方再通过新闻媒体创造多种平台将这些意见整理汇总，选出市民投票最多的地方，最后，警方再邀请专业人员对这些平台选址进行科学合理的论证，最终确定出平台的理想选址。

重庆市在对交巡警固定警务平台进行规划时引入公众参与，但是 2 年后匆匆拆除交巡警固定警务平台，行政规划中的信赖保护原则如何保障呢？信赖保护原则是行政规划过程中的具体原则。由于行政规划本身裁量性大和可变性的特点以及我国存在行政机关随意变更或废止行政规划的现实情况存在，加之我国相关法律制度极不完善导致在行政规划的变更和废止过程中，公众对行政机关信赖度大大降低，行政机关行政行为的诚信度遭到了公众的质疑。重庆市公安局此举虽然没有给公众带来直接性的权利或者财产性的损害，但是损害了行政机关在公众心目中的形象。交巡警固定警务平台在建立规划之初，公众一无所知，而后赫然屹立在重庆市的大街小巷，行政机关为了使公众切身体会到交巡警固定警务平台的优势，使公众能体会到信息技术下警务方式的便捷和高效，便邀请公众参与到交巡警固定警务平台的设立规划过程当中，当公众对这一新型执法方式表示适应和欢迎时，行政机关却悄无声息地开始拆除交巡警固定警务平台，在此情况下，公众对行政机关的信赖度如何得到保障，行政机关的危机公关显得尤为重要。

二、交巡警固定警务平台拆除后对具体问题的对策

如前文所述，固定警务平台拆除后存在类似公众安全指数降低、交通状况不良以及公众信赖保护和政府形象等问题，这些都是交巡警固定警务平台拆除后急需面对和解决的问题，急需采取相关对策予以解决。

（一）新型交巡警流动平台车的投入，缓解民众的不安情绪

交巡警固定警务平台拆除后，针对公众的质疑，重庆公安局给出了以下的答复：自我市交巡警合一警务体制改革实施后，打破交警、巡警职能分列和警种单一的传统模式，秉承"让城市更平安更畅通"的核心价值理念，履行维护治安、管理交通、服务公众等基本职能，积极推行"交巡合一"的先进勤务模式，取得了良好的社会效果。针对社会上违法犯罪流动性日益增强的趋势和近期社会治安形势特点，市局认真学习借鉴世界上大多数国家通行的移动警务模式，按照可持续发展的要求，立足"平台不撤，要动起来"，已先期推出新型交巡警流动平台车200余个，逐步替代原固定交巡警固定警务平台。交巡警流动平台车除保留原固定平台全部功能和优点外，还具备"机动性更强、见警率更高、为民服务更便捷、办事环境更良好、警力投入及运行费用更节约"五大优势。同时，结合加强基层基础工作建设，充分利用原固定平台已有的基座、水电、电话、公安网络、空调等设施设备，在治安复杂地区因地制宜建设警务室或治安岗亭，构建固定与流动结合、点线面结合的整体防控体系，实现"防控力量更多、覆盖范围更大、公众办事更方便"。近期，为进一步加强与公众的沟通交流，更直接地倾听公众的呼声和建议，围绕交巡勤务机制优化完善等热点问题，市局在全市开展警民恳谈活动，各级公安机关相继邀请人大代表、政协委员、警风警纪监督员、辖区居民召开警民恳谈会，全面介绍交巡警流动平台车及其优势，征求公众对替换工作的意见。代表们登上交巡警流动平台车，亲身体验车载先进设备和民警日常勤务情况，了解公安机关标准、精细、人文的新型执法服务理念后，纷纷表示交巡警流动平台车更加符合当前社会治安形势需要，更加适应当前公安工作。今后，市局将通过邀请代表参观交巡警流动平台车和网络、媒体集中宣传等形式，向社会各界推介展示交巡警流动平台车的特点优势，消除公众的各种担忧和质疑，以实际行动赢得公众的信任，最大限度地争取社会各界的理解和支持。与此同时，全市公安机关将一如既往地保持对各类违法犯罪的严打高压态势，加大打击犯罪和维护治安防控的力度，部署好维护社会治安和稳定的各项工作，扎实做好交巡警、派出

所和社区警务等基层基础工作，以此来加强公众对政府的信赖，提高公众的心理安全指数。

新型交巡警流动平台车具有机动灵活的特点，能更加灵活地处理城市道路的治安和交通问题，但是公众对这一新型方式不了解，行政机关可通过公众实际的参观，并由交巡警进行说明，使公众对此逐渐了解和接受，当然，最主要的是新型交巡警流动平台车本身能让公众实实在在感受到安全感，这才是真正解决问题的根本。

（二）行政机关履行职权应该遵守诚实信用原则

交巡警固定警务平台拆除后，公众因此产生的信赖保护以及知情权没有受到尊重，交巡警固定警务平台当时是在重庆复杂的社会状况中产生，一时间不管是商圈车站，还是路口社区，到处都能看到闪烁的警灯、执勤的警察，在保证城市主干道运行和维护社会治安方面发挥了巨大的积极作用。当时的交巡警固定警务平台已不仅仅是一种小的执法载体，更是代表了重庆这座城市的一张闪亮名片，凭借着它们，重庆也荣膺"最具安全感城市"的宝座。不管是勇接跳桥轻生女，还是帮老者挑担；不管是救助走失儿童，还是给迷路司机以指引，这里面包含着公众对交巡警的信赖，对交巡警固定警务平台的依存。尽管官方给出了交巡警流动平台车代替固定平台的解释，但用一个未经实践证明的东西来替换一个已根深蒂固存在于公众心中的事物，需要行政机关做出更大的努力。这应该引起行政机关深刻的思考，在实施行政行为时必须遵守诚实守信的基本原则，对社会公众所公布的信息应当全面、准确和真实，保护公民、法人或其他组织对政府及其管理行为的真诚信赖。具体而言，拆除交巡警固定警务平台、投入新型交巡警流动平台车后要保证该行政行为的可信赖性，使得公众在接受这一新型警务平台的过程中，逐渐产生的信赖保护能够得到行政机关的尊重和维护，行政机关要依法行政，不能单方面地制定或废止相关行政行为。同时由于先期缺乏官方解释，造成公众对于交巡警固定警务平台的突然拆除产生了强烈的不满，行政机关应当适时公开实施行政行为的相关信息，使公众事先有一定的心理准备，从而增加对行政行为的接受度。

关于交巡警固定警务平台拆除后相关设备的运用状况，行政机关应当适时向公众说明，事实上，公众对拆除交巡警固定警务平台本身没有过多的不满，而主要关切交巡警固定警务平台的运行所带来的实实在在的安全感。因此，公开相应的信息，使得公众了解行政行为决策和运行过程以及撤销行政行为的必要性，使得行政机关与公众可以互相信赖，从而提高行政机关的公信力。

三、小结

传统的行政活动是在高权控制下维护社会的公共安全和秩序，主要目的在于维护公民对行政行为的服从和行政机关对于社会的管理，对于公民福利生活的需要和个人特质的发展并没有积极的保障和支持。随着时代的发展，特别是近代"福利国家"观念的兴起以及德国行政法学提出的"服务行政"与"生存照顾"观念被大多数国家和民众接受。正式提出"服务行政"概念与理论的人是厄斯特·福斯多夫（Ernst forsthoff），他于 1938 年发表了《当成是服务主体的行政》一文，明确提出了"服务行政"概念，认为生存照顾乃是现代行政的任务❶。伴随着理论界对于行政行为观念的不断更新，行政职能也逐渐由传统的侧重单纯的管理，演化为要求行政机关的行政行为最大限度地突出服务性的特征，集中表现为国家应承担增进民众福祉的积极义务。

以强制性为特征的传统行政行为方式已经无法满足人们由国家提供"生存照顾"和"服务"的这一理念，基于此，政府应适时地转变行政理念，越来越多地注重与行政相对人的互动交往，力图使得行政行为更"亲民"，更多地得到相对人的接受和支持。服务行政发展成为公共行政重要内容的同时，也不可避免地引起行政法内容和价值取向的重大变化：一是行政法的价值取向更加强调行政的公共服务职能，弱化行政权力的管制职能，提倡行政管理方式方法的创新，日益广泛地采用一些非强制性的行政管理行为方式；二是由原来的权力本位转变为权力与权利平衡基础上的权利本位，强调以人为本、尊重人权，重视对公民权利的保护和对国家权力的控制，呈现出行政管理和行政法制的民主化发展趋势。❷

在现今提倡服务行政的条件下，公安机关以命令和强制为特征的高权行为，在实际的施行过程中显得力不从心，已经不能适应行政活动发展的需要，其管理理念也应与现代行政法的发展方向相一致，管理方式应以指挥转变为服务。由于公安机关职能的特殊性，其所实施的行为主要体现在事后的强制性等高权特征，因此为了顺利地推行和实现行政目标，其与行政相对人之间的关系应更多地关注对于行政相对人行为的指导，积极地向行政相对人提供事前的行为指导，避免由于行政相对人不了解法律、行政法规的规定实施违法行为，使

---

❶ 陈新民：《公法学札记》，北京：中国政法大学出版社，2001 年版，第 48 页。
❷ 莫于川、郭庆珠："论现代服务行政与服务行政法——以我国服务行政法律体系建构为重点"，载《法学杂志》，2007 年第 2 期。

得行政机关在做出不利益的行政行为后，招致行政相对人对不利益行政行为的不满和对抗。

重庆的交巡警固定警务平台的设立是响应公安体制改革大背景的产物，顺应了新形势下服务行政理念的潮流背景。交巡警合一后的职能之一就定位为"服务群众"，而在实际运作中也体现了这一宗旨。例如，重庆交巡警独有的三色罚单，明确清晰地给相对人予以行政指导，使得相对人简便高效地铭记行政要求，从而规范以后的行为。这些都反映了重庆交巡警改革的目标和导向，交巡警固定警务平台也成为行政主体与行政相对人良好互动的标志。这些都是设立交巡警固定警务平台后的良好社会效应，是值得肯定的。但随着交巡警固定警务平台的运作，其缺点也逐渐暴露，而最主要的就是交巡警固定警务平台维护费用高昂，行政成本投入巨大。这使得行政机关不得不正视交巡警固定警务平台运行所存在的这些弊端，对交巡警制度改革过程中的问题及时进行更正，于是交巡警固定警务平台在诸多因素影响下，最终被拆除。对此，笔者认为经过交巡警固定警务平台的设立和拆除这一过程，行政机关应该不断提高行政决策的有效性以及相关的执政理念，主要包括以下几个方面。

（一）信息公开的重要性

交巡警固定警务平台的迅速拆除引起公众强烈的关注和不满，而重庆市公安局对此没有进行清楚而明确的解释和说明，公众对于行政机关反复不确定的行为存在诸多的不满，使得行政机关与公众之间的信赖度迅速降低。这里就涉及行政公开的必要性，它对于保障公民的知情权、加强公众对行政的监督、促进公众对行政的参与等方面都有重要的作用，也是拉近行政机关与公众关系最有效的手段。目前，我国行政规划的信息公开层次非常低，总体上还保持着神秘主义的色彩。行政规划的公开应该贯穿于行政规划制定和实施的各个阶段，行政规划的拟订方案形成后应当在固定时间和地点进行展示，并提前以适当的方式发布公告告知展示的时间和地点，展示的内容应该包括行政规划的起因、具体的措施、可能涉及的机关和利害关系人等。现代行政提倡行政机关和相对人的互动，将更多信息公开给公众，使得公众能更多地了解行政规划的过程和规划的目标，进而事前有所了解和准备。但是由于行政规划是对未来事项的一个预测性的规划，具有变动性和不确定性等特点，因此，在行政规划随情势变动需要撤销或者原行政规划发生修改和重大变动时，行政机关要及时发布行政规划变动的情况，并对此予以说明，以求得到公众的理解。

（二）行政机关在决策过程中应考虑多方面因素

行政机关在颁布行政命令或者实施行政行为之前，不能单纯凭借其主观意志决定是否实施或是保留，而应综合各方面因素进行考虑，首先，要符合法律规定。其次，在行政命令制定过程中，适当引入公众参与，公开相关信息，举行行政听证，多听民意，有利于提高公众对于行政决定的接受度。在具体的行政措施实施后，要保护公众对此的信赖，树立政府的威信。最后，还要考虑经济效果、社会效果。在提倡行政机关提高行政效率的大前提下，要加强对行政行为成本—效益的分析，进而节约行政成本，建立经济高效的政府，转变政府的形象，提高公众对政府的信赖力。

总而言之，交巡警固定警务平台是重庆交巡警体制改革一次全新的探索，用信息化技术武装交巡警队伍，使其更好地发挥交巡警合并之后的新职能，提高行政效率，更好地体现"以人为本"的新的行政理念。交巡警固定警务平台是重庆独有的，它的首创性和大胆立意为以后的交巡警制度改革提供了很多有益的经验。

第九章　重庆交巡警执法体制的完善

交巡警执法体制实施4年来，受到了重庆市民的欢迎和支持，这说明这一体制的设计与运用总体上是成功的。当然正如上文所述，交巡警执法体制也存在不少争议和不足之处。但是有问题并不一定是坏事，世界上没有一项制度是完美的。社会事务复杂多样而富于变动，在制度的实施过程中，必须要根据实际情况不断地更新和完善已经实施的制度，才能适应社会实际的需要。

笔者认为，交巡警执法体制在实施过程中发现的问题，应该从法律依据、内部机构的设置、职能的协调、执法程序几个方面加以完善。本章将逐一阐述如何进一步完善交巡警执法体制。

第一节　交巡警执法体制的法律依据

从笔者获得的资料和信息看，重庆交巡警执法体制在设立时并没有制定相应的法规和规章，该体制的推出是基于公安机关实际工作的需要。虽然交巡警只是公安机关的内部机构，但是在法律地位上具有一定的独立性。很多法律、法规和规章规定由交警部门对相应的交通秩序实施管理。例如，《道路交通安全法》第5条规定：县级以上地方各级人民政府公安机关交通管理部门负责本行政区域内的道路交通安全管理工作。这就使得交警部门不再仅是公安机关的内部机构，而成为一个具有法律、法规授权行使行政权力的行政主体。然而，交巡警毕竟不同于交警，在名称和职能方面都存在很大的差异。如果没有专门的法律依据，交巡警在执法的过程中难免会遇到很多问题。

一、现有组织法依据

我国目前的行政组织法尚不发达。从宏观上看，有1982年制定的《国务院组织法》和1979年制定的《政府组织法》。但是这两部法律主要是对国务院和地方各级人民政府及其职能部门设置的规定，关于行政机关内设机构的设置问题，这两部法律并没有明确规定。不过1997年国务院颁布实施的《国务院行政机构设置和编制管理条例》对于国务院职能部门的内设机构的设置问题做出了规定。至于地方政府及其职能部门的行政机构，国家没有制定法律，国务院也没有制定行政法规。《国务院行政机构设置和编制管理条例》第24条规定，地方各级人民政府行政机构的设置和编制管理办法另行制定。于是，各省、自治区、直辖市分别制定本地区的行政机构法规。其中，重庆市人民政府以地方政府规章的形式，于2009年颁布施行了《重庆市各级人民政府机构设置和编制管理办法》，以对市、区县（自治县）政府行政机构及其内设机构的设置与编制管理问题进行规范。

根据《重庆市各级人民政府机构设置和编制管理办法》第17条的规定，市、区县（自治县）人民政府行政机构内设机构的设立、撤销、合并或者变更规格、名称，以及内设机构之间职责的调整，由该行政机构制订内设机构设立和调整方案，报同级人民政府机构编制管理机关批准。根据这一条款，重庆市公安局在其内部调整设立了交巡警总队，作为其内设机构。从上述规章的要求来看，重庆市交巡警执法总队的设立应该由重庆市公安局制订机构设立和调整方案，报请重庆市人民政府编制管理机关批准。除了上述规定，在笔者能力范围内无法搜集到其他的法律依据，故是否存在其他法律依据，尚不清楚。

根据上述情况可知，重庆交巡警执法体制和部门的设立主要依据的是重庆市人民政府制定的《重庆市各级人民政府机构设置和编制管理办法》中的第17条及重庆市人民政府机构编制管理机关的批准文件。从法律性质上来说，前者属于地方政府规章中的某一条规则，而后者是行政机关内部的行政审批行为。

通过分析现有的法律依据来看，交巡警执法体制的法律依据呈现出以下几个特点：第一，机构的建立和体制的建立具有合法的依据。公权力的行使应当具有明确的法律依据，所以法谚说"法无规定皆禁止"，因为公权力的行使可能会对社会和公民的权利造成重大的损害，国家的公权力都是来自人民的授权，在没有授权的时候，国家就像一台没有加油的机器，是不能有所作为的。需要说明的是，这里所说的"法"应当是完整意义上的、实质意义上的法。也就是说，授权国家机关行使公权力的法，不仅是具体的法律规则，还应当包括隐藏在规则背后的法律精神、法律原则、国家政策和立法目的，如果有上述依据，那么公权力的行使就是符合法律要求的，也是正当的。所以，交巡警这样一个新的警种及其执法体制的建立当然应当有其正当性基础，有其明确的法律依据。从上述分析来看，地方政府规章已经在其中的条款中规定了地方政府的职能部门在设立、撤销、合并内设机构时应当履行的法律手续。在做法上，交巡警执法体制和机构的建立也按照规章的规定履行了必要的审批手续，所以说是合法的。第二，交巡警执法体制的法律依据比较单调，没有专门性的、具体的法律依据。虽然交巡警执法体制是按照规章的规定设立的，但这只是完成了交巡警执法体制和机构设立的基本手续，使其具有了正当性、合法性前提。对于交巡警究竟具有哪些公权力，这些公权力在实施的过程中有什么样的特别要求，应履行哪些专门性的行政程序，没有专门性的、具体的政府规章或者其他规范性文件做出规定。

有人认为，尽管名称不同，但是交巡警依然可以按照单行的法律、法规或规章的规定行使作为警察的权力，履行在法律上应当履行的行政程序，不需要制定专门的交巡警规章制度。笔者不同意这样的观点。虽然交巡警和其他警察一样，都是公安机关内部的执法人员。但是从我国单行法律、法规或规章的规定看，公安机关内部的一些机构和人员具有相对的独立性，不少情况下甚至还可以经过法律、法规的授权而具有行政主体资格。例如，原来的交警部门根据《道路交通安全法》的规定，具有行政主体资格，交警的刑事侦查职能和治安管理职能以及派出所的职能都相对独立。交巡警成立以后，可否行使这些其他公安机构的职能，具体可以行使哪些职能？如就刑事执法而言，交巡警只是受理然后转交刑警呢，还是可以自己进行调查取证，甚至直接与检察院进行衔接？法律上都不太明确。所以，制定一些具体的、专门的有关交巡警的规章制度还是必要的。

二、如何完善交巡警组织法

从法治发达国家和地区的经验来看，行政组织法是实现行政法治的重要一环。这些国家和地区不仅会制定统一的行政组织法，而且还会制定单个行政机关的行政组织条例或办法这样的专门性法律依据。这样做的好处是，对于每一个相对独立的行政机关的存在目的、基本任务、机构设置、权限范围、法律责任等重要问题都做出了明确的规定。对于外部而言，其他国家机关不能随意干涉该行政机关的事务，行政机关与行政机关之间只在法律上存在某种联系，一个行政机关只有通过法律的规定才能与其他行政机关进行交往。行政机关非常清楚自己应该干什么，不应该干什么。

目前，我国的行政组织法尚不发达，导致这种现状的原因有很多。第一，几千年的人治使得我国民众在传统上缺乏规则意识，不太习惯通过法律的规定来实施各种公权力行为。这样导致包括行政组织法、行政行为法乃至行政救济法方面的法制建设都非常滞后，行政组织法的不发达也就在情理之中了。第二，改革开放以来，法治建设的重心主要集中在行政行为和行政救济方面。我国的改革开放至今不过 30 多年的时间，机关改革开放以来我国制定了很多的行政法律，但是由于时间的限制，国家立法的重心主要集中在行政行为法和行政救济法方面，在行政组织法方面的立法还非常不足。● 随着我国法治国家建设的不断推进，可以预见今后在行政组织法方面必然会加强立法，进而完善我国的行政法律体系。第三，我国正处于转型时期，行政职能的变动非常频繁，行政机构改革的不确定性导致无法通过法律来确定行政机关的各种内在要素。改革开放以来，对于行政权力应该如何定位，哪些权力应该交由社会去行使，哪些权力应该由国家来承担，没有明确下来。以行政权力为代表的国家公权力的定位还处于不断探索之中。有的时候行政权力被严格限制，社会权利得到张扬，但是有的时候社会不能很好地规范各种行为或者事务，国家需要将这些权力收回来，由自己来行使。● 国家行政组织的规模、职能的范围也随着这种变化而处于不断的变动之中。国家基本上每几年就要发动一次较大规模的行政机构改革。在这种国家行政机关的职能不确定、机构不固定的情况下，要制定专门性的行政组织法和其他行政机构的法规、规章，显然是有较大难度的。

在这样的背景下，是不是就不能制定规范交巡警组织机构和职能的行政组织法律依据了呢？答案当然是否定的。在宏观各方面，我国已经制定了《国务院组织法》和《政府组织法》，这两部法律在整体上对我国行政机关的设置和权力的配置进行了原则性的规定。在行政组织法发达的国家和地区，涉及其他行政组织法重要内容的也会制定成法律。但是在我国，如前文所述，由于处于转型时期还不可能实现这样的目标，但这并不代表不能制定成行政法规、地方性法规和部门规章、地方政府规章甚至其他行政规范性文件。根据《立法法》第 8 条第 2 项的规定，各级人民政府的产生、组织和职权属于法律保留的事项，应该由全国人民代表大会及其常务委员会制定成法律，但是该法第 9 条

● 陆伟明：“法治政府是实现中国梦的基本保障”，载《中国纪检监察报》，2013 年 5 月 10 日。

● 如在城市公交领域，民营巴士曾经占有非常重要的地位，弥补了公共汽车由于路线固定、收班时间早、班次少等原因导致的城市客运能力不足的缺点。但是民营巴士在经营过程中又出现了不少问题，如随意涨价、车况差等，但国家没有专门的监管体制和力量进行监督。于是不少地方出现了这样的情况：民营巴士经营期限满后，国家收回经营权，由公交公司继续经营以往由民营巴士经营的线路。这在社会上也引发了关于国家“与民争利”的讨论与质疑。

又规定，"本法第八条规定的事项尚未制定法律的，全国人民代表大会及其常务委员会有权做出决定，授权国务院可以根据实际需要，对其中的部分事项先制定行政法规，但是有关犯罪和刑罚、对公民政治权利的剥夺和限制人身自由的强制措施和处罚、司法制度等事项除外"。可见，政府组织法虽然属于法律保留，却并不属于绝对保留的事项，全国人民代表大会及其常务委员会可以授权国务院制定行政法规。所以，国务院可以以行政法规的方式来制定有关行政组织的法律依据。当然对于什么是"人民政府"，在法律解释学上有进一步讨论的余地。对于交巡警部门，从文义解释的角度来说，可以排除在"人民政府"的内涵之外，这样，交巡警部门的设置就不属于《立法法》第8条所规定的法律保留的范围，那么管理交巡警部门的行政机关，如所在政府或者公安局就可以制定有关交巡警的规范性文件，来对其机构的设置以及职权做出明确的规定。

在制定法律的时机尚不成熟的时候，由熟悉业务的行政机关以较低位阶的规范性文件的形式制定有关交巡警机构的法律依据是有可能也是有必要的。行政机构的合并与行政职能的调整往往是基于行政机关在行政执法过程中发现的问题而提出的要求。一般情况下，这种要求具有非常明确的现实意义。它是基于实践中发现的问题而提出的，所以比一般情况下的立法行为具有更强的针对性。在具有上位阶的《政府组织法》和《国务院机构设置和编制管理办法》作为依据的情况下，以较低位阶的规范性文件的形式规定交巡警组织机构的设立和职能的行使依据事实上是行政机关行使上位阶的法律和规章授予的行政裁量权或者行政决策权的行为。所以这种做法不仅是合法的，而且是非常必要的。

三、执法中法律依据的确定

上文所说的法律依据主要是组织法的依据。因为在单行的法律、法规和规章中已经对交巡警的行为法依据做出了明确的规定。如《治安管理处罚法》《道路交通安全法》等法律中就规定了警察的行政处罚权和交通秩序维护管理权。所以，如果完善了相应的行政组织法的依据，那么交巡警执法的法律依据就比较全面了。

但是，交巡警执法的法律依据的存在并不能保证其适用法律依据的准确。在其他行政执法领域，执法依据的确定问题也是一个普遍存在的问题。这是因为行政执法的依据比较多，自上而下分别有法律、行政法规、地方性法规、部门规章、地方政府规章和其他规范性文件。不仅如此，在同一个法律文件中还存在法律规则、法律精神、法律原则和法律目的的区别，也就是说存在形式上的法律与实质上的法律两种。这就为包括交巡警执法在内的执法活动带来了很多疑难的问题。所以，在此有必要厘清这些法律依据问题，为今后交巡警实施规范执法提供帮助。

（一）法律依据的寻找

在法律、行政法规、地方性法规、部门规章、地方政府规章和其他规范性文件中，究竟哪种法律文件才是交巡警执法的依据？或者说，当不同的法律文件对同一个行为都有规定的时候，究竟应该使用哪种法律文件？这不仅是执法实务中的问题，其实也是一个法学上需要厘清的问题。在执法实务上，行政机关往往寻找的是能够对其执法行为有具体规定，具有可操作性的法律依据。在这样的思路下，当法律的规定具体而明确的时候就适用法律，当行政法规的规定明确时就适用行政法规。但是由于上述两种法律文件针对的是全国的普遍性问题，所以往往不能做具体规定，这样就给行政执法机关的执法活动带来了不确定性，似乎法律和行政法规没有规定，就不能作为依据。所以在执法实务中，执法机关主要依据地方性法规、部门规章和地方政府规章实施各种行政行为。在法学理论上，学者们对这一问题并没有做深入的研究，似乎认为这是理所当然的。当上位阶的法律文件有规定时就适用上位阶的法律文件，当规定不明确时，可以适用不与上位阶的法律文件相冲突的下位阶法律文件。笔者认为，这样的观点是不可取的。

正确的做法应该是首先按照经典的"依法律行政"原则，参看法律是否对该行为有具体而明确的规定，如果有明确的规定，那么就必须按照法律的规定做出决定。如果法律的规定不明确，那么可以适用下位阶的法律文件。但是在适用下位阶的法律文件的时候，应当首先引用法律对该问题的原则性规定，将此作为衡量下位阶法律文件是否与之相冲突的标准。如不相冲突，再适用下位阶的法律文件，这种做法才是符合依法行政的基本要求。

（二）什么是执法所应该依据的法

按照上述标准找到应该依据的法律文件种类以后，需要注意的另一个问题是执法所依据的"法"应该界定在什么样的范围内。这里所说的不再是法律、法规和规章这样的不同位阶的法律文件的范围问题，而是在法律文件的内容上，究竟法指的是具体明确的法律规则，还是包括法律明确规定的法律原则、立法目的以及隐藏在法律规则和法律原则背后的法律精神。

目前，我国行政机关在行政执法实务中主要依据的是法律规则，法律规则怎么规定的，就怎么办，并认为这就是所谓的依法行政。笔者认为，一方面法律规则确实非常重要，它能够将立法者的意图清晰细致地表现出来，所以在各个法治国家和地区，法律规则总是法律适用中优先考虑的内容；另一方面，仅仅坚持依法行政之法是法律规则的理念，这是不全面甚至是有害的。法律规则虽然规定得非常具体，具有很强的可操作性。但正是因为这种非常具体的规定，导致法律规则经受不起社会生活的变迁，容易脱离现实生活，不能正确反映现实情况。而法律权威最重要的就是稳定性，朝令夕改会使人们对法律失去信心。基于这样的考虑，法治国家和地区的普遍做法是在法律中规定一些基本原则，这些原则体现着立法者对这部法律的基本价值追求，而且一般会在一开始就明确立法的基本目的。这些基本原则和目的是不会轻易改变的，具有较好的稳定性。所以，如果要使法律不易与社会脱节，就必须处理好法律规则与法律原则以及立法目的的相互关系。一般情况下，行政机关在行政执法实务中应当适用法律规则，当没有法律规则规定或者法律规则的规定已经脱离了现实情况时，就应当以法律原则、立法目的乃至隐藏于背后的法律精神来评判行为的合法性。只有这样，执法机关的法律依据才是正确的。

根据上述内容，完善交巡警执法的法律依据是相当必要的。这种法律依据一方面需要从立法的角度加以完善，这要等待有权立法的机关履行立法的职能；另一方面，交巡警在执法的过程中也应当具备较好的法律适用能力，在找寻法律依据和确定法律依据的内容方面提高自己的能力。

第二节　交巡警内部执法机构的设置

本节将从纵向与横向两个方面来介绍交巡警组织的内设机构。纵向的内设机构是指从市交巡警总队到交巡警支队和交巡警大队，横向的内部机构的设置是指在一个相对独立的交巡警机构中，如交巡警总队或者交巡警支队中，是如何设置具体机构的。在此基础上，本节还会分析这种设置的合理性与有效性。此外，根据交巡警执法的现状，借鉴国外执法机构设置的经验，从理想与现实的角度分析什么样的内设机构更适合交巡警的执法活动。

一、上下级交巡警执法机构的关系

2010 年，重庆市人民政府发布了渝办发〔2010〕9 号文件，对交巡警的设置以及相互关系做出了规定，其大意包括以下几个方面。第一，在市公安局内部设立交巡警总队，既作为市公安局的内部机构，同时又是全市交巡警机构的最高领导机构，在业务上对下级交巡警支队、大队进行指导。第二，将原交警总队驻区的支队设立成交巡警支队。原来的交警总队驻区的支队是由交警总队管理的，改成交巡警支队以后，不再由交巡警总队直接管理，而是下放到驻区公安分局，由其进行管理和领导。第三，原来由区、县（自治县）公安局管理的交通管理支（大）队、巡逻警察支（大、中）队，整合成交巡警支（大）队仍由各区、县（自治县）公安局管理和领导。

根据上述规定，交巡警的内部体制与以前的交警管理体制有了重大差别。原来的交警管理体系分两种。第一种是市交警总队直接管辖一部分区交警支队或大队，在这种情况下，交警支队或大队虽然驻区，但是不归区公安分局管，而是市交警总队的下属机构，是市公安局的内部机构。改成交巡警支队以后，变成了区公安分局的内部机构，与市公安局交巡警总队之间在业务上是指导与被指导的关系。第二，其他区县（自治县）公安分局的交警支队（大队）和巡警支队（大队、中队）归区、县（自治县）公安局管。整合成交巡警支队（大队）以后，依然归区、县（自治县）公安局管，但是机构上已经进行了整合，不再是交警和巡警分离了。

上述做法的一个优点是，市公安局也具有了对警察巡逻工作的指导职能。在原来的体制下，巡逻警察支队（大队、中队）只在区县公安局设置。由于市公安局没有对应的业务指导机构或者管理机构，其巡逻工作只能由区县公安局进行指导。一旦发生不同区县的管辖权冲突时，只能由区县公安局之间进行协调，问题要复杂一些。改成交巡警以后，市公安局设立了交巡警总队，一旦发生管辖权交叉或真空等问题时，市交巡警总队就可以进行指导，确定管辖机关。同时，市交巡警总队可以就交通秩序管理、刑事执法、治安管理等实务进行统一的指挥，弥补了以前由区县公安局指导业务而可能存在的执法标准不一等缺陷。

当然，目前这样的设置也存有不足。这种设置基本上符合上下级行政机关之间的"双重领导"模式，即一个下级行政部门不仅要接受同级人民政府的领导，还要接受上级主管部门的领导。虽然说在名称上一个是领导，一个是业务指导，但名称的不同不能改变两个上级的实际情况。双重领导体制不仅在行政职能部门中存在，在行政内部机构中也存在。不少行政机关如行政职能部门内部的法制机构不仅要接受所在行政职能部门的领导，同时也要接受上级法制部门的业务指导。由于两个上级代表的利益不一定完全一致，从而对下级的要求可能存在分歧，使得下级部门或机构夹在中间难以抉择，这也是此种领导体制的主要缺陷。例如，对食品安全负有监管职责的工商、质检、卫生、食药监等部门，都是采取双重领导体制——稍有区别的是，有的是彻底的双层领导体制，有的是省级以下采取双重领导体制——这些部门在实施食品安全的生产和经营监管活动时，难免会收到来自上级主管部门和同级人民政府的指令。对于上级主管部门而言，肯定是要彻底查处违法行为（此处讲的是正常情况下，排除个别上级领导由于渎职等违法行为而对下级执法机构的不当干预问题），而同级人民政府的想法却不一定与上级主管部门完全一致。因为他们不能不考虑财政收入，所以会通过各种途径要求执法机构在对企业进行监管时慎重做出处理决定。如此情况下，行政监管的效果难免大打折扣，出现食品安全问题也就在所难免了。

交巡警全部改由市交巡警总队进行业务指导，区、县（自治县）交巡警支队（大队）由区、县（自治县）公安分局领导以后，也就变成了双重领导体制。于是交巡警实施刑事执法、治安管理和交通秩序管理等职能时，需要全面考虑来自交巡警总队和所在区县公安分局的指示与命令了。在这种情况下最可能出现问题的是，如何彻底贯彻职能合一的执法理念。原本在只接受交巡警总队领导的情况下，交巡警发现的案件一般会由交巡警支队或大队负责处理，市交巡警执法总队进行宏观上的指导和重大问题的决策。而实行双重领导体制以后，交巡警发现的案件，除了传统上的交通秩序违法案件由交巡警支队或者大队处理以外，对于发现的刑事犯罪或治安违法案件，需要考虑是应该由交巡警支队或大队来处理还是交由所在的刑警支队或治安支队来处理。其矛盾之处在于，如果交由交巡警支队或大队来处理，其执法力量和执法能力可能都无法承担；如果交由刑警支队或者治安支队来处理，那么先前确定的交巡警职能合一的新执法理念又如何实现？所以，从现状来看，目前的交巡警执法体制由于其上下级关系方面没有全面理顺——至少在上下级关系方面没有体现出比较独特的、适合实际情况的新体制——可能会导致执法效率等方面出现问题。

二、交巡警内部机构设置的现状分析

除了不同交巡警机构上下级之间的关系外，交巡警内部机构的设置也是值得关注的问题。根据重庆公安交通管理信息网上的说明，重庆市公安局交通巡逻警察总队又称重庆市公安局交通管理局，内设办公室、政工监督室、法制宣传处、事故处理及对策处（重庆市公安道路交通事故司法鉴定中心）、交通设施管理处、交通监控指挥中心、勤务秩序支队、特勤支队（特勤处）、警卫护卫特勤支队、城市快速道路支队、女子特勤支队、警务督察支队、交通科研处、车辆管理所等 14 个内设机构。

可以看出，上述机构是根据每个机构重点处理的行政事务的不同，来分门别类进行设置的。从名称上看，交巡警总队又称交通管理局，这意味着交巡警的主要任务是其前身交警所管辖的交通秩序问题。交巡警总队的内设机构分别管辖内务、法制宣传、交通事故鉴定、交通设施维护、交通秩序监控、警卫护卫等事项。上述机构的设置表明交巡警部门所要处理的行政事务非常繁杂，每一个部门的行政工作都是专业而繁重的，执法人员比较辛苦。

上述机构设置的标准存在较大的不足之处，具体如下。

第一，难免发生管辖事务的重叠或真空。事务与事务之间常常不能形成泾渭分明的状况，因为不同的名称之间常常会发生相互交叉的逻辑关系。例如，城市快速道路支队，顾名思义，应该是管理城市快速通道上发生的交通秩序事务，但是交通设施管理处也可能管辖城市快速通道上的交通设施。这样对于城市快速通道上的交通设施管理权问题，就可能有两个机构进行管理。同样，行政事务总是复杂的，一个简单的概念往往难以概括所有的行政事务，再复杂的名字也难免会发生遗漏，导致有些行政事务无人管理，成为真空。❶ 所以，这种因事务设立机构的做法是值得反思的。

第二，管理机构与技术机构不能做明确的区分。行政机构管辖的事务常常涉及技术性问题，为此需要设立一些专门性的技术部门来辅助行政管理活动。但是在因事务设立机构的情况下，一般不会对行政机关所管理的行政实务进行明确的分类，因此难以对行政管理事务与行政技术实务进行具体的划分，技术

---

❶　这让人想起近年来的行政机构改革，其目的是试图通过机构的合并，减少管辖权分割过细或者避免发生管辖权重叠的问题，提高行政执法的效率。但令人尴尬的是，一些部门的名称冗长得几乎荒诞，如有网友发现一个行政机关的名称是"某自治区综合治理委员会刑满释放解除劳教人员安置帮教工作协调小组办公室"。

部门往往会被确定为行政机构，进而引发对于行政机构做出技术鉴定行为的法律属性的争议。例如，交巡警内部设置的"事故处理及对策处（重庆市公安道路交通事故司法鉴定中心）"，将行政管理机构与行政技术机构合二为一，即一个机构两块牌子。"事故处理及对策处"显然是一个行政机构的名称，而且从名称上看，该机构要做出的显然是行政处理行为。但是后面的"交通事务司法鉴定中心"明显是一个技术部门，负责对交通事故进行技术上的鉴定。于是，关于交警部门对事故责任的认定究竟是行政确认行为还是证据的争论一直存在。直到《道路交通安全法》第73条明确规定，交通事故认定书是处理交通事故的证据。这种争论才初步得以平息。尽管如此，法律的规定依然受到很多人的质疑。这种质疑并非完全没有道理。既然交通事故认定书是一个行政机构做出的，当然是公务行为。虽然说有权机关做出的事故鉴定具有法律效力，可以作为证据。但是这并不能改变做出事故鉴定是一种公权力机关依法做出的公权力行为。既然是一种公权力行为，那么其必然可以归类到某一种行政行为。从行为的特征上分析，事故的鉴定行为毫无疑问具有行政确认行为的构成要素，是一种典型的行政确认行为。所以，如果要完全排除交通事故责任认定书的行政行为属性，就必须实现技术性机构和管理性机构的分离。这种分离在方向的选择上有两种。一是成立隶属于交巡警部门的事业单位，专门从事与交巡警行使职责有关的技术鉴定工作，这样其做出的技术鉴定是一种技术活动，而不是管理活动、公务行为。交通事故责任认定书就变成了证据而不是行政行为。二是将这种技术认定完全与行政管理职能剥离，成立一个独立的社会服务组织。当需要对交通事故进行技术认定时，交巡警部门可以以委托鉴定的方式交由该独立的社会服务组织实施鉴定工作。

第三，有些机构的设置不一定符合现实需要。因事务设立机构需要注意的是确立某种标准，哪些事情是必需的，应该建立一个相对独立的行政机构，哪些事务则无须建立专门的机构。因为行政机构的设立也是一种公权力的行使，但凡公权力的行使都应该遵守法律的基本要求。其中一个很重要的基本要求就是合理性，行政行为的行使要符合合理性的要求，行政机构设置权的行使同样也要遵循合理性要求。例如，交巡警内部曾经设置的"女子特勤支队"，由女交巡警组成的女子特勤支队存在的意义是什么？这恐怕是一个需要仔细研究论证的问题。什么样的交巡警事务，只能由女交巡警来处理呢？其他交巡警机构能不能处理呢？无论从比较法的角度还是实证研究的角度看，国外的交警或巡警部门，以及我国其他地方的交巡警部门似乎都不认为设立女子特勤支队是一件非常紧迫而重要的事情。从重庆本地的交通秩序管理以及其他刑事执法、治安管理事务来看，也没有这样的必要性。

第四，不太符合行政法治的需要。行政权力的行使一方面要注意行政效率，另一方面也要注意权力的制约。尤其在建设法治政府的前提下，行政权力的依法行使就显得非常重要了。行政权力的制约一方面通过外部的国家机关和社会组织进行，另一方面还要行政机关进行自我约束。这种约束应该从两个方面入手。一是在行政职能上进行合理的分工。不同的机构行使不同阶段的行政职能，这本身就是一种相互之间的制约，如专门负责调查的人员与专门做出决定的人员在不同的机构，相互之间就必然会产生合理的制约。前一个程序没有完成，就不能进入下一个程序。二是在整体上对这种行政权力的行使进行监督，即由一个相对独立的机构对其他机构的行政权力行使进行合法性以及合理性的监督。从国外的经验来看，行政机关的机构体系和权力范围都十分宽广。如果行政权力的监督主要依靠外部的司法机关等主体进行，将很难有效地行使行政权力。所以，很多国家都非常重视行政机关内部机构的合理设置，由行政机关内部进行主要的监督。只有那些在法律问题上存在严重争议的案件才依靠司法机关来解决。

上述交巡警内部机构都是因事务设立的，在如何处置相应的行政事务方面并没有进一步的划分。虽然建立了警务督察支队，可以对其他交巡警内部机构的执法行为进行监督，但这种监督仍存在细化的必要，如针对不同的交巡警内部机构进行合理的监督分工，这样才能取得较好的效果。

三、现实需要什么样的内设机构

上文对于现行交巡警机构上下级之间的关系和内部机构设置的合理性问题做了较为细致的分析。那么接下来的问题是，理想中的交巡警内设机构应该是什么样的？换句话说，根据交巡警的执法现实，需要什么样的内设机构加以匹配？

笔者认为可能有以下两种：一是将交巡警从公安机关独立出来，成为一个独立的行政主体；二是在内部机构的设置上进行调整，可以根据处理事项的不同设立行政机构，或从行政权力运行与监督的角度调整机构设置。笔者认为，第一种选择在目前并不是最好的。尽管交巡警的四大职能，尤其是作为主体职能的交通秩序管理，相比于公安机关的其他职能具有相对的独立性。但是其独立性与戒毒等职能的独立性相比就没有那么突出了。从国外的经验来看，戒毒职能可以由独立于警察机构的独立行政机关承担，但是交巡警依然保留于警察机关内部。因为在交巡警执法的过程中难免会遇到大量刑事犯罪和治安违法的案件，需要刑警部门和治安管理部门进行配合执法。同样，我国的交巡警也应当保留于公安机关内部，作为公安机关内部的一个相对独立的行政机构。

笔者认为第二种选择是非常必要的。具体理由，上文已经阐述，此处不再赘言。就具体方案来说，首先要以管理事项为标准设立专司调查的机构，如现有的交通设施管理处、勤务秩序支队、特勤支队（特勤处）、城市快速道路支队等。其次还应该设立只进行调查的机构。当交通秩序案件发生以后，由调查机构负责调查搜集证据。待确定法律事实以后，将案件移送另一个相对独立的机构进行审查。笔者认为目前的法制宣传处应该进行适当的改造。从名称上，不宜称法制宣传处，同时建议将法制问题和宣传问题分离处理。"宣传"应当由专门的机构负责，包括发言人制度，可以涵盖在宣传处的职能范围内。而"法制"的职能应与警务督察支队的职能进行整合。成立类似法制监督处这样的机构，其主要的职能就是监督交巡警的日常执法活动，对调查机构提交的证据、案件初步认定和法律适用的建议等内容进行合法性审查，并形成最后的处理意见。虽然行政领导依法享有最后的决定权，但是由于其不经常参与案件的审查，难以深入了解案件的真实情况，建议今后可以由法制监督机构直接做出决定。这样可使行政领导从中解脱出来，专司决策的职能。

总体来讲，比较理想且符合现实，尤其是满足行政法治需要的交巡警内部机构设置，应该是将行政调查机构与行政审查机构进行适当分离，建立健全法制机构，由法制机构对调查机构的证据、认定的事实和拟依据的法律规定进行独立的审查，并做出最后的决定，交巡警机构的领导只负责决策，不参与最后决定的做出。

第三节　公安机关内部职能的协调

完善交巡警执法体制需要考虑的另一个重要问题是不同行政机构之间职能的协调一致问题。按照重庆市公安局关于交巡警职能的定位，其行使的公权力主要有三大类，即刑事执法、治安管理和交通管理。在这种情况下，其职能的行使难免会和现有的警察机构发生交叉和重叠。从交巡警的发展过程看，这种职能交叉和重叠的情况导致了一些问题，根据笔者了解的信息，这种问题并没有得到较好解决。本节主要就这些问题进行探讨。

一、交巡警与派出所职能的协调

派出所是最基层的公安机构，隶属于区县（自治县）公安局（或公安分局）。派出所的职能既包括治安管理，也包括刑事调查，与交巡警的职能存在交叉。那么，一旦交巡警在交通管理活动中发现了刑事犯罪和治安违法案件，如何与派出所保持协调沟通，如何确定办案单位呢？

根据笔者所了解的一些信息，重庆市公安局一般会采取以下两种办法。第一种是确定派出所与交巡警之间的执法区域。发生在屋外的案件归交巡警管，屋内发生的归派出所管。这种划分未尝不可，如果案件的发生过程是从屋内到屋外，此时如何处理，两个机构之间可能会发生管辖权的争议。第二种是撤销派出所，增设交巡警固定警务平台。或许是因为第一种划分标准难以明确，重庆市在交巡警建立以后的一段时间内采取了撤销部分派出所、建立交巡警固定警务平台的方式，将很多基层发生的刑事执法案件和治安违法案件交由交巡警处理。这样的做法肯定会引起很多争议。首先，派出所和交巡警的职能存在交叉但并不是互为包含的关系。派出所一旦撤销，那么派出所的其他职能由谁来行使？如派出所的户籍管理职能，派出所撤销以后，居民户籍事务的处理就会面临困难，因为交巡警的职能定位中并没有这一项内容。其次，派出所的撤销导致交巡警固定警务平台的性质变得模糊。由于没有了派出所，居民办事就必然要找交巡警固定警务平台，而交巡警固定警务平台建立的目的是运用先进的科学技术，及时处理交通秩序违法行为。显然，交巡警固定警务平台是一个技术设施而不是办公场所。最后，派出所的撤销必然使得交巡警的队伍和交巡警固定警务平台的数量大大增加。城市的各个重要位置都有闪烁着红色回旋警灯的交巡警固定警务平台，虽然增加了人们的安全感，但是也给人以某种心理压力。毕竟在一个到处都是警察的城市，人们的精神也会是高度紧张的。

上述两种划分方式都有自己的优点。第一种以滴水为界，其好处在于增加了警力，有利于及时查处刑事犯罪案件、治安管理案件和交通秩序违法案件，消除了以往派出所的警力不足，不能及时查处基层的各类违法案件的缺陷。第二种划分方式可以将更多的警力布置在街面上，提高见警率，一定程度上减少街面的违法犯罪，给人以安全感。由于各有优缺点，重庆市在这方面做了很多探索。

现在的做法是恢复了先前被撤销的一批派出所，交巡警固定警务平台由于其各方面的限制，被逐渐撤销，取而代之的是交巡警流动平台车。但是不论是交巡警固定警务平台还是流动平台车，与派出所之间的关系并没有完全理顺。流动平台车的出现只是为了增强交巡警固定警务平台的移动性，而不是为了协调与派出所之间的关系。派出所的恢复是因为被撤销后其全部职能没有其他机构能够有效承担，在一定程度上导致了基层警务管理的混乱。由此来看，交巡警和派出所都是在摸索中改革前进，其相互关系并没有得到很好的协调，管辖权的争议问题依然是面临的重要现实问题。

由于派出所与交巡警隶属于不同的行政系统，所以其职能的协调必须首先从相互关系上来求得解决。在交巡警执法体制建立之初，市交巡警总队派驻部分区县交巡警支队，支队直接归总队管。而派出所隶属于其所在区县的公安局或分局。因此，这部分交巡警与派出所之间相互独立。他们之间的职能协调需要市公安局亲自出面。一部分区县的交巡警支队（大队、中队）归区县公安局管，这些交巡警与派出所具有共同的上级，即区县公安局。他们之间的职能协调可以由区县公安局进行。改革以后，总队只进行业务指导，交巡警支队都归所在区县的公安局（分局）领导，与派出所之间的职能协调也由区县公安局（分局）出面进行。

解决了协调主体的问题，接下来就要考虑应该以什么样的标准来协调交巡警与派出所之间的关系，这是一个值得深入研究的问题。这个问题的分析可以从交巡警和派出所各自的职能特点来入手。交巡警之所以成立，是对交通秩序管理过程中发现的违法犯罪案件，实施行政强制措施、刑事强制措施并做出行政处理决定，但交巡警没有法定权力。派出所的主要职能是户籍管理、社区治安违法案件以及刑事案件的协助侦查等。两相比较，就户籍管理而言，相互之间没有职能上的冲突。对于治安违法案件，交巡警不论其专业能力还是执法力量，最多只能处置当事人没有争议的轻微违法案件。而派出所则可以根据《治安管理处罚法》的授权处置 500 元以下罚款或警告的案件。从这个角度来讲，交巡警如果发现治安违法案件，除了轻微违法的案件之外，应当将案件移交所在的派出所处理。通过理顺相互之间的关系，可知将派出所撤销的方法不妥。撤销派出所以后，原本由派出所处置的案件交由交巡警进行处置，交巡警无力全部承担，必然影响案件的处理效果，引发各方的不满。因此笔者认为交巡警与派出所并不是相互矛盾的，事实上，交巡警的设立可以弥补派出所警力不足而导致的一些缺陷。现在城市中的一个派出所一般就几个人，而管辖的范围涉及几个街道，在农村一个乡镇就设有一个派出所，而乡镇的幅员辽阔、人口众多，无法进行有效管理。交巡警的产生，尤其是现在的交巡警流动平台车的运行，可以弥补派出所警力不足的缺陷。

在刑事案件方面，交巡警在交通秩序管理过程中有可能发现犯罪案件，赋予其人身、财物方面的刑事强制措施是必要的，这一点毋庸置疑。但是实施强制措施以后，交巡警没有必要的人力和技术设备来对案件进行调查取证。派出所的任务是协助公安机关刑事侦查部门进行必要的调查活动，从这个角度来说，他们相互之间的关系也不存在矛盾之处。双方都应该对刑事侦查部门的调查取证活动提供支持与帮助。

由此可见，就相互关系来看，交巡警与派出所之间并不存在太大的矛盾，尽管在权力的行使上，存在一定的交叉或重叠，但是总体来讲，在治安管理领域，交巡警可以协助派出所处理一部分案件，减轻派出所的负担，同时可以帮助派出所发现行政违法案件，并为其进行初步的调查取证。在刑事执法方面，两者的权力基本上没有交叉，在发现案件和协助调查的过程中，采用屋内屋外的标准具有一定的可取之处。

二、交巡警与治安管理部门职能的协调

前文在谈及与派出所的职能协调问题时，已经提到治安管理案件的管辖问题。对于派出所而言，其受理的治安案件同样是有限制的。在这样的条件下，交巡警部门需要协调与治安管理机构的职能行使问题。

对于治安案件，交巡警发现案件以后在必要的情况下，可以采取行政强制措施。交巡警行使行政强制措施权是有必要的，如果不及时采取行政强制措施，对有关的财产进行查封、扣押，对有些违法人员采取人身自由的限制措施或者对有关的证据进行固定，那么一旦财物、违法行为人或者证据脱离了行政执法机关的控制，事后再去寻找、调查就会有很大的困难，有时候这种失控的财物、人员和证据是无法再调查到的。以往交警没有巡警的职能时，这种尴尬不可避免。例如，交警发现违法行为人违反交通规则，要对其实施罚款，但是违法行为人试图脱离交警的控制，此时交警就没有办法对其人身自由采取必要的强制，从而不可能实现对其进行行政处罚。交巡警在采取行政强制措施后，应当按照法律、法规的规定，将案件移交有管辖权的部门进行处理，其中涉及派出所管辖的案件，可以交由派出所进行处理。当然如果是轻微、简单的行政违法案件，交巡警也可以自行处置。

三、交巡警与刑警职能的协调

前文谈及交巡警的刑事执法职能，在现行体制下，对刑事案件实施调查的是公安机关部门的刑事调查机构，如刑警总队或刑警支队。刑警部门在接受举报、案件移交或自己在检查的过程中发现有犯罪案件的，可以依法立案并进行调查取证。交巡警在交通秩序管理的过程中也可能会发现犯罪案件或行为，如交巡警在对路上行驶的车辆进行抽查时可能发现车上有犯罪案件的发生或者遇到实施了犯罪的嫌疑人。笔者认为，对于交巡警执法活动中发现的刑事犯罪案件，可以依法对有关的违法财物和违法所得进行查封、扣押，对犯罪嫌疑人可以采取限制人身自由的刑事强制措施，防止其逃脱从而对后续的刑事调查造成困难。对发现的犯罪证据，交巡警也可以依法进行固定，从而避免重要证据的灭失。在采取刑事强制措施以后，交巡警应当根据情况将案件移送具有管辖权的刑警部门处理。

总体而言，交巡警机构的成立，难免会和现有的派出所、治安管理机构和刑警部门在职能上发生冲突。赋予交巡警完整的刑事执法权和治安管理权力是不科学也是不符合现实情况的。就交巡警本身来说，既没有这个技术能力，也没有这个执法力量对治安案件和刑事案件进行调查处理。就派出所、治安管理机构和刑警部门而言，交巡警的存在对于他们只是一种职能上的补充，而不是对其职责进行分担。明确了这一点，交巡警执法体制才能发挥出理想中的能量，避免不应有的争议和负面影响。

第四节　交巡警执法程序的完善

交巡警执法程序是交巡警执法体制的重要组成部分，从现实情况来看，执法程序在我国的很多行政机关都没有受到重视，程序违法的情况屡见不鲜。从完善交巡警执法体制的角度看，分析现实中交巡警执法程序存在的问题或争议是有积极意义的。

一、交巡警流动平台车

交巡警建立之初，创立了众所周知的交巡警固定警务平台。2012 年以后交巡警固定警务平台逐渐退出，代之以交巡警流动平台车。这一流动平台车一方面克服了过去固定平台的缺点，另一方面也存在一些问题，这些问题有流动平台车本身直接造成的，也有间接产生的。

流动平台车的优点正如重庆市公安局拆除交巡警固定警务平台时所希望的，能够更好地满足辖区刑事执法、治安管理、交通秩序管理和服务群众的需要。从现实情况看，流动平台车确实比先前更加有效地规范了很多行政事务。例如，道路上违章停车的问题，交巡警固定警务平台对其无可奈何，但移动的平台车可以轻易发现并进行处置，从而保障了道路的畅通和交通安全。

但是流动平台车也存在一些问题。首先是流动平台车直接导致的问题。流动平台车的移动性是其优点，但也是缺点。它们灵活机动，常常不知在哪里出没。据笔者了解，由于交巡警人员较多，流动平台车较多，所以交巡警内部要确定某一个流动平台车的位置和车上的人员不是轻而易举的。那么对于想要找交巡警办事的公众来说，更是难上加难。笔者曾经亲自体验在沙坪坝烈士墓地区找流动平台车办事，先是在周边大街小巷步行，随后开车扩大找寻的范围，依然没有发现负责该地区的流动平台车。可见改成流动平台车以后可能导致两种结果：流动平台车"神出鬼没"无法找寻，其活动的范围很广；也不排除个别交巡警逃避监督，到一边悠闲自在去了。

其次是固定警务平台改成交巡警流动平台车以后间接产生的问题，即对于街面违法乃至犯罪行为的震慑作用明显减弱。尽管增加了流动平台车，但是每一个流动平台车所管辖的范围比较大，换句话说，在一个区域内，流动平台车的数量是有限的。人们见到流动平台车的概率相比于在闹市区或者交通要道口见到交巡警固定警务平台的概率要小很多。只要见不到固定的警察办公场所，有些人就会抱着一种侥幸心理实施违法甚至犯罪行为。例如，酒后驾车或醉酒驾驶的问题，先前由于交巡警固定警务平台都设置于交通要道口，很多车辆都要经过平台附近，人们不敢酒后驾车或醉酒驾驶。改成流动平台车以后，人们感觉到的不是交巡警的办公方式发生了改变，而是交巡警固定警务平台撤了，对于街面和道路上的违法行为的管制放松了。由此，交巡警流动平台车代替交巡警固定警务平台以后，对于普通公众来说，其安全感难免会下降，同时街面违法犯罪的概率有可能上升。

基于上述考虑，笔者认为在交巡警流动平台车代替交巡警固定警务平台以后，应当在其他配套措施上下功夫。例如，是不是可以考虑在原本交巡警固定警务平台旧址设立简易的交巡警联络处或者办公点，或者在派出所或者社区的警务室建立上述交巡警联络处或者办公点。这个联络处或者办公点可以解决拆除交巡警固定警务平台所带来的普通群众与交巡警之间联系不便的问题。笔者认为最好的选择就是将联络处或者固定办公地点设在社区的警务室。这样做的好处有两点。一是可以方便人民群众找交巡警办事，使得交巡警不至于成为一个神龙见首不见尾的"游侠"，兑现"有困难找交巡警"的承诺。事实上这是非常必要的，因为交巡警办理的案件除了自己巡逻时发现的以外，更多地来自人民群众的举报或者当事人的报案。建立固定的联络点可以加强人民群众与交巡警之间的联系，提高办案的效率，更好地保护人民群众的合法权益和维护社会的繁荣稳定、交通道路的有序畅通。二是可以及时协调派出所乃至治安管理机构和刑警部门与交巡警机构之间的职能分工。上述机构或部门之间的协调必须要建立某种机制，这种协调可以通过所在公安分局（公安局）的领导进行。但是为数众多的交巡警机构、派出所、治安管理机构和刑警部门及其警员，发生职能交叉等问题以后都要领导进行协调是不现实的。在这种情况下，如果能够在派出所或者社区警务室设立固定的交巡警联络处或办公点，就可以使交巡警与其他执法机构之间自主进行职能上的协调，完成工作上的衔接或者协助，以保障执法的及时有效性。

二、行政调查

行政调查是行政执法的重要环节。随着法治政府建设的不断推进，对行政调查的要求越来越严格，很多行政机关也越来越重视行政调查。但是，目前，行政调查的规范性还有待提高。交巡警执法中的行政调查主要针对的是交通秩序的违法行为。如前文所述，对于一般的治安案件和犯罪案件，交巡警部门没有足够的技术和执法力量进行调查取证。所以这些案件的调查取证主要由派出所、治安管理部门和刑警部门进行。即便是交通秩序违法案件的行政调查，从现实情况来看，也存在一些问题，集中表现为过于倚重科技产品以及调查程序缺失。由于执法力量的限制，交巡警部门在执法时非常重视科技产品的运用，如在路口安装摄像头，通过酒精检测器来排查酒后驾车等。这些产品或设备是获得证据的重要方式，属于行政调查的方法，本身无可厚非，关键在于这些只是调查的手段之一。有时候交巡警部门过于倚重这些设备，对案件并不采取其他手段进行调查取证就匆忙做出行政决定，这样容易导致纠纷的发生。另外笔者调查发现，从实务上看，往往只有一名交巡警在现场执法，在执法中采取强制措施如扣押驾驶执照、行驶证时，依法应当出示书面的决定书，但是不少情况下，并未出示。

交巡警在行政调查方面存在的问题更多地在于执法人员的行政执法程序意

识还不够强。在法院、检察院和律师在获得法律资格证书才能从业的情况下，行政执法人员作为执行法律的人，也应该具备较高的法律职业素质。基于此，笔者建议在适当的时候应当将行政执法人员的执法资格统一纳入法律资格考试之中。

三、交通秩序违法的行政处理

交巡警通过电子技术产品发现当事人有违法行为，或者现场执法扣押了当事人的证件或者车辆的物品以后，一般会给出一个书面的通知，要求当事人到交巡警部门接受处理。当事人按照规定到交巡警指定的办公场所以后，交巡警部门会做出某种行政处罚决定。现实中，也有当事人没有按照交巡警部门的要求接受处理的，那么在每年的汽车年检时，当事人会被告知要首先接受处理，否则不能获得检验合格证。这种做法在交巡警合一的重庆是如此，根据有关信息，其他城市的情况大致也是如此，几乎成了惯例。所以这个问题并不是交巡警成立以后产生的问题，但是对于交巡警的执法行为而言，却是有研究价值的。

笔者认为不论是交巡警还是没有进行交巡警体制改革的其他城市的交警，这样的做法都是存在合法性疑问的。首先，通过电子设备发现当事人有违法行为，或者在现场发现了当事人的违法行为，并采取措施扣押了当事人的证照以及其他设施财物，这些都可视为获得了某种证据。如果交巡警部门认为自己的证据已经足够，就可以依法做出某种行政处理决定。如果证据不足，就应该按照法律的规定继续进行调查取证。交巡警部门要求当事人到指定的地点接受处理属于什么性质的行为呢？

从现实的做法来看，当事人到交通行政执法部门接受处理主要是接受处罚，如将证照交由交警部门进行记录，由其进行扣分，领取行政处罚通知书。那么这样的做法是否具有法律依据呢？答案是显而易见的，但这是交巡警一直以来的做法。原因是当事人的住址经常变动，驾驶证照所登记的地址不一定是当事人接受行政处罚时的地址，为了保证行政处罚决定书能够得到当事人的及时认领，并顺利履行行政处罚决定书规定的内容，交巡警部门就发明了这种最为省事的方法，同时将其与每年的汽车年检结合起来，使得违法行为人不敢不到指定地点接受处理。其实到交巡警指定的地点接受的处理包含很多内容，不仅是接受处罚决定书那么简单。当事人到了指定地点以后，通常还要承认自己确实实施了某种违法行为，这是行政机关做出行政处理决定的重要证据之一。

而要求违法行为人到行政机关接受询问同样是没有法律依据的。至于将是否接受处理与每年的车辆检验是否合格挂钩则违反了行政法上的不当连接原则，或者属于考虑了不应该考虑的因素的行为，违反行政合理性原则。

因此，从规范交巡警执法行为的角度来看，必须对上述行为做出调整，在证据的搜集方面需要改变懒人做法，不能违法要求当事人到指定地点接受处理。如果当事人没有去指定地点接受处理，而做出行政行为的证据不足的，不应做出行政行为。至于做出了行政行为以后如何送达的问题，还需要进一步研究，以确保行政行为能够为当事人接受。将车辆年检与接受处理进行连接的做法虽然有效，但不符合法律规定，因此是不可取的。

第十章 交巡警执法体制推广的可行性

重庆交巡警执法体制的建立与运行是一次有益的行政体制改革的尝试，尽管国内其他地方也曾经建立或者已经建立了具有类似名称的交巡警执法体制，但是重庆的执法体制所包含的内容是比较独特的。这一体制并不像表面看到的那样，是某种形式主义的产物。它在职能调整与整合、执法方式、机构改革等方面的变化比较大，在实际执法中发挥的作用也是有目共睹，受到重庆市民众普遍赞誉的。因此，在本章，笔者试图分析和研究这一执法体制在国内其他地区，尤其是那些还没有建立交巡警执法体制的地区推广的可能性。毕竟再好的体制如果仅仅局限于某一个地方，其能够发挥的社会作用总是有限的。如果能够通过地方试验，提炼成功的经验在国内进行推广，这对于我国建设法治政府、服务型政府等都是非常有意义的。笔者也相信采取地方积累经验，继而总结经验，推广适用于全国的模式，将是今后中国在行政体制改革方面的正确做法和普遍做法。

第一节 行政体制改革的重要组成部分

一、行政体制改革的背景

我国的行政体制改革并不是孤立进行的，西方其他国家也在进行行政体制改革。从国际上来看，公共行政体制的改革主要是对原有官僚制的改革。科层严格的官僚制强调的是规则至上和专业化分工，在专业化分工的基础上强调自上而下的命令与服从，强调层级之间的控制和监督，按照纯事务性的观点进行彻底的分工，避免了任性专断和感情用事，带来了理性与效率。因此，官僚制是理性的、非人格化的。官僚制越是非人格化，处理事务时就越能排除爱憎及其他一切个人的感情和不可预见的所有非理性因素。规则至上则凸显了法制精神与理性精神，这也奠定了西方各国依法治国的内部基础。

但是这样的官僚体制在应对社会生活的变化方面却暴露出明显的缺陷。首先，规则至上导致政府官员沉醉于"规则迷宫"。本来规则是为政府各级官员的行为提供规范和指南，但政府在逐年的工作中制定出了数以万计的各类规则，这些繁多而又陈旧的规章制度和工作程序使各级官员在规则中迷失了方向，其创造性、主动性受到压抑，越来越像是一部机器上的螺丝钉，按部就班地工作，为了避免管理风险，僵化地执行各类规则而不顾社会和公众的实际需求。不仅无法激发人的主观创造性和能动精神，而且降低了政府管理的灵活性、适应性、创造性，最终失去了效率。其次，官僚体制对专门分工的迷恋，导致政府在解决问题时总处于条块分割的状态，无法形成整体的思维和方法，缺乏系统性。随着政府职能的进一步扩大，政府内部的机构越来越多，人浮于事的现象越来越严重，政府争取自身不正当利益的冲动也越来越大，致使政府机构间权责不对等，彼此间的合作和协调成本急剧上升，极大地降低了行政效率。正因为如此，从20世纪七八十年代以来，西方出现了声势浩大的政府再造运动，产生了由官僚制的、层级节制的、缺乏弹性的公共行政向市场导向的、因应变局的、富有弹性的公共管理的转变，❶ 这就是"新公共管理"运动。但各国在新公共管理理论指导下的行政实践，在操作上却暴露出诸多不足，尤其是政府"公共精神"的缺失，使政府越来越像企业，因此"新公共服务"理论应运而生。该理论重视人作为公民的主体地位，强调政府的职能是"服务"，为公民服务，要求公共行政官员在管理和执行公共政策时应该着重强调服务于公民，将公民放在首位，重视公民在整个社会治理过程中的权利，尤其是参与权利。政府的作用不在于掌舵或划桨，而在于增强对社会和公民需求的回应性。这也是我国提出"服务型政府"的理论基础和来源。在此基础上，行政执法不仅是权力机关行使权力强制相对人服从，还要充分尊重人的主体地位，充分考虑到他们的需求，更多地为他们服务，在执法方式上要谋求相对人的合作。

当然，我国官僚制和西方国家以"理性主义、严格的规则之治甚至导致规则迷宫和规则僵化"为代表的官僚制不同，我国的官僚制并没有他们的规则理性，因为我国的传统是"人情"，是人情超级大国，恰恰缺乏对规则的尊重。因此，我国的法治建设首先要建立起规则之治，这一点获得了学界的普遍认同，因为这是进行任何行政体制改革的前提和基础。不管要借鉴"新公共

---

❶ 王定云、王世雄：《西方国家新公共管理理论综述与实务分析》，上海：上海三联书店，2008年版，第200页。

管理"还是"新公共服务"的主张，都要清楚一点，这些行政改革的前提都是首先有了完备的规则以及对规则的严格甚至是僵化地执行。但是，西方国家的官僚制所带来的其他问题在我国也同样存在，这一点又具有某种共性，因此我国与西方国家在行政体制改革的目标和方向上又有某种一致性。

二、交巡警执法体制是我国行政执法体制改革的进一步深化

我国的行政体制改革是近些年来国家和政府的重要改革目标，在这个过程中，国家和政府对于改革的认识也在不断地深化。从 2007 年党的十七大提出加快"行政管理体制"改革，到十七届二中全会进一步明确 2020 年前建立起比较完善的中国特色社会主义"行政管理体制"的目标，再到党的十八大及其后的大部制改革都提出了"行政体制"改革。从措辞上看，原来的"行政管理体制"改革改成"行政体制"改革，少了"管理"二字意味着改革理念的进步性。因为行政本来就有管理的含义，去掉"管理"二字表明政府对自身的服务功能和监管功能的重视，也标明了政府的本来角色的回归。

交巡警执法体制是我国行政执法体制的一个重要组成部分，交巡警执法体制建立的初衷不仅是要理顺公安内部执法机制，更重要的是通过这样的改革更好地服务于社会、服务于公民。

由于我国行政部门职权不清、政出多门、多头执法、重复执法的情况长期存在，导致执法领域乱象丛生，不仅执法效果和效率得不到保障，而且相对人的合法权益也经常受到侵害，这在行政处罚领域表现得尤其突出。因此，1996年的《行政处罚法》原则上规定了相对集中行政处罚权的制度❶，为行政执法体制改革奠定了基础。随后，根据该法的规定，国务院和各地方政府相继开始了改革的进程。国务院从 1999 年开始相继发布了多个改革推动文件❷，对相对集中处罚权进行了详细的部署和规定。随着相对集中行政处罚权的进一步推进，国务院于 2002 年 9 月在执法领域提出了"综合行政执法"的概念，要求清理行政执法队伍，进行综合行政执法的试点；2003 年发文要求做好综合行

---

❶ 《行政处罚法》第 16 条规定："国务院或者经国务院授权的省、自治区、直辖市人民政府可以决定一个行政机关行使有关行政机关的行政处罚权，但限制人身自由的行政处罚权只能由公安机关行使。"

❷ 如 1999 年《国务院关于全面推进依法行政的决定》（国发〔1999〕23 号）、2000 年《国务院办公厅关于继续做好相对集中行政处罚权试点工作的通知》（国办发〔2000〕63 号）、2002 年《国务院关于进一步推进相对集中行政处罚权工作的决定》（国发〔2002〕17 号）。

政执法试点与相对集中行政处罚权有关工作的相互衔接；❶ 2003 年 2 月，把两种提法相提并论❷，到 2010 年 11 月 8 日的《国务院关于加强法治政府建设的意见》第 15 点"完善行政执法体制和机制"中指出，要继续推进行政执法体制改革，合理界定执法权限，明确执法责任，推进综合执法，减少执法层级，提高基层执法能力，切实解决多头执法、多层执法和不执法、乱执法问题。

从这些文件可以看出，国务院是沿着"相对集中行政处罚权"到"综合行政执法"的进路进行改革的。究其原意，是将综合行政执法作为相对集中行使行政权的进一步形式，或者说相对集中行使行政权的第一步任务已经完成，下一步则是综合行政执法，这是一场"从相对集中行政处罚权到综合行政执法"的改革。从最初组建的城管执法机关到目前越来越多的冠以"综合执法机关"名称的机构来看，各地的改革也是遵循这样的路径，从城市管理单独执法到文化、农业、交通综合执法。

以上改革主要涉及行政体系内部各行政机关的权限重整，虽然在理论上还存有很多争议，但是实践中取得了良好的效果。除此之外，很多行政机关针对本部门的具体情况，在机关内部进行了机构职责的重整，将内部机构优化组合，重新确定各机构职责，理顺本部门的行政执法机制。在这其中，公安机关的交巡警合一制度就是借鉴了部门间的综合行政执法机制，将公安内部原来单独执法的巡警和交警合二为一，充分发挥二者的合力。应该说，这是在一个行政机关内部进行的综合执法改革，也是行政执法体制改革的进一步深入。重庆交巡警的主要职责包括"刑事执法、维护治安、交通管理、服务群众"，这不仅将原来分立的交警、巡警的原有权力进行了整合，同时还整合了派出所对刑事案件的先期处置权，并且由原来的单纯以管理为主转向更为重视服务，显然是符合国际国内行政体制改革的趋势的。

---

❶ 《国务院办公厅转发中央编办关于清理整顿行政执法队伍实行综合行政执法试点工作意见的通知》（国办发〔2002〕56 号），2002 年 9 月《中央编办关于清理整顿行政执法队伍实行综合行政执法试点工作的意见》。

❷ 中央编办和国务院法制办《关于推进相对集中行政处罚权和综合行政执法试点工作有关问题的通知》（中央编办〔2003〕4 号），确定了"相对集中行政处罚权和实行综合行政执法，都是解决多头执法、重复执法、执法扰民和执法队伍膨胀等问题的重要举措。相对集中行政处罚权，是根据《行政处罚法》在集中部分行政处罚权基础上对执法工作的改革，而综合行政执法不仅将日常管理、监督检查和实施处罚等职能进一步综合起来，而且据此对政府有关部门的职责权限、机构设置、人员编制进行相应调整，从体制上、源头上改革和创新行政执法体制。已经确定实行综合行政执法试点的地方，不再单独进行相对集中行政处罚工作"。

三、交巡警执法体制是我国警务改革的重要内容

（一）我国警务机制存在的问题

毋庸置疑，警察对一个国家、社会秩序的维护具有重要的作用。[1] 在我国，警察队伍的社会治理思维还是"管控"的思维，且具体方式上还是传统的命令与服从的强制手段，这不仅可能导致公安和普通民众间的关系持续恶化，致使行政效率大为降低，也可能会导致公民的合法权利经常受到侵害。从现行的警务机制来看，主要存在以下问题。

1. 纵向管理层级过多，警务效率不高

一般在地方上，公安内部分为市局—分局—派出所—警务区（室）四级，一旦出警，从警务区到分局再到市局，其间响应时间过长，严重影响效率。

2. 分工过细

公安内部各部门、各警种警务职责单一，致使警务资源分散，难以形成合力，工作效率不高，时常出现推诿扯皮现象，群众意见较大。

3. 基层警力配置不足，机关化倾向严重

很多地方机关办公室的人员非常多，真正在一线的警察比例偏小，很多地方连一半都不到。基层警力严重不足，一线民警的工作压力非常大，经常加班加点，但效果却是公众见警率低，安全感不足，严重影响了办案效率和民警的积极性、主动性。

（二）警务改革的目标和方向

1. 警力下沉

早在 2006 年年初，公安部就确立了当年工作重点——"基层基础建设年"，工作目标的重点之一就是警力要下沉，要改变机关冗员过多、一线民警太少这一人员配置不合理的情况，要改变目前公安内部水桶状的组织结构，即把机关人员进一步精简，目标是把警力推向基层，充实一线警力，每年新增加的入职编制主要充实进基层公安机关，从而提高老百姓的见警率，增强整个社

---

[1]　即使是在国家作为守夜人的年代，警察部门也是必不可少的一个部门。韦德曾经在其名著《行政法》中指出历史学家泰勒描述当时英国政府的权力范围的不准确："直到 1914 年 8 月，除了邮局和警察之外，一名具有守法意识的英国人可以度过他的一生却几乎没有意识到政府的存在。"但也说明即使是守夜人政府，警察部门也是社会中十分重要的政府部门。（参见［英］威廉·韦德：《行政法》，徐炳等译，北京：中国大百科全书出版社，1997 年版，第 3 页。）随着社会的不断发展，政府成为全能政府，警察在社会中所起的作用愈发重要。

会的安全感。

当前，公安内部的警务改革正在如火如荼地进行，各种改革措施也层出不穷。针对公安内部机构繁杂，各警种条块分割、画地为牢等现象，各地开始进行职能和机构改革，纵向上减少中间管理环节，提高公安机关的快速反应能力和社会治理能力；横向上重整内部机构职能，理顺部门关系，鼓励民警要下到基层，深入一线；大力提高街面见警率，进一步增强广大人民的安全感。推崇模糊用警，强调"一警多能、一警多用"，主要进行警力的综合使用，进行综合执法。

例如，福建省公安机关正在进行的以"三警合一"为标志的派出所综合警务改革，即将交警、巡警的路面勤务职能和警力整合到基层派出所，与派出所民警形成"三警合一"的警务架构❶；河南警务改革的一个重要内容也是"一警多能、四警合一，多警联动，综合执法"❷。河南省新乡市改革后，基层警力翻了一番，出警速度缩短到3分钟，基层一线警力占市区总警力的比例由改革前的23%提高到66%。通过以上改革，一线警力大幅增加，接警效率也大为提高，群众见警率明显提升，群众的安全感也明显增强。

2. 整合内部权力，优化机构设置，实施扁平化管理

当前警务改革的一个重点就是摒弃水桶式的科层制，代之以"扁平化"管理。扁平化管理形式原是企业为了解决自身管理的难题而采取的将原有纵向的管理层次、管理环节过多的金字塔结构压缩为扁平状的管理组织形式。原有的金字塔结构最大的问题是管理层次过多，由于各层级的理解力、执行力、执行意愿的不同而导致管理效能衰减，层级越多，效能衰减越严重，其结果就是管理效率大幅降低，官僚化严重。为了提高效率，就有必要减少管理层次，尽可能减少从金字塔尖到塔基的中间管理层级，使塔尖的决策能够迅速、准确地传递到塔基，快速适应市场的变化。行政管理借鉴企业的这种管理模式，在警察部门内实行扁平化指挥，大大减少了中间层次，赋予指挥中心对街面警力的直接最高指挥权，以提高公安机关的快速反应能力。

目前，各地的警务改革正通过借鉴"扁平化"的组织结构来进行机构改

---

❶ 通过这样的改革，实行网格布警、综合用警，构建"扁平指挥、属地管辖、网格巡逻、责任到人"的综合警务机制，使警力配置更合理，职能更优化，运行机制更顺畅，公安机关快速反应能力和社会全面动态管控能力全面提升。参见倪义福："公安派出所综合警务改革探析"，载《公安研究》，2012年第5期。

❷ 通过这样的改革，一名警察不能再像过去一样"交警不管治安的事，治安不管刑侦的事"，而是逐渐成为"全能"，在干好"主业"的同时，还得兼顾其他。参见王世卿、徐志豪："河南警务改革研究"，载《河北公安警察职业学院学报》，2011年第2期。

革，重组分散的执法权力。例如，河南新乡推行的"扁平化"警务指挥模式，是在综合衡量辖区面积、出警半径等因素的基础上，将市区的公安分局和派出所全部打乱重组，公安分局作为一级管理环节被撤销，全部改组为派出所，行使原公安分局和派出所的职权。同时，将精简下来的警员编入基层一线，分配给新组建的派出所，一线的警力明显增多。此外，对各警种的职能和任务也进行重新整合，改变原有的警种划分过细、职能单一的弊端，转而实现一警多能、四警合一。显然在公安分局这一级机构被撤销之后，一方面基层的警力大为增加，另一方面警力资源得到了有效的配置，使当前很多地方存在的"警力紧张"成了伪问题。

之后的郑州警务改革，将 124 个公安分局、派出所整合为 29 个派出所，指挥层级由过去的"市公安局—公安分局—派出所"变为"市公安局—派出所"，中间环节的减少意味着上级的命令能迅速直达一线民警，相比以前还要经过公安分局这道环节，效率显然大大提高。

以重庆为代表的交巡警合一制度，合理布置警力和划分区域及路段，配齐配足通信和出警装备，在局 110 接出警机制改革模式和扁平化指挥机制支撑下，达到了就近出警、快速处置的效果，改善了原来各自为战、职责不清的现象，弥补了在科学巡防、业务协作方面不到位的弊端，同时也大大提高了接出警速度和有效处置能力。

第二节　地方改革的示范作用

一、地方改革的模式选择

我国的行政体制改革有后发优势，可以将前人以及世界其他各国的经验拿来分析研究，避免少走弯路；也有后发劣势，即各种各样的历史遗留问题、社会问题"共时态"存在。当前，我国各地发展水平参差不齐，正处于农业社会、工业社会和后工业社会并存的局面，现代化和后现代化相互交织，建构与解构并行。因此有学者总结道，当下中国这个现代社会是一个难以置信的荒谬组合的社会，它有着从近乎远古社会、传统社会到发达的现代社会的各种生活和生产方式，有着从前现代、现代到后现代的精神和观念。❶ 这注定了我们这

---

❶ 赵汀阳：《长话短说》，北京：东方出版社，2001 年版，255 页。

个时代不仅是各派思潮不断涌动、充分交锋的时代，也是各种改革措施层出不穷的时代。

我国改革开放初期，改革的模式主要是地方试点，有了成功经验后再全国铺开。这样的改革模式之所以能够成功，是因为一方面中央不论在政治上还是经济上都有足够的权威，另一方面地方之间的竞争意识还不强，且整体的蛋糕也不大，因此地方无意挑战中央的权威，改革有达成共识的基础。所以这样的以点带面式的改革推广起来难度不大，也容易形成示范效应。作为国家的总体改革规划是这样，具体到各地、各机关的改革同样如此。

但在改革开放 30 多年后的今天，随着地方经济的发展，地方政府利益开始凸显，地方在改革过程中的话语权越来越强。以往将国家政策和财力集中在某一个地方或区域的改革必然会遭到已经有了强烈竞争意识的地方或明或暗的反对，改革的公平性受到质疑，而地方和中央的博弈反过来又会阻碍改革的进程。因此，中央必须从全局出发，承认各地有其合理的利益诉求，在改革进程中平衡各地的利益，认可不同地方根据自身的实际情况制订各自的改革规划，并将其上升为不同层次和不同类型的国家发展战略，由原来"以点带面"中的"点"变为"片（区）"，改革试点的范围进一步扩大。试点片区经常横跨数个单一的行政区域，这表明了改革的整体性有所增强。根据学者统计，国务院至今相继批复了 78 项区域规划，并将其上升为国家战略，主要的"国家战略性"区域规划文件共有 53 项。❶

以重庆市公租房建设为例，政府主导从规划、资金到建设的方方面面，尤其是重视公平分配，从而解决了相当一部分弱势群体的住房问题，还对当地的房价起到了一定抑制作用，因此改革的效果为中央所认可，并在全国范围内推广公租房的"重庆经验"。

各地存在相同或相类似的问题，因此一个地方或几个地方的开拓革新对其他地方就有着强烈的示范意义。即使最初的改革有着这样或那样的不足，但后来者总是可以从中获得经验和教训——正如中国作为行政改革的后发者从国外的改革经验中获益良多。后来者至少有两种情况：一是改革的迫切性还没有到必须改革的程度，随着经济、社会的发展，也有了改革的需求；二是虽然和改革的地方有同样的情况和需求，但是基于各种原因并没有先行，而是等其他地

---

❶ "我国'国家战略性'区域规划的主要特点"，新浪财经，http://finance. sina. com. cn/roll/20130117/124414317655. shtml。最后访问时间：2013 年 5 月 10 日。

方改革之后再对其改革经验进行总结和研究，找出适合本地改革的地方性措施。不论哪种后来者，都是基于前人的示范效应而改革。同样，他们的改革也会被再后来者所学习、借鉴。因此，改革就是这样由点及片到面、由地方到地方再到全国的一个过程，如果有必要再由中央做出全面的改革部署，这也是我国改革的一个特色。

二、交巡警执法体制改革的示范效应

各地的行政体制改革范围、程度各不相同。有些措施可能是相对全面的，如深圳市的"行政三分"改革，也有些可能是专注于某一个方面的，如行政行为方式的改革❶。作为公安内部的交巡警合一改革属于特定机关内部的专门性改革，不具有全面性。

各地的交警和巡警本来在设置上是分开的，职能上相对独立。一般而言，交警只管交通，巡警只管刑事和治安。而将交警、巡警合二为一，即交巡警既能维护交通安全秩序，又能维护社会治安秩序；既能快速出警，又能避免重复出警，从而实现一警多能。

交巡警制度从 20 世纪 90 年代就开始了改革探索，从 1996 年开始，山东泰安就将交警和巡警合二为一，成立了交通巡逻警察支队，开始了交巡警合一的探索。❷ 将该体制全面展开的是江苏，1997 年江苏省公安机关将交警与巡警合并，采取交巡警既管交通又管治安的模式，至 2000 年已经完成了交巡警合并的改革。受这些地方的影响，重庆、福州、浙江的一些县市也相继采取了类似的改革。在交巡警执法体制改革过程中，也有一些地方经历了反复，如上海市在 1999 年进行了交巡警合并的改革，但 2005 年又重新分为交警和巡警，在各自的权限范围内独立执法；海口市 2004 年成立交巡警支队，2008 年也重新分离执法。

第三节　地方改革的局限性

一、"摸着石头过河"改革策略的路径依赖

我国 30 多年来的改革属于渐进型改革模式。改革进程由政府主导和推动，

---

❶ 如在很多地方推行并逐渐成熟的"柔性执法"制度。

❷ 庄会宁、杜海林："警察中的'快速反应部队'"，载《瞭望新闻周刊》，2000 年第 34 期。

采取自上而下的方式来进行；循序渐进，温和推进，从农村到城市，从农业到工业，从流通到生产，改革逐渐深入、不断扩大。这样一个"由浅入深、以点带面、先易后难、逐步推进"的策略，后来被形象地称为"摸着石头过河"。这样一个行之有效的改革策略让我国的改革取得了巨大的成就。在改革初期，"摸着石头过河"有其合理性。因为改革初期的弹性空间相对较大，由于没有经验，"摸着石头过河"进行改革实际上是一种边干边总结的做法；是一种通过不断"试错"以求"少错"的做法，更多地属于经验主义。这样的改革策略在实践中也暴露出很多问题，首先是改革缺乏前瞻性，经常是改革能走到哪里算哪里，顶层设计不够；其次是缺乏系统性，改革政策的整体化配套不够；最后也是最重要的一点，改革设计者和推动者都习惯于"试错"，"试错"得心安理得，丧失了勇气和朝气，形成了边干边总结的路径依赖，也造成了改革决策的非理性和随意性，从而导致改革的迟滞或异化。

经过30多年的发展，改革目前已经进入了"深水区"，改革走到了一个需要再次做出理性抉择的十字路口：还有没有石头，要找什么样的石头，这是摆在改革者面前的一道难题。

但是，"摸着石头过河"毕竟是一个阶段性的改革策略，改革如果一直停留于"摸着石头过河"的话，其不足之处就会凸显，对下一步的改革产生严重的消极影响。因此，随着"改革已经到了攻坚阶段"，"摸着石头过河"作为一种改革战略也需要做进一步的反思，但任何一项改革都应当摆脱固有的路径依赖。

交巡警体制改革同样也有这样的路径依赖：总体的改革规划不足，走一步算一步，很多地方的改革都走了弯路。如重庆市交巡警合一改革，就是缺乏全盘设计，没有充分考量成本问题，匆匆上马交巡警固定警务平台，结果导致行政成本剧增，地方财政难以为继，只有逐步地拆除，换成移动的交巡警流动平台车。此外，交巡警的职能"刑事执法、维护治安、交通管理、服务群众"的表述过于原则，具体的权限范围不清晰，执法人员在实践中对于交通管理、服务群众等职能发挥相对较好；因为和派出所的关系没有理顺，所以维护治安的职能发挥得不够充分。对于刑事案件的先期处置，交巡警和派出所也有诸多职能交叉没有完全解决，因此刑事执法这个职能也没有发挥应有的作用。

二、地方主义抬头，缺乏大局意识

地方主义产生于改革开放之后的 20 世纪 80 年代。改革初期，全国总体的蛋糕还很小，中央政府和地方政府的发展目标是一致的，有着共同的利益。随着改革的不断深入，由于各地的禀赋、资源、政策的差异，导致了各地发展的不平衡。在以 GDP 作为考核标准的情况下，政府官员的升迁与之息息相关，经济发展好的地区的地方官员升迁机会总是要多于经济发展慢的地区的地方官员。因此为了政绩，各地纷纷出台各类刺激和发展经济的措施，各地的发展程度也进一步拉开差距。这样，在地方之间、地方和中央之间因为地方利益主体的话语权不断增强而出现了多样化的利益诉求，社会的多元利益格局开始形成。地方一般利用行政权力干涉、操纵市场，设置本区域的市场准入壁垒，甚至以邻为壑，从而在与其他地方的竞争中占据先机；在政策、资源、人才等方面与中央政府讨价还价，以最大限度地争取地方的利益。这种只顾局部利益而不顾国家利益和整体利益的做法就是地方主义。而现行法律对此并没有明确的规定，地方之间、地方和中央之间的关系处于非法治化的状态，仅在宪法中原则规定中央和地方的关系是在遵循中央的统一领导之下，充分发挥地方的主动性和积极性，❶ 至于如何处理二者的关系并没有相应的法律加以具体化，地方之间的关系也是如此。

当前，地方主义主要表现为两个方面。一是地方之间的利益冲突。不同地方在改革过程中是既竞争又合作的关系。但有时候地方之间的竞争会不顾全国发展大局，如在经济领域重复建设，造成全国产能严重过剩；地方引进项目时只顾本地利益，忽视相邻地方的利益，上游地区会把废水往下游地区排放。二是地方和中央的利益冲突。随着分税制确立了地方和中央的财税关系，中央的财力大增，而地方在财力缩减的情况下事权则有不同程度的增加，导致地方为了拓宽财源，在各方面和中央利益博弈，在这个过程中地方的改革行为经常会逾越中央的政策，"上有政策，下有对策"，使得中央和地方的关系经常处于紧张状态，中央的宏观计划会由于地方争取自身不合理的利益而受到破坏。

在交巡警执法体制改革的过程中，一般不会涉及中央和地方的关系，更多的是地方部门利益作祟。在重庆警务改革中，有关公安的名称、公务车辆的标示等和中央的规定不符，从而引发改革合法性的质疑。

三、行政主导推进，制度建设滞后

我国的改革从推进模式来看，是以行政力量为推动力的强制性改革。不论

---

❶　参见我国《宪法》第 3 条第 4 款之规定："中央和地方的国家机构职权的划分，遵循在中央的统一领导下，充分发挥地方的主动性、积极性的原则。"

是政府层面的宏观改革还是具体到某一个政府部门的中、微观改革，都是在上级强有力的推动之下而实现的。通常情况是上级制定文件，下级层层落实文件精神，这成为地方政府改革过程中的一个最为常见的组织推动方式，通过行政命令让下级实现上级的改革目标。此外，上级还会通过签订责任书的方式来激励下级地方形成自上而下的保障，或设立各种衡量改革目标的指标体系，定期对各相关责任人就原来设定的指标体系逐项对照，以完成指标的状况来决定对相关人是否奖惩。

不论以哪种方式推进，强调的都是上下级间的命令与服从关系，靠行政手段实现改革目标。在这期间，改革据以执行的主要是上级的各类文件，而这些文件经常由于缺乏前期调研和详尽论证以"摸着石头过河"之名下发，在实施过程中一旦出现新情况，可能改革就不得不暂停以便研究新情况，然后再下发新的文件。正是由于地方改革的政策性过强，导致一有风吹草动就会影响改革的正常进行，因此没有制度的改革总体来说是不稳定的、脆弱的。即使很多地方在意识到这个问题后，也在加强制度建设，但总体而言制度化不够，既没有系统化，制度本身的明确性、可操作性、科学性也不足，从而影响了制度的有效性。交巡警制度的改革也是如此，各地都是通过下发一些零散、缺乏足够关联的文件推进改革，远远没有形成制度体系。例如，重庆交巡警改革仅仅由渝办发〔2009〕334号文件和市公安局下发的《重庆市公安局交通巡逻警察勤务工作规范（试行）》这两个主要文件作为改革的依据，显然制度化程度较低。

四、改革的非持续性

当前，绝大部分地方的改革属于自上而下地推进，改革能否顺利进行、能否达到改革的目的，这和当地的领导人，尤其是党政一把手的重视程度有直接的关系。一般而言，只要一把手重视，那么改革措施就能相对强有力地得以推行，就能取得较好的效果。一旦一把手不再重视，或者地方领导人换届，新任领导人对此改革有不同的意见和看法，那么这项改革可能会迟滞甚至改弦易辙。这也是我国地方改革"人治"的特点，既可能强有效地推进，也可能戛然而止或无疾而终。很多改革措施本来就是当地一把手为了快速建立个人政绩，在没有进行通盘考虑和系统规划之下而上马的项目，虽然这些改革创新在解决某些问题上起到了积极作用，但由于不是系统规划，在解决一些问题的同时又带来了不少新的问题。所以，一旦主抓领导离任，继任者为了快速解决产生的新问题，必然要停止"新政"。还有不少的新任领导为了快速建立个人功劳簿，常绕开前任领导遗留下的未完成工程，另起炉灶进行改革创新，目的是避免自己成为前任"未竟事业"的继承者，而无法开创自己名下的政绩。

显然，这样的改革除了浪费众多资源并使某些个人获得政治收益以外，整个地方和国家并没有受益，广大民众也未从中获益。因此，单凭主政者的个人魅力和新闻媒体的持续关注等因素，改革道路的前景相当脆弱，也降低了地方政府的公信力。

此外，地方改革的非持续性也可能是因为客观情况发生了变化，需要对前期的改革进行一定的评估和修正，这显然是改革的应有之义。上海的交巡警执法体制改革就经历了交巡警合一到交警、巡警独立执法的反复过程。

自 1999 年 1 月起，上海实行交巡警统一执法。每天的交通高峰时段，交警和巡警同时在街头排堵，平时会配合辖区警力维持治安。当时在全国引发了各地对交警和巡警统一执法的关注，有很多地方也来借鉴学习。但是到了 2005 年，上海市废除了交巡警统一执法制度，全市交巡警又重新分为交警、巡警两个独立警种，明晰各自职责、任务，分别实施管理。根据相关报道，上海市在实行交巡警合一制后，初期起到了一定的效果，如街面犯罪率下降、群众安全感加强等。但之后效果就有反复，尤其是 2004 年下半年以来，上海刑事案件上升约 20%，侵财性的街面刑事案件呈高发态势，其中街头扒窃案增加逾 70%，抢劫、抢夺案件上升约 10%。❶ 同时，交巡警执法体制不符合《道路交通安全法》中关于执法主体的要求，统一执法也跟不上上海道路交通状况的发展这一客观变化。因此，需要打破以往交警和巡警统一执法的运作模式，要让巡警专司治安巡逻和防控，交警专司排堵保畅。

但这样的变化很难说仅仅是客观情况发生了变化，是否有当地领导人的主观意志，笔者不敢妄下结论。但不论是什么原因，交巡警综合执法才实施了 6 年就又重回老路，这期间的制度成本显然无法统计，对改革的消极影响也无法估量。

当然随着法治建设的加强，改革的人治色彩也在逐步地减弱。但不可否认的是，在绝大多数地方，领导人的重视依然是改革得以推进的重要保障。

---

❶ "街面犯罪量增，上海巡警拟实行专业化体制改革"，法律图书馆网，http://www.law-lib.com/fzdt/newshtml/gddt/20050224114118.htm，最后访问时间：2013 年 5 月 11 日。

第四节　建立交巡警执法体制的基本思路

一、理念更新

前文所述"摸着石头过河"既是改革的一种策略，也是很多地方领导人的习惯性思维。如果改革一直依赖这样的路径，不仅改革的"试错成本"居高不下，最终也会导致改革者本身的懒政和不思进取，从而影响改革的顺利推进。即使确实是"摸着石头过河"，首先要有石头，接下来要研究是什么样的石头，怎样才能摸着石头、踩着石头安全、平稳地过河。这都需要改革设计者们主动进行制度设计，❶ 不能仅凭以往的经验或者仅凭想当然地开展。在交巡警执法改革上，应该注意以下几点。

（一）改革设计应当具有前瞻性

任何一项改革都不应当仅仅是对社会的回应，改革的推进者应当有全盘考虑，这必须以充分扎实的前期调研为基础。首先，要深入了解现行的交警、巡警制度的运行状况，对该制度的优势和不足有清醒的认识；其次，在此基础上，要了解其他地方或者国外的相关改革措施，比较与本地情况的异同，衡量哪些改革措施可以为我所用，哪些需要根据本地的实际继续创新；最后，在制定改革政策时，要在掌握交巡警运行机制的规律的基础上，考虑改革方案本身的实施前景，尤其是可能会产生的问题，制定出相应的预案，避免一旦出现问题就束手无策，或者头痛医头、脚痛医脚，沦为救火队员的角色。从这个角度来看，这也属于交巡警执法体制改革的"顶层设计"。

改革的前瞻性还体现在要考虑到改革不仅是单纯的交巡警执法体制改革，可能会以此为契机，推动公安内部权力的重新配置和机构的重组，为行政体制改革积累经验。这样就可以有效地扩大改革成果，进而取得连带性的、事半功倍的改革效应。

当然，对于这样的前瞻性设计，可以考虑制定地方规章规范现行交巡警制度，做好交巡警执法制度的"顶层设计"，待条件成熟后可以制定地方性法规。

---

❶ 这也是为什么现在频频提出"顶层设计"的原因，且因此被载入"十二五"规划之中。

（二）厘清综合执法与专业执法的关系

综合执法是行政综合执法的简称，是指一个行政机关或法律法规授权的组织或者依法授权的组织，依据一定的法律程序在合理的管理幅度范围内，综合行使多个行政机关或法律法规授权的组织的法定职权的行政执法制度。专业执法是指行政机关或者具有公共管理职能的组织依照法定权限和程序，以专业管理法律规范为依据，单独行使其全部权力的执法制度，实质就是单独执法。综合执法是为处理不同行政机关的权力交叉而产生的，我国目前在城市管理、农业、环保、文化等领域实施了综合执法，涉及政府的很多机关及其权力，如城市管理综合执法就是综合了城建、市容、工商、卫生、税务等部门的部分权力而开展执法工作的。交巡警合一执法体制借鉴了综合执法的内涵，在一个机关内不同机构对同质权力进行了综合。

交警、巡警到底是分别独立执法还是合二为一综合执法，取决于改革者的认识，以及对交警、巡警在本地执法状况和前景的考量、评估。这也解释了为什么有的地方的交警、巡警依然是分开独立执法，有的地方是交巡警合一执法，还有的地方先是独立执法再合一综合执法而后又独立执法。

从以上改革思路和措施来看，很难说分开后的交警、巡警和合一的交巡警在执法时谁更"专业"，谁更"综合"，事实上分开后的执法职能还是有很多综合执法的内涵。因此，改革者对于执法的专业性或综合性的认识也决定了制度的设计。

重庆的交巡警综合执法是在借鉴了多地的经验后确立起来的。针对交警、巡警分别独立执法的弊端，重庆市的改革者认为只有通过交巡警合一才能根除，虽然这可能也包含主政官员的个人喜好和政绩诉求因素，但不可否认的是该制度实施以来效果明显。当然这其中也存在对"交巡警固定警务平台"的不同认识，但这都属于技术问题容易修改，后继官员对交巡警合一制度本身没有异议，只是力图使实现的方式和途径更符合当地经济水平的发展和公众的需求。

二、基本原则

建立交巡警体制应当遵循行政体制改革的一般原则，如合法性原则、协调性原则、必要性原则、公众参与原则、服务公众为目标原则等，这里主要对合法性原则和协调性原则进行详细讨论。

（一）合法性原则

对地方改革的争议中，最多的一项就是其合法性。因为地方改革通常都要创新，而创新本身可能就会有法律上的风险。衡量相对集中行政权的具体内容是否合法，可以适用以下的标准。对于行政机关传统的消极权力，政府应该严格遵循法律的强制性或禁止性规定，非有法律规定不得行使，要严格遵循"职权法定"原则。但是作为政府的积极权力，是增进社会和公民的福祉的权力。由于社会事务的纷繁复杂和日新月异，立法机关通常给行政机关一个总的授权，并不强行限制行政机关的行为，政府可以探索行为的方式、种类和具体运作，只要法律没有禁止都可以行使，类似于公民权利"法不禁止皆可为"的行使原则。有学者对行政管理、行政改革中地方政府所做出的创新必须具备的基本规则提出了要求：认为创新的出发点和目的必须正当，赋予公民权利的制度创新可以宽松一些，而限制公民权利的举措应当严格和谨慎。❶ 虽然这样的界定标准是针对行政管理创新，但是交巡警执法体制改革也是行政管理体制创新的一种方式，因而也是可以适用的。

交巡警执法体制改革的前提是在已有法律明确赋予公安机关行政权力的基础上对内部机构权力的重新分配，并不涉及该权力的有无和增减，因此公安机关能自主决定具体权力在内部的重整，这样的改革从主体上来看是合法的。但是，在改革的内容和程序上应当符合法律的规定，如《人民警察法》《道路交通安全法》等。为此，公安机关应当做到以下几点：法律的强制性规范必须得到遵守，法律禁止行政机关行使的权力行政机关肯定不能逾越；法律授权性规范可以在授权范围内自由裁量，不能超出授权范围。对于具体的执法方式的改革，只要法律没有规定必要的形式，那么就可以创新。这是衡量相对集中行政权具体内容是否合法的标准。

（二）协调性原则

任何一项改革都不是孤立的，虽然交巡警合一体制改革仅仅是公安内部的

---

❶ 莫于川教授认为，对于行政机关的改革措施，应坚持以下评判标准：①对于公民来说属于选择性、赋权（权利）性、受益性的制度规范可以宽松一点；②对于公民来说属于禁止性、限权（权利）性、损益性的规范则应非常谨慎和严格对待之；③创新举措的出发点、目的性必须正当，必须坚持以人为本，实现私益与公益、公平与效率、自由与秩序的兼顾平衡；④创新举措的社会效果应有助于贴近其出发点和归宿点，不能是政府机关的自我冲动、自我满足、自我欣赏。参见莫于川："行政管理革新与法治政府建设——应以法治和发展的眼光审视当下的行政管理新举措"，载《南都学坛》，2008年第7期。

权力调整，但也具有"蝴蝶效应"。"蝴蝶效应"本来是关于混沌学的一个比喻，指的是不起眼的一个小动作却能引起一连串的巨大连锁反应。对于这个效应最常见的阐述是："一只南美洲亚马逊河流域热带雨林中的蝴蝶，偶尔扇动几下翅膀，足以在两周以后引起美国德克萨斯州的一场龙卷风。"社会科学界引用"蝴蝶效应"主要想说明：一个坏的微小机制，如果不加以及时地引导、调节，会给社会带来非常大的危害，戏称为"龙卷风"或"风暴"；一个好的微小机制，只要正确指引，经过一段时间的努力，将会产生轰动效应。

这也是当前改革过程中需要正视的整体性改革。❶ 整体性是系统论的观点，任何系统都是一个有机的整体，它不是各个要素的简单叠加或机械地堆积，而是在各要素发展过程中的有机统一和集合，以一定的结构形式互相联系、相互作用，从而使事物的整体具有某种新的属性和规律，呈现出各要素在孤立状态下所没有的性质。因为系统中各要素不是孤立地存在着，每个要素在系统中都处于一定的位置上，起着特定的作用。要素之间相互关联，构成了一个不可分割的整体。要素是整体中的要素，如果将要素从系统整体中割离出来，其功能也必将缺失。要素性能好，整体性能不一定好；反之，即使要素不是最优，但通过一定的机制进行优化组合，整体可能会朝着好的一面发展。

同理，任何改革都不是孤立的。交巡警执法体制改革仅仅是改革系统的一个部分，属于改革的一个要素。将其纳入公安机关的体制改革乃至整个行政体制改革的整体当中，通过交巡警执法制度的优化达到此行政权的优化，可为公安行政改革整体乃至行政体制改革整体的优化打下良好的基础。在法治建设的过程中，行政体制作为整体是以各个要素的完成而陆续构建的。每一个要素的"碎片"式建设，只有在整个行政管理体制这个整体的统帅之下才可能获得完整的性质，在整体性的统率下要素才能达到最优，从而为整体最优奠定坚实的基础。

交巡警执法体制的改革不仅在公安内部对其他内设机构及其权力有影响，诸如交巡警合一后其职能和派出所的原有职权的处理以及和原来派出所、刑警等的关系如何处理等，也会对社会其他方面产生深刻的影响，如群众的安全感、接警后的处置效率等。如果一项改革和其他相关要素协调不好、配合不

---

❶　有学者就专门针对警务改革提出了整体改革的目标，相关论述见吴跃文、曾维和："'整体政府'视野下我国现代警务改革初探"，载《河南公安高等专科学校学报》，2010年第3期。也有学者很早就提出了"整体法治"的概念，相关论述见卓泽渊：《法治国家论》，北京：法律出版社，2008年版。

好，那么这个局部的改革可能会影响到整个行政体制改革的顺利进行。

三、认真评估改革效果

任何一项改革，在实施过程中都会出现这样那样的问题，改革者也会总结具体的实施经验。那么，这些问题产生的背景和原因是什么？这些问题该如何解决？之后的改革能否并如何避免类似的问题再次出现？这些都需要在改革经过一个阶段之后进行认真评估和总结，这是改革顺利进行、少走弯路的一个重要方法，也是政府绩效评估的一个重要方面。交巡警执法制度的改革也是如此。

政府绩效评估是"新公共管理"运动的一个核心改革，是指根据管理的效率、能力、服务质量、公共责任和社会公众满意程度等方面的判断，对政府公共部门管理过程中的投入、产出、中期成果和最终成果所反映的绩效进行评定和划分等级。我国一些地方政府和部门自20世纪90年代以来，就开始了政府绩效管理的实践探索，并逐步探索出一些符合我国特色的政府绩效管理做法，已取得初步成效。

具体到重庆交巡警改革的评估，是全面评价交巡警体制改革中交巡警职能的履行情况，交巡警提供的公共品能否满足社会和公众的需要，交巡警制定的目标是否实现或者实现了多少，实现或没有实现的原因包括哪些，交巡警为实现其目标所耗成本是多少，成本与效果之间的比例关系等。

（一）评估的意义

第一，降低行政成本，提高行政效能。近年来，我国行政运行成本过高已是一个不争的事实，对政府良好形象的树立造成了很不好的影响，尤其是政府改革过程中还增加了"试错"成本。如果改革成本很高，带来的效果乏善可陈，那么就需要考虑改革是否要继续进行下去，或者尝试别的改革思路和方式。因此，引入评估制度就是要促使政府改革节约成本，提高改革效率。

第二，为后续的改革提出建设性的建议。评估不仅会分析改革的成本、效益，也会分析改革在制度上的不完善，与其他改革措施的互动，改革还存在哪些问题等，并做出综合评价，该制定新的制度要制定新制度，该修改的方面要修改，该废止的要废止，但这都应该通过法定的程序进行并且要形成制度化。

第三，可以提高政府的公信力。评估作为以结果为本的控制，在交巡警执法体制中引入合理的评估制度不仅可以使改革的推动者与参与者明确自己的目标责任，全面审视交巡警执法体制的理论与实际操作的各方面，尤其是引入效率分析，能大大提高政府部门的资源配置并提高政府效能，有利于取得社会公众的支持、理解和信任。

（二）建立合理的评估制度

由于政府绩效管理在我国还是一个新生事物，既缺乏系统的理论指导，也缺少实践经验，各地在实践中主要是自身摸索和相互借鉴，没有一个统一的标准，评估交巡警执法制度也是如此。

要建立评估制度，首先应明确评估是手段而非目的，评估不仅要以结果为导向，制度的制定是否取得了好的结果，是否符合社会和公众的需求；也要以公民为导向，要以人为本、令公民满意。为此应至少做到以下几点。

1. 要建立科学的评估指标体系

评估能否有实效，评估体系的科学构建最为重要。评估体系的指标合理，不仅可以科学评估交巡警职能行使的现状及效果，还可以为下一步的改革奠定基础。因此指标体系要围绕着改革的可持续性目标、提高行政效率、降低行政成本、强化服务功能来构建。这一指标体系既要科学反映交巡警执法体制的基本内涵、主要原则，又要体现其与公安机关内其他机构不同部门、人员的区别，以全面、准确、充分反映各方面的运行状况。

2. 建立多元化的评估体系

如果对交巡警执法体制改革的评估仅仅是在行政机关内部进行，那么这场改革只是行政机关的自娱自乐而已，不可能会对改革有实质性的促进。当然，笔者不会否认内部评估的必然性，但是既然交巡警执法体制改革的最终服务对象和承接者是社会，因此社会评估最有发言权。同时，这也是行政民主化的具体体现。社会评估主体既包括公民，也包括社会组织。通过制度建设来激发社会公众的评估参与积极性。当然，在对多元化的评估内容应当有区别地对待，对公民的评估更看重其感受，可以定期征求意见；对社会中介组织的评估更强调其评估方法和体系的科学性。这样才能不断提高执法效率和执法水平，提升社会公信度。

3. 制定合理的评估流程

评估流程一般包括：确定评估主体及原因；评估期限；会议交流及议程安排；评估报告的内容确定。

4. 评估结果的公示和处理

评估结束后，应当有书面报告并公开。对于评估的结果，应当明确其对进一步改革的效力，不能为评估而评估，评估完了就了事。要让评估报告切实成为已有经验和教训的总结，成为下一步改革措施的指导。

四、改革应具有持续性

改革开放以来，各级地方政府频现创新举动，很多在当时都引起了全国关注，并取得了良好的效果。但遗憾的是，许多改革措施由于主抓领导干部的离任，常常难以延续，曾经的改革也大多成了昙花一现。这样的例子不胜枚举。例如，山西长治市推行以整顿吏治、疏通民意表达、加强舆论监督为核心的改革措施，一度极得民心。然而，当改革推动者高升后，长治的改革浪潮很快就平息下来。类似的还有近些年来各地的官员财产申报制度改革，也曾经一度在新疆阿勒泰、四川高县、湖南浏阳、浙江慈溪、宁夏银川等多个地区铺开，但时至今日这些改革要么踟蹰不前，原地踏步；要么改弦易辙，其中阿勒泰的改革就是因为改革的发起人去世而停滞。

曾有研究者对获得过"中国地方政府创新奖"❶ 的项目进行了统计研究，发现至少有 1/3 的项目都已经偃旗息鼓了，其中有很多都是由于主持创新改革的主政人已不在其位，导致改革后继无力。再综观其余各地的改革措施，即使是一把手当政时的各项正常的施政行为，如果在他离任时还处于持续过程，人们都有理由会忧虑继任者是否会继续下去，这从 2013 年舆论热议的山西大同市民挽留市长一事可以看出。❷

为了防止这样的情形出现，首先要加强制度化建设。因为在我国的地方改革中，只有当基层改革的动力不是源于地方长官的个人偏好和政绩驱动，而是出于对社会发展需要的回应，并将改革的目标、程序、手段、后果都制度化，这样才能真正摆脱"人走政息"、改革的非持续性弊端。此外，还要完善领导干部职务任期制。目前，我国官员的任期时间普遍较短，一般少则两三年，多则五六年，且在一届任期内交流频繁，结果往往是他们还在任期内的改革才进

---

❶ "中国地方政府创新奖"由中央编译局比较政治与经济研究中心、中央党校世界政党比较研究中心和北京大学中国政府创新研究中心于 2000 年联合创办，旨在激励地方党政机关和群众团体的改革与创新，总结并弘扬地方改革与创新的先进经验和先进典型，促进并完善地方党政机关的公共服务。每两年举行一次。

❷ 2013 年春节期间，山西省大同市的一些市民聚集在市区东城墙广场、红旗广场等地，在寒风中以签名和举横幅等方式表达对市长耿彦波的感激与挽留。在感激和挽留的背后，除了有希望市长耿彦波留下来的真心，也有市民对市长调任后政策延续性的担心，尤其是该市长当政期间的大量投资项目需要有政策的延续性保障。

入正轨，就因为各种原因平调或升迁，导致改革失去了推动力。因此领导干部的任职、交流要充分考虑到其改革政策的延续性。当然，这可能会成为一些能力强的干部升迁的障碍，本来是因为改革政绩得到提拔，但是却因为改革需要持续而升迁不了，这样可能会打击他们改革的主动性和积极性，也会让他们有了更多改革投机的心理。因此这样的方式只能是短期的权宜之计，根本的对策还是要将改革进程和内容制度化、长效化。

结　语

一、交巡警执法体制的建立是一种社会管理体制的创新行为

我国正处于转型时期，各种新事物层出不穷，各种问题也不断出现。在这种情况下如何改革和构建适合转型时期社会管理需要的新体制是国家需要考虑和研究的重要问题。多年来，国家出台了很多法律、法规和政策来调整社会事务，以适应转型时期的需要。但是法律、法规和政策的出台由于涉及全国性事务，往往牵一发而动全身，需要十分谨慎。而地方和部门的社会管理体制改革则没有这么大的影响和风险。正因为如此，各地和各部门都不断推出各种改革措施。这些措施有些取得了成功，并且通过统一的法律、法规和政策在全国范围内进行推广，而有些改革措施存在重大问题，最后被叫停。改革总是有风险的，不是每一种改革都是正确的。但不能因为有风险就不去改革，否则这个社会就没有前途可言了。关键的问题是，不论是成功的改革还是失败的改革，都可以从中找到很多值得借鉴的经验，如果能够将其中的有益经验加以吸收，对失败的地方加以克服，那么就能创造出适合我国社会转型时期管理需要的良好的管理措施，促进社会的和谐稳定和经济文化的全面发展。

重庆的交巡警执法体制改革，是众多地方改革措施中的一种，毫无疑问是地方社会管理体制创新的举措之一。这一创新举措的推出有其现实的原因。那就是重庆本地交警部门在交通秩序管理过程中出现了问题，想要找到某种有效的方式、方法来解决这些问题。其实这些问题并不是重庆本地特有的。在重庆推出交巡警执法体制改革之前，我国上海、江苏等省市的交警部门已经推出过类似的制度，由此说明这是一种全国性的现象，各地也都进行了一定的探索。交警部门在交通秩序的管理过程中，可能发现各种民事案件、行政案件和刑事案件。这些案件有些不是国家需要插手管理的，如民事主体之间的纠纷问题；有些是其他行政部门管理的事务，如交警发现的非法客运、货运问题；而有些则是属于公安机关管辖的案件，如刑事犯罪案件、治安违法案件等。对于民事纠纷或者其他行政部门管辖的案件，公安机关没有管辖权，只能通过民事诉讼

或者移交其他行政部门进行管辖。但是涉及刑事犯罪和治安违法的案件,公安机关当然应当进行管理。作为公安机关内部执法机构的交警当然应当进行处理。但是按照传统的职能分工,交警并没有管辖权。不仅刑事案件和治安案件,交警对涉及这些案件的违法犯罪人员的人身和财物没有实施强制的权力。这样的体制给公安机关及时发现并处置违法犯罪案件造成了很大的困难。为了改变这一不利的局面,各个地方的公安机关开始不断尝试各种改革措施。也正是从这一点上来讲,重庆的交巡警制度尽管具有很明显的领导意志痕迹,但主要还是为了解决实际存在的问题,所以就行为的目的而言是正当的。

重庆市公安局结合内部各个部门执法的特点,决定将交警的执法与巡警的职能结合起来,或者说赋予交警以巡警的地位。他们既可以是先前的交警,负责对交通秩序进行管理,同时也是巡警,赋予其各种对人身、财产的强制权和行政处理权。这样的做法,可以使得交巡警在交通秩序的管理过程中发现各种违法犯罪行为以后实施合法的调查、强制和处理权力,从而解决了原来的交警执法体制上的问题。

二、交巡警执法体制的建立在法律上存在的一些争议与问题

一项新体制的推出,必然会改变原有的秩序状态和利益格局,所以难免会引发社会的关注和议论。有人会赞许这样的举措,有人会反对。交巡警执法体制产生以来引起了国内外舆论的广泛关注。反对者主要将矛头指向了交巡警固定警务平台,认为其缺乏实用性,建立和维护的费用过高,当然也有人担心这样的花费可能会引发贪污腐败问题;赞成者认为交巡警尤其是交巡警固定警务平台的推出,减少了违法犯罪案件,提高了市民的安全感。当然,交巡警存在的问题不只是交巡警固定警务平台的问题,还有其他问题如管辖权等,本书对此进行了非常细致的论证。那么究竟应该如何看待重庆的交巡警执法体制,笔者认为应当从有效性与合法性的角度来进行衡量。

所谓有效性,就是这一执法体制能不能解决交巡警在交通秩序管理过程中遇到的尴尬问题。从前面的论证可以发现,交巡警体制建立以后,交巡警在交通秩序管理过程中发现各种违法犯罪案件后可实施人身和财产的强制权。有效性还需要考虑的一个问题是这一体制的建立是否具备现实基础。如前面提到的交巡警固定警务平台问题,执法人员通过这一平台可以进行信息的及时分享,能够及时查处违法犯罪行为,人民群众能够及时找到交巡警,方便报案、查询相关信息。但是这一平台的建设与维护费用巨大,在不少地方成了财政上的很

大负担。加之平台不能灵活移动的固有缺陷，最后导致交巡警固定警务平台的拆除，代之以交巡警流动平台车。

解决了有效性的问题，就必须考虑这一体制建立的合法性基础。所谓的合法性不仅指交巡警制度的建立应当符合现有法律、法规中的具体规则，还应当包括是否符合法律原则、法律精神、国家的政策方针，乃至立法目的。概括来讲，所谓的合法性就是正当性。如果这一体制的建立符合法律的原则、精神和目的，那么就可以认定其具备正当性基础，也就是具有了合法性基础。合法性的探寻一方面是依法行政和法治国家的基本要求，另一方面又不能仅限于对法律规则的遵守，更要看到在法律精神、原则和目的上的正当性。交巡警执法体制从设立权限和程序上看，是符合法律、法规和规章的规定的，在权力运行中有单行的法律法规进行规定。尽管在行使权力的过程中，交巡警的具体职能还需要进一步的理顺和协调，但是这无碍交巡警制度的正常运转。

交巡警执法体制目前只在重庆和其他个别省市推行。通过本书的讨论分析笔者认为，它具备了在全国进行推广的可行性与必要性。制度建立的目的在于能够建立某种有效的机制，以便能够对现实的社会事务做出有效的调整和规制。正是为了因应传统的交警执法过程中遇到的权力不足等问题，重庆等省市进行了交巡警执法体制的改革，建立了交巡警制度。这一制度在重庆实施以来解决了曾经遇到的执法问题，改善了执法效果，并且为多数市民所赞许和支持，这说明这种新探索是成功的。鉴于其他地方也存在同样的问题，将交巡警执法体制在全国进行推广是有其可行性和必要性的。

重庆交巡警执法体制实施情况
调查问卷（附）

尊敬的 _____ 先生/女士：

  重庆市公安局交巡警总队成立以来处理了大量的案件，为保障重庆市的经济和社会的正常发展，保护人民的生命、财产安全做出了重要贡献，同时也获得了社会的一致好评。为了更加准确地掌握重庆交巡警的执法情况，进一步完善这一备受国内舆论瞩目的行政执法新体制，我们在重庆市社科基金的资助下，正在对有关重庆交巡警执法体制进行理论和实务研究。为此开展此项问卷调查，希望您能够对重庆市交巡警执法工作提出宝贵意见和建议。您对本问卷的认真填写，是对我们研究工作的莫大支持。您的意见和建议将在我们的研究成果中得到充分体现。

  我们课题组的研究人员具体承担这项无记名调查工作，涉及的个人信息将会得到充分尊重和保护，您的意见仅供课题组研究参考，请您放心。调查问卷采取选择题的方式，请在您选择的答案前的方框内打"√"；答案一般为单项，如有特别说明，您可选择多项答案；您还可在空白处写出您的具体意见。

  填写问卷占用了您的宝贵时间，谨对您的支持帮助表示衷心感谢！祝愿您身体健康、阖家幸福、工作顺利、万事如意！

重庆交巡警执法体制研究课题组

2012 年 5 月 7 日

一、您的基本信息

1. 您的年龄：□19 岁以下　□20 ~ 29 岁　□30 ~ 39 岁　□40 ~ 49 岁　□50 岁以上

2. 您的学历：□高中以下　□大学专科　□大学本科　□研究生

3. 您的职业：□务农　□务工　□企业职员　□公职人员（公务员　事

业单位　国有企业）　□学生　□经商　□离退休　□其他

二、交巡警制度现状调查

4. 您是通过何种方式了解交巡警相关制度及情况的？

　　□网上　□电视广播　□报纸杂志　□社区宣传　□其他

5. 对您来说该制度是否有存在的必要？

　　□有　　　□无

6. 对您来说该制度是否重要？

　　□很重要　　□一般　　□不重要　　□可有可无

7. 您认为重要或必要的原因是哪些？（可多选）

　　□道路交通秩序有所改善　　□社会治安变好，安全感增加

　　□更加便民　□其他

8. 您认为不重要的原因是哪些？（可多选）

　　□花费与发挥的作用不成正比　　□没有意义　□实施效果不理想

9. 您认为是否应扩大交巡警队伍的警力？

　　□应该　□不应该，保持原状　□减少

10. 您是否了解交巡警的职能？

　　□非常了解　□了解　□一般　□不了解

11. 您是否了解交巡警有哪些职能呢？（可多选）

　　□刑事执法　□治安管理　□交通管理　□报警　□服务群众

　　□其他

12. 您认为交巡警是否发挥了全能复合型警察的作用？

　　□是　　　□不是

13. 您是否有过向交巡警寻求帮助的经历？

　　□有　具体是什么事情呢？_____

　　□迷路　□丢东西　□寻人　□报警　□其他　□没有

14. 您在向交巡警寻求帮助时有没有遭到过拒绝？

　　□有　　　□没有

15. 在实施交巡警制度后，您对于重庆警察团队的印象有何变化？

　　□过去现在都挺好

　　□以前印象不好，现在对警察团队的印象变好

　　□过去现在都不好

　　□感觉以前的警察团队更好，现在反而不如以前

16. 在交巡警执法过程中，您有没有遇到不合法、违规的对待？

　　□有　　□没有

17. 您在参与交巡警执法过程中是否出现过以下情况？（可多选）

　　□执法未出示证件　□态度不好　□专业性不高　□效率不高

　　□未严格依据执法程序　□执法随意性大　□歧视弱势群体　□其他

18. 您认为交巡警固定警务平台会给市民带来方便吗？

　　□会　□一般　□怀疑　□不知道

19. 您了解交巡警的执法装备吗？

　　□非常了解　□了解　□一般　□不了解

20. 您认为交巡警固定警务平台有必要在全国范围内推广吗？

　　□有必要　□无所谓　□不必要

21. 您认为重庆交巡警制度还有哪些需要改进的地方？

_____

_____

_____

再次对您的支持帮助表示衷心感谢！祝您身体健康、家庭幸福、工作顺利！

参考文献

一、网站资料

[1] 重庆市公安局交巡警总队成立 [EB/OL]. [2013－06－01]. http：//news. china. com. cn/rollnews/2010－02/09/content_ 536640. htm.

[2] 重庆交巡警固定警务平台将继续保留或加强巡逻 [EB/OL]. [2013－06－01]. http：// www. chinanews. com/shipin/2012/05－15/news70194. shtml.

[3] 2012 年 7 月份全国机动车总数调查统计 [EB/OL]. [2013－05－03]. http：//www. chinairn. com/news/20120718/936214. html.

[4] 2010 年全国道路交通事故情况 [EB/OL]. [2013－05－03]. http：//www. mps. gov. cn/n16/n85753/n85870/2758752. html.

[5] 杨硕."醉驾入刑"两年沈阳效果明显 [EB/OL]. [2013－05－03]. http：//www. ln. xinhuanet. com/newscenter/2013－05/05/c_ 115641186. htm.

[6] 刘宏顺. 整合警力，程度交巡警交叉履行职责　巡警可管交通　交警可管治安 [N/ OL]. 四川日报，2010 [2013－06－17]. http：//sichuandaily. scol. com. cn/2010/01/ 15/20100115617393933641. htm.

[7] 看，重庆街头 300 个警务平台亮起来 [J/OL]. 中国政务信息网，2010（28）：20 [2013－06－14] http：//www. ccgov. net. cn/Mldjc/2010/2010－28/xxxt01. htm.

[8] 王玲. 龙游率先实行交巡警"合体"市民安全感跃居第一 [EB/OL].（2012－10－ 03）[2013－06－17] http：//zjnews. zjol. com. cn/05zjnews/system/2012/10/03/ 018851262. shtml.

[9] 胡巨阳. 郑州市警务机制改革启动 交巡警又合了特警再次独立 [N/OL]. 河南商报，2010 [2013－06－17] http：//henan. sina. com. cn/news/hnyw/201011/0863－43757_ 2. html.

[10] 袁礼碧. 重庆交巡警成立一年 街面犯罪率下降近四成 [EB/OL].（2012－02－09）[2013－06－16] http：//politics. people. com. cn/GB/14562/13874321. html.

[11] 重庆市人民政府. 重庆交巡警成立两周年 破获刑事案件六万多起 [EB/OL].（2012－02－08）[2013－06－16] http：//www. cq. gov. cn/today/news/379115. htm.

[12] 曹银涛，等. 推进交巡警"三化"改革—职能法定化、运行规范化、保障制度化 [EB/OL].（2011－07－28）[2013－06－14] http：//www. cqfz. org. cn/news. asp？id＝

4584&module＝696.

［13］杨烨．上海公安机关深化交巡警体制改革［EB/OL］．（2005－03－14）［2013－05－11］http：//news. sina. com. cn/c/2005－03－14/16055357535s. shtml.

［14］重庆警方称恢复被撤销派出所为方便老百姓办事［EB/OL］．（2012－05－23）［2013－06－23］http：//cq. qq. com/a/20120523/000495. htm.

［15］刘云中，侯永志，兰宗敏．我国"国家战略性"区域规划的主要特点［EB/OL］．（2013－01－17）［2013－05－10］http：//finance. sina. com. cn/roll/20130117/124414317655. shtml.

［16］许晓青．街面犯罪量增，上海巡警拟实行专业化体制改革［EB/OL］．（2005－02－24）［2013－05－11］http：//www. law-lib. com/fzdt/newshtml/gddt/20050224114118. htm.

二、学术论文

［1］刘振华．南昌起义与我党初建的警政［J］．人民公安，2001（16）.

［2］胡建刚．美国盘查制度研究［J］．中国人民公安大学学报：社会科学版，2012（3）.

［3］陈晓济．1988—2008：对我国警察学研究的初步检视［J］．福建论坛，2009（2）.

［4］汪永清．对改革现行行政执法体制的几点思考［J］．中国法学，2000（1）.

［5］青锋．关于深化行政执法体制改革的几点思考［J］．行政法学研究，2006（4）.

［6］朱振甫，杜剑虹，张应立．辅协警问题研究［J］．公安研究，2009（9）.

［7］杜育群．警察巡逻综合执法的可能性分析［J］．山东警察学院学报，2008（1）.

［8］王世卿，徐志豪．河南警务改革研究［J］．河北公安警察职业学院学报，2011（2）.

［9］王欣．外国巡警制度对中国巡警改革的启示［J］．辽宁警专学报，2006（4）.

［10］翁里，徐公社．美国巡警体制对我们的启示［J］．公安学刊：浙江公安高等专科学校学报，2006（3）.

［11］姜明安．行政国家与行政权的控制与转化［N］．法制日报，2003－02－13.

［12］杨解君．论行政法理念的塑造——契约理念与权力理念的整合［J］．法学评论，2003（1）.

［13］朱最新．论权能政府的法律特征［J］．求实，2008（5）.

［14］王锡锌．中国行政执法困境的个案解读［J］．法学研究，2005（3）.

［15］陈兴良．限权与分权：刑事法治视野中的警察权［J］．法律科学，2002（1）.

［16］肖军，刘伟．近十年来我国警务改革模式研究——兼论侦查主体之变迁与重构［J］．福建警察学院学报，2012（3）.

［17］陈卫东，石献智．警察权的配置原则及其控制——基于治安行政管理和刑事诉讼的视角［J］．山东公安专科学校学报，2003（5）.

［18］肖锋．公安边防执法主体资格研究［J］．成都大学学报，2010（2）.

［19］陆伟明．其他行政规范性文件的法治化初探［J］．上海市政法管理干部学院学报，

2002 (4).

[20] 万亮亮. 街面巡警见警率的制度分析 [J]. 公安学刊, 2001 (2).

[21] 王大伟. 欧美警种设置的思考与启迪 [J]. 公安大学学报, 1999 (4).

[22] 徐镇强. 警察专业化发展问题研究 [J]. 江苏警官学院学报, 2009 (4).

[23] 孙玉生. 派出所与刑警队衔接工作机制初探 [J]. 公安研究, 2007 (4).

[24] 邱竹, 朱堂宗. 重庆将新增200个交巡警固定警务平台, 选址何处市民说了算 [N]. 重庆商报, 2010 – 09 – 14.

[25] 莫于川, 郭庆珠. 论现代服务行政与服务行政法——以我国服务行政法律体系建构为重点 [J]. 法学杂志, 2007 (2).

[26] 陆伟明. 法治政府是实现中国梦的基本保障 [N]. 中国纪检监察报, 2013 – 05 – 10.

[27] 倪义福. 公安派出所综合警务改革探析 [J]. 公安研究, 2012 (5).

[28] 庄会宁, 杜海林. 警察中的"快速反应部队" [J]. 瞭望新闻周刊, 2000 (34).

[29] 莫于川. 推行柔性管理与建设服务型政府 [J]. 行政论坛, 2008 (5).

[30] 曾维和. "整体政府" 视野下我国现代警务改革初探 [J]. 河南公安高等专科学校学报, 2010 (3).

[31] 赵炜. 公安改革的历史回顾与前景展望 [J]. 公安研究, 2006 (2).

三、著作

[1] 陈晋胜. 警察法学概论 [M]. 北京: 高等教育出版社, 2002.

[2] 冯德文. 警察学概论 [M]. 北京: 中国人民公安大学出版社, 2005.

[3] 万川. 中国警政史 [M]. 北京: 中华书局, 2006.

[4] 中华苏维埃共和国国家政治保卫局组织纲要 [M]. 北京: 人民出版社, 1981.

[5] 安政. 中国警察制度研究 [M]. 北京: 中国检察出版社, 2009.

[6] 许新源. 公安学基础理论 [M]. 北京: 中国人民公安大学出版社, 2005.

[7] 穆玉敏. 北京警察百年 [M]. 北京: 中国人民公安大学出版社, 2004.

[8] 王景荣. 公安法制通论 [M]. 北京: 群众出版社, 1994.

[9] 夏菲. 论英国警察权的变迁 [M]. 北京: 法律出版社, 2011.

[10] 陈真, 陈合权. 世界警察法概论 [M]. 成都: 四川大学出版社, 2008.

[11] 刘伯祥. 外国警察法 [M]. 北京: 中国法制出版社, 2007.

[12] 张越. 英国行政法 [M]. 北京: 中国政法大学出版社, 2004.

[13] 王名扬. 英国行政法 [M]. 北京: 北京大学出版社, 2007.

[14] A. W. 布拉德利, K. D. 尤因. 宪法与行政法: 下 [M]. 刘刚, 江菁, 等, 译. 北京: 商务印书馆, 2008.

[15] 王大伟. 欧美警察科学原理 [M]. 北京: 中国人民公安大学出版社, 2007.

[16] 张小兵. 美国联邦警察制度研究 [M]. 北京: 中国人民公安大学出版社, 2011.

［17］许韬，张俊霞，余湘青，等．中外警察法比较研究［M］．北京：中国检察出版社，2009.

［18］石子坚．美国警察管理体制与执法规范［M］．北京：中国人民公安大学出版社，2006.

［19］王瑞平．当代纽约警察——机制·策略·经验［M］．北京：中国人民公安大学出版社，2009.

［20］侯志山．国外行政监督制度与著名的反腐机构［M］．北京：北京大学出版社，2004.

［21］陆伟明．服务行政法论［M］．北京：法律出版社，2012。

［22］重庆市统计局、国家统计局重庆调查总队．重庆统计年鉴2012［M］．北京：中国统计出版社，2012。

［23］上海市行政法治研究所．行政执法：挑战与探索（2007—2009年度研究报告集）［M］．上海：上海人民出版社，2011.

［24］马怀德．行政法学［M］．北京：中国政法大学出版社，2009.

［25］陈新民．德国公法学基础理论［M］．济南：山东人民出版社，2001.

［26］余凌云，聂福茂．警察行政法学案例评析［M］．北京：中国人民公安大学出版社，2005.

［27］翁岳生．行政法：上册［M］．北京：中国法制出版社，2008.

［28］李永清．警察法学［M］．北京：中国民主法制出版社，2008.

［29］余湘清．公安行政法原理与实务［M］．北京：高等教育出版社，2009.

［30］罗豪才．行政法［M］．北京：北京大学出版社，1996.

［31］陈新民．中国行政法学原理［M］．北京：中国政法大学出版社，2002.

［32］张宏．选择视角中的行政法［M］．北京：法律出版社，2006.

［33］胡建淼．行政法学［M］．北京：法律出版社，1998.

［34］许韬，等．中外警察法比较研究［M］．北京：中国检察出版社，2008.

［35］张文显．法理学［M］．北京：法律出版社，2007.

［36］应松年．行政法学新论［M］．北京：中国方正出版社，1999.

［37］应松年．行政组织法研究［M］．北京：法律出版社，2002.

［38］湛中乐．行政许可法应用解答［M］．北京：中国检察出版社，2003.

［39］马怀德．行政法与行政诉讼法［M］．北京：中国法制出版社，2000.

［40］朱维究，王成栋．一般行政法理论［M］．北京：高等教育出版社，2005.

［41］翁岳生；廖义男．行政程序法之研究（行政程序法草案）［M］．台北：行政院经建会委托研究，1990.

［42］吴庚．行政法治理论与实用［M］．中国台北：三民书局，1996.

［43］翁岳生．行政法：下册［M］．北京：中国法制出版社，2009.

［44］马克斯·韦伯．经济与社会：第二卷下册［M］．上海：上海世纪出版集团，2010.

［45］沃尔夫，等．行政法：第三册［M］．北京：商务印书馆，2007．

［46］姜明安．行政法与行政诉讼法［M］．北京：高等教育出版社、北京大学出版社，2004．

［47］师维．警察法若干问题研究［M］．北京：中国人民公安大学出版社，2012．

［48］郑传坤．行政法学［M］．北京：法律出版社，2007．

［49］于安．德国行政法［M］．北京：清华大学出版社，1999．

［50］陈新民．公法学札记［M］．北京：中国政法大学出版社，2001．

［51］王定云，王世雄．西方国家新公共管理理论综述与实务分析［M］．上海：上海三联书店，2008．

［52］赵汀阳．长话短说［M］．北京：东方出版社，2001．

［53］卓泽渊．法治国家论［M］．北京：法律出版社，2008．

［54］罗伯特·雷纳．警察与政治［M］．易继苍，朱俊瑞，译．北京：知识产权出版社，2008．

［55］盐野宏．行政法［M］．杨建顺，译．北京：法律出版社，1999．

［56］松井茂．警察学纲要［M］．吴石译．北京：中国政法大学出版社，2005．

［57］南博方．日本行政法［M］．杨建顺，周作彩，译．北京：中国人民大学出版社，1988．

［58］约翰·列维斯·齐林．犯罪学及刑罚学［M］．查良鉴，译．北京：中国政法大学出版社，2003．

［59］哈罗·德K.贝克尔，唐娜·L.贝克尔．世界警察概览［M］．刘植荣，译．太原：山西人民出版社，1991．

［60］韦德．行政法［M］．徐炳，等，译．北京：中国大百科全书出版社，1997．

［61］孟德斯鸠．论法的精神：上册［M］．北京：商务印书馆，1961．

后　记

　　本书的研究起源于备受国内瞩目的重庆交巡警执法体制的建立，我们试图研究这种体制建立的合法性基础以及实施以后产生的影响和效果。在研究写作的过程中，重庆交巡警执法体制也不断根据实际情况进行调整，如原本耗费巨大而固定警务平台逐渐根据实际情况转换为交巡警流动平台车。我们的研究并不是为了追赶潮流，或者迎合某种需要对某一个漂亮问题进行表面化的研究，而是试图利用所学的理论对交巡警执法体制这一备受社会舆论关注的现象或行政法问题进行解释和预测。笔者一直认为，行政法学的理论和其他科学的理论一样，并不是为了革命性地重构某种制度，也不是将理论作为标准答案用以检验和发现社会现实与理论之间存在哪些不契合之处，或者说是社会实践的错误之处。从来都是因为理论不能回应社会现实而发生错误，没有社会现实不符合理论而发生错误的道理。

　　通过本书的研究，笔者得出的基本结论是，交巡警执法体制的建立在形式上或许是因为一时的决策，而根本性的原因是原本的交警执法体制存在固有的缺陷。例如，交警在执法的过程中发现了一些违法犯罪行为，但是他们在法律上却并没有被赋予处置这些违法犯罪案件的权力，这导致了如果交警采取措施查处违法犯罪行为可能违反依法行政的要求，如果放任不管就可能导致社会秩序、公共利益和个体利益造成更大损害，交巡警合一体制就是在这样的现实基础上应运而生的。这种执法体制的产生确实解决了上述尴尬情况，增强了公众的安全感，这就是为什么这一体制尽管存在争议，但是始终没有被废止，而是在不断改进的前提下得以保留的主要原因。也是基于这样的研究结果，笔者提出了合理的预测或者建议，即今后可以更广泛地推行这种行政执法体制。

　　笔者很庆幸，本研究虽然困难重重，但是最终还是在大家的努力下得以顺利完成。本书写作的分工如下：陆伟明（西南政法大学行政法学院副教授、硕士生导师，行政组织法研究所所长，中国人民大学法学博士，中国政法大学法学博士后）撰写第一章、第九章、结语，并负责全书的统稿、整理与修改；杜明哲（西南政法大学法学硕士）撰写第二章；马迪（西南政法大学法学硕士）撰写第三章；杨青山（西南政法大学法学硕士）撰写第四章；文利雅（西南政法大学法学硕士）撰写第五章；李丽（西南政法大学法学硕士）撰写第六章；聂淼（西南政法大学法学硕士）撰写第七章；贾柳（西南政法大学法学硕士）撰写第八章；康良辉（西南政法大学应用法学院教师，中国人民大学法学博士）撰写第十章。

陆伟明

2014 年 7 月 6 日于西政敬业楼